同济大学经济与管理学院资助出版

同济经管
TONGJI SEM

新时代的公共治理与公众参与

曹帅 等著

同济大学出版社
TONGJI UNIVERSITY PRESS

图书在版编目(CIP)数据

新时代的公共治理与公众参与 / 曹帅等著. 一上海：同济大学出版社，2019.1

ISBN 978-7-5608-8225-3

Ⅰ.①新… Ⅱ.①曹… Ⅲ.①公共管理—公众—参与管理—研究—中国 Ⅳ.①D63

中国版本图书馆 CIP 数据核字(2018)第 251005 号

新时代的公共治理与公众参与

曹 帅 等著

出 品 人 华春荣　策　划 吕 炜 陆克丽霞　责任编辑 熊磊丽 翁 晗

责任校对 徐春莲　封面设计 陈益平

出版发行 同济大学出版社　www.tongjipress.com.cn

(地址：上海市四平路 1239 号 邮编：200092 电话：021-65985622)

经　　销 全国各地新华书店、网络书店

排版制作 南京展望文化发展有限公司

印　　刷 江苏凤凰数码印务有限公司

开　　本 710 mm×1000 mm　1/16

印　　张 15.5

字　　数 310000

版　　次 2019 年 1 月第 1 版　2019 年 1 月第 1 次印刷

书　　号 ISBN 978-7-5608-8225-3

定　　价 78.00 元

前言

FOREWORD

公众参与一直是公共治理研究中的热点问题，尤其是随着信息传播的高速发展及公众参与意识的日益提高，如何在更大程度上接受公众参与公共治理，并引导公众参与的良性运行，是个敏感且重要的话题，也是当今政府公共管理部门的职责所在。党的十九大报告指出“打造共建共治共享的社会治理格局”，“加强社会治理制度建设，完善党委领导、政府负责、社会协同、公众参与、法治保障的社会治理体制，提高社会治理社会化、法治化、智能化、专业化水平”，为公众参与公共治理提供了核心指导作用。

目前，大多数文献侧重研究公众参与的必要性及重要性，但如何参与及以何种形式参与公共治理的研究比较缺乏。因此，本书从公众如何参与的视角，以“新时代的公共治理与公众参与”为主题，共收录了同济大学优秀学术论文五篇，内容涵盖公共治理与公众参与中的多个领域，涉及经济、政治、公共管理等多个交叉学科的理论，综合了理论分析、实证研究、案例研究和调研访谈等多种研究方法。

第一篇为同济大学经济与管理学院公共管理系毕业生曹帅撰写，从专家与公众的博弈关系出发，基于公共政策过程理论，以公共政策的公共性为衡量标准，构建出五类专家-公众关联模式，并结合温岭参与式预算改革、网约车政策、天津塘沽爆炸事故前的安全评价、番禺垃圾焚烧厂事件以及PX项目五个案例，从专家与公众的分类、政策类型和政策时空变化等方面对专家-公众关联模式进行了阐述和剖析。其研究结果表明：公共决策过程中专家与公众处于一种动态博弈的关系之中，两者之间呈现出多样化的关联模式，其中最理想的模式是专家与公众的“一致型”关联模式。

第二篇为同济大学经济与管理学院经济金融系毕业生严胤铭撰写，从政民关系的角度出发，研究构建政府与公民的双向互动回应机制，并以慈溪市为研究对象，在对慈溪市政民互动回应现状和满意程度进行问卷调查基础上，从互动回应主体和互动回应实现内容两方面，深入分析慈溪市政民互动回应现状与机制存在的问题。其研究结论表明：政府必须探索构建政民互动回应机制来真正建立起良好的政民互动回应关系，并从提升互动回应主体素质、把握互动回应内容方向、创新互动回应通道机制三个层面提出构建政民互动回应机制的对策建议。

第三篇为同济大学经济与管理学院经济金融系毕业生屠婵燕撰写，从公众满意度出发，构建了一套以公众满意度为导向的公共交通管理水平评价体系，并以上海市松江区公共交通为例，分析目前松江区公共交通存在的主要问题，对松江区交通管理部门提供了改善型对策与建议。

第四篇为同济大学经济与管理学院公共管理系毕业生鲍俊杰撰写，从共享单车这一分享经济模式在运营过程中出现的城市公共治理问题出发，通过线上问卷调查的方式，从公众认知与行动的视角对公众、政府以及企业三者在共享单车治理过程中存在的问题进行剖析，并探究其原因。调查研究表明：公众自身认知与行动的不一致性，政府、企业和公众三者利益的部分对立性以及非硬性政府治理机制安排是共享单车城市公共治理问题的主要影响因素。通过利用政府、企业和公众三者合作治理模式，设立正负面清单以及对企业和公众采取双重信用机制来改善共享单车的治理问题，减少违规行为，提高运营效率，促进共享单车可持续发展。

第五篇为同济大学经济与管理学院经济金融系毕业生周永珩撰写，在“中国健康与营养调查”数据的基础上，对我国劳动人口肥胖的传染性问题进行了实证分析。在混合截面、分年份截面以及固定面板效应模型的估计结果中，发现了社区内其他人的BMI均值与个人BMI存在显著正相关。在引入社区环境变量以及工具变量后，有效地控制了环境效应以及关联效应，且社区内其他人的BMI均值对被解释变量的影响依然显著，证实了社会网络效应的存在。

本书既有专家决策与公众参与的关联研究，也有以具体城市为案例的政民互动研究，更有公共交通管理评价及共享单车治理的具体事件研究，极大丰富了公众如何参与公共治理研究的话题，为公众参与公共治理提供了新思路。本书兼具理论研究和实际应用的特点，既可以为公共政策研究提供理论与实证支持，也可以为具体从事公共治理岗位工作的人员提供新思路。

一、引言

（一）研究背景

重大行政决策程序是依法行政和依法治国的重要体现，决策质量的高低直接影响到公众的切身利益。为了进一步提高重大行政决策的科学性和民主性，2016年1月，中共中央、国务院印发的《法治政府建设实施纲要（2015—2020年）》（以下简称《纲要》），规定了重大行政决策程序须包含以下五个过程：公众参与、专家论证与风险评估、合法性审查、集体讨论决定和决策责任追究。

近年来，随着依法治国的推进，法治政府的建设逐渐从理论进入实践。其中，重大行政决策程序的建设是法治政府的重要内容。重大行政决策程序建设的目的是促进公共决策的科学化、民主化与法治化。

专家论证与公众参与是重大行政决策过程中的两个重要环节。专家论证的主要目的是为公共决策提供技术支撑，促进决策的科学性。公众参与的主要目的是吸纳民众意见，促进决策的民主性。近年来，行政决策的实践过程中已经有大量的专家论证与公众参与的实践，其中不乏成功的案例，也有失败的案例，总体上离科学、民主的公共决策尚有一段距离。在实践中，专家论证和公众参与大都独立进行，缺乏关联和互动。专家虽然是科学知识的代表，但实践中的专家论证出现了专家被利益集团收买、专家被决策者操纵、专家自身专业知识不过硬、专家组成不平衡、论证过程不公开等现象，参与论证的专家面临着中立性、独立性、科学性和追责性等问题。社交网络和媒体中经常出现"叫兽""砖家"等戏谑的字眼，专家的信誉度降低。公众虽然是社会价值的代表，但实践中的公众参与却出现了参与度不高、参与路径狭窄、参与的公众缺乏代表性和典型性、参与过程流于形式等问题。公众经常因为缺乏相应的科学知识而受舆论的误导，诉诸情绪宣泄而非理性、有序参与。除了专家论证与公众参与各自的问题之外，专家与公众之间缺乏充分的互动与交流，导致两者之间误解加深、隔阂加重，一定程度上影响了公共决策的科学性和民主性。

专家论证与公众参与的问题和困境在很大程度上阻碍了决策的科学化和民

主化，而缺乏科学化和民主化的公共政策又引发了一系列社会问题，增加了社会矛盾。在这样的背景下，本文试图探索专家论证与公众参与之间的博弈关系与关联模式，以期探索出公共决策过程中专家与公众的良性互动模式。

（二）研究问题

重大行政决策程序中专家论证是提高决策科学性的重要环节，公众参与是提高决策民主性的重要环节。但在实践中，专家论证与公众参与大都独立进行，没有关联和互动。专家不了解公众的价值观和偏好，公众也不了解专家论证的过程和结果。这两个环节的割裂很大程度上加深了专家和公众之间的误解和冲突，影响了决策的科学性和民主性。

以往的研究大都集中于专家论证或公众参与的分段研究，或研究政府与专家论证、政府与公众参与之间的关系，缺乏对专家论证与公众参与两者的关联研究。而专家与公众作为公民社会中的群体，在公共决策过程中都是不可或缺的参与者。因此，本文将专家论证与公众参与进行关联研究具有重要的理论和实践意义。

鉴于此，本文在以往研究的基础上，着重探索公共决策过程中专家论证与公众参与的博弈关系和关联模式，并结合温岭参与式预算改革、网约车政策、天津塘沽爆炸事故前的安全评价、番禺垃圾焚烧厂事件以及 PX 项目五个案例，从政策类型、政策时空变化和专家、公众特征等方面对两者之间的关联模式进行阐述和剖析。本文的主要创新点在于构建了五类公共决策过程中专家与公众的关联模式。

（三）研究意义

研究公共决策过程中专家论证与公众参与的关联模式具有一定的理论意义和实践意义。

理论意义在于对公共决策过程中专家与公众的博弈关系进行分类并构建理论化的分析框架，在技术统治论下的公众参与、公民科学和公共专业知识、专家型公民之外提供一个新的分析视角。专家论证是科学性的体现，公众参与是民主性的体现。探索专家论证与公众参与的结合机制，一方面是决策理论的体现，另一方面是民主理论的体现，可以为重大行政决策提供一定的理论指导，以促进决策的科学化与民主化。

实践意义在于公共政策过程中的专家论证与公众参与的关联研究有助于理

解专家论证与公众参与两个环节的问题与困境,有助于缓解专家与公众之间的误解和冲突,有助于工具理性和价值理性的融合。关联模式的构建和关联路径的探索,在实践中有助于将专家论证与公众参与有机结合,有助于专家与公众的良性互动,以提高决策的科学性和民主性,为完善重大行政决策程序奠定一定的基础。

(四)研究方法与研究框架

本文的研究方法主要有文献研究、分类法和多案例分析法。

文献研究主要从两条主线进行。第一条主线是专家论证与公众参与的分段研究,第二条主线是专家论证与公众参与的关联研究。

分类法主要以专家与公众在公共决策过程中的博弈关系出发,以博弈过程、博弈结果、专家是否坚持科学立场、公众是否理性有序参与为分类标准对专家-公众关联模式进行分类。

多案例分析法主要是根据构建的五类专家-公众关联模式分别以五个案例进行分析和阐述。

本文共分为五个部分,每一个部分的介绍如下。

第一部分为引言。主要介绍了本文的研究背景、研究问题、研究方法、研究意义与创新点。

第二部分为文献综述。首先评述了专家论证与公众参与的分段研究,总结了专家论证与公众参与各自的发展过程、问题和原因。然后从理论基础和发展脉络两方面评述了专家论证与公众参与的关联研究,并在此基础之上引入了本文的研究焦点。

第三部分为专家论证与公众参与的关联模式构建。首先,分析了专家、公众的特征与分类,并阐述了政策类型和政策时空变化对专家论证和公众参与的影响。然后,从专家与公众在公共决策过程中的博弈关系出发,将两者的关联模式分为“一致型”关联模式和“冲突型”关联模式。而在“冲突型”关联模式下,根据专家与公众的博弈结果,又分为专家主导型模式和公众主导型模式。在专家主导型模式下,以公共政策的公共性为衡量标准,即专家是否站在科学的立场进行论证,又分为专家主导型关联模式Ⅰ和专家主导型关联模式Ⅱ。在公众主导型关联模式下,以公众是否能以理性、有序地参与公共决策为衡量标准,又分为公众主导型关联模式Ⅰ和公众主导型关联模式Ⅱ。最后,对以上专家与公众的关联模式依次进行了阐述。

追求着(idea entrepreneurs)和知识拓展者(knowledge brokers)。因此,专家本身的价值观会影响他们参与公共政策制定的行为模式。专家在参与公共决策时,或多或少都会加入自己的价值判断。

第二,独立性问题。斯通(Stone)强调专家要独立于政府、政党和利益集团。但实践中,专家论证只是公共政策决策程序的环节之一,在公共政策制定的整个过程中,专家会受到政府或利益集团的收买或施压,其论证的独立性难以保证。原因主要有两个:一是政府在资源配置中仍然居于主导地位,在实践中,政府可能会给专家施压,让专家为事先决策好的政策论证其合理性。除了政府,势力强大的利益集团为了使政策更有利于自身的利益,也会对专家进行施压或收买。二是根据公共选择理论,专家也是"经济人",在参与公共决策的过程中会有经济人动机,会获取自身效用的最大化。在实践中,有些专家心甘情愿为政府的决策背书以获取政府对自身研究项目的经费支持,也有些专家为了金钱利益为利益集团站台。

第三,科学性问题。专家论证的首要功能是"理性增强"。但在实践中,这一功能并未得到很好的实现。原因主要有三个:第一个是中立性和独立性问题,如果专家的中立性和独立性无法保证,势必会影响其论证的科学性。第二个原因在于专家自身的知识限制。专家大都在某一个细分领域有专门的知识,参与论证的时候有过多地从自己的细分领域论证的倾向,但公共决策需要多方面的知识,因此专家自身知识的局限也会一定程度上影响论证的科学性。第三个原因在于决策者本身的"有限理性"。根据西蒙提出的"有限理性"理论,决策者在面对复杂的政策问题时,会请专家来论证。但是,当决策者对政策问题中包含的科学问题所知甚少的话,在选择专家的时候也会遇到挑战,无法选出最合适的专家来进行论证。

第四,追责性问题。当公共政策失败或产生社会危害时,决策者承担首要责任,而参与论证的专家承担责任的情况在现实中少之又少。首先,专家在论证中不能保持独立性,这就很大程度上增加了对专家责任界定的难度。其次,专家在参与公共决策时有规避风险的趋向,这更加剧了对专家进行追责的难度。

以上四类问题是公共政策过程中专家论证的普遍问题,但在我国专家论证还未法制化的阶段,这四类问题更加凸显。

2. 公众参与的产生、发展与问题

现代意义上的公众参与起源于20世纪四五十年代的美国。当时的美国处于国家职能扩张时期,行政国家持续扩张带来政府的信任危机,代议制民主出现危机,需要公众的参与来缓和政府和公众的社会矛盾。

20 世纪 60 年代以来,美国中央与地方的分权和地方治理的改革趋势为公众参与公共政策的过程提供了机会。1964—1965 年,美国林登・约翰逊总统面对来自公众的压力,开展了一系列消除贫困、消除种族歧视、改善教育、改善医疗等的社会项目,被称为“伟大社会”(Great Society)。在这一运动中,公民开始直接参与社会项目和公共政策。

1969 年阿恩斯坦(Arnstein S.R.)在论文 *A Ladder of Citizen Participation* 中(《公民参与的梯子》)提出,公民“空洞的仪式性”的参与和“有真正的权利”的参与是完全不同的,除非公民有实际的机会和权利影响决策结果,否则公民参与的结果就是公民被操纵。阿恩斯坦将公民参与的程度比作“梯子”,分为三大类,共八个“阶梯”。三大类从低到高依次为非参与(non-participation)、象征性参与(tokenism)和权力性参与(citizen power)。非参与包括两个“阶梯”,从低到高为操纵(manipulation)和治疗(therapy);象征性参与包括三个“阶梯”,从低到高依次为告知(informing)、咨询(consultation)和安抚(placation);权力性参与包括三个“阶梯”,从低到高依次为合作(partnership)、授权(delegated power)和公民控制(citizen control)。20 世纪七八十年代,虽然公众参与在比较大的范围内参与公共决策,但也遇到了来自决策者和决策层的抵制。艾米(Amy)将公民参与的实际权力看作是中心变量,公共决策过程中权力的分配影响决策的公正性。公众没有实质性的参与,政府与公众的矛盾进一步激化,在此背景下,20 世纪 80 年代以来,对官僚机构进行根本性的改造成为了公共机构改革的核心。这一时期,新公共运动、新公共管理运动和治理运动兴起,试图把公众参与作为改革官僚机构的方式之一。

进入 21 世纪,公众参与更加广泛地渗透到公共政策的决策过程。在这一新时期,公众参与有了两个新的趋势。第一个趋势是公众参与开始与协商民主理论融合,协商民主理论在实践的过程中,逐渐呈现公众参与的议题。公众参与的实践中,也逐步融入协商民主。第二个趋势便是信息时代对公众参与的影响。信息时代加速了信息的传播速度、拓宽了信息的传播渠道,逐步出现了诸如网络问政、电子政务等利用互联网来辅助公众参与公共政策制定的实践。

总之,公众参与的最直接驱动力来自传统官僚机构的行政效率低下、政府公信力降低和传统的代议制民主出现危机。公众参与政策过程呈现出参与领域越来越广、参与渠道越来越宽、参与程度越来越深的趋势,公众参与逐渐由形式性参与向实质性参与转变。

虽然公众参与取得了很大进步，但实践中公众参与遇到了诸多问题和困境。这些问题和困境总结起来主要有三大类：权利意识淡薄、参与能力不足、参与路径单一。前两者主要是公众自身的问题，参与路径单一主要是行政决策程序的问题。

第一，权利意识淡薄。在公共政策过程中，公众的权利意识不足，对参与公共决策漠不关心。公众参与也会陷入集体行动困境，很多公民在参与公共决策的时候会倾向“搭便车”，让其他人代表自己去参与而自己逃避参与。

第二，参与能力不足。公众参与能力不足主要体现在三个方面：时间成本、经济能力和受教育程度。公众参与公共决策的时间成本是不可避免的。一方面，公众没有足够的时间和精力全程参与公共政策的制定；另一方面，公共政策的制定与出台具有时间上的紧迫性，公众过度参与公共决策，会延长政策的制定和出台，很可能会错过最佳时机。经济能力和受教育程度严重制约公民的参与能力。孟凯和石路认为，经济能力是影响公民参与的重要因素。美国学者安东尼·奥罗姆在其著作《政治社会学导论》(*Introduction to Political Sociology*)中提到，经济能力与政治参与度成正比。张保伟认为，公民在参与环境政策的制定中存在严重的“知识结构困境”。公共政策涉及的科学性问题已经远远超出了公民的知识结构，公民无法做科学上的判断，只能诉诸情绪宣泄。

第三，参与路径单一。在实践中，公众参与公共决策的路径比较单一。公民参与的主要形式有三种：告知、咨询和积极参与。但在实践中，由于行政决策程序的不规范，政府对于公共政策的信息通知不及时、不全面，导致公众参与在一开始就夭折。根据本研究的调研，2016 年 10 月初出台的“网约车新政”在征求公众意见时，只提供了网络提交书面建议的公众参与方式。若公众不关注“网约车新政”的官方网站，很难得知有网络提交书面建议这一参与方式。即使得知有这一方式，大多数公众，尤其是利益相关的公众，也缺乏将建议书面化的能力。

总之，公众参与意识淡薄、参与能力不足和参与路径单一等问题很大程度上影响了公众参与的程度。公众参与大多数情况下还停留在“形式化”“程序化”的阶段，离真正的实质性参与还很远。

3. 专家论证与公众参与的最近研究与进展

公共政策过程中专家论证与公众参与的关联研究在理论和实践的推动下逐渐开展。

纳尔班迪安(Nalbandian)指出，目前的焦点不应该再是讨论如何帮助公众进行参与，而是询问公众期望什么形式的参与和民主。他提出了引导公众参与的十种能力，即建立联盟和网络、招募参与者、沟通、冲突管理、提供信息和选择、组织和管理讨论、帮助参与者提出观点、帮助参与者进行小组决策、支持行动和落实，以及评估公众参与。他也指出，传统的公众参与形式（如听证会、公众代表在市议会上进行评论、公众请求参与政府的议程设定等）实质上是一种“父母-子女”关系（parent-child relathionship），这种关系已经很难适应日益复杂的政策问题，应该在这个基础之上，向“成人-成人”关系（adult-adult relationship）转变。他提出了21世纪公众参与面临的两大挑战。第一，如何看待专业知识在公众参与中的作用。他指出政府应该承担起分享和传播专业知识的责任，让公众了解公共政策制定过程中所需要的专业知识，保证公共政策既能在政治上是可接受的（politically acceptable），也能在行政中是可持续的（administratively sustainable）。第二，如何调和复杂问题与行政管辖权范围之间的矛盾。如今环境问题、交通问题、经济发展问题等日趋复杂，复杂问题没有边界，复杂问题的解决涉及多个行政部门，但行政管辖权有明确的范围。如何灵活处理行政管辖权的边界问题，如何让公众理解“边界管理”（management of boundaries）并理性参与是一大挑战。

公众参与的政策领域也逐渐扩大，涉及环境、基础设施建设、自然资源开发与利用等方面。例如，有的学者分析了公众参与在越南基础设施建设项目中的积极作用；有的学者分析了利用和保护加里曼丹沿海自然资源公共政策中公众参与发挥的作用；有的学者以北京新机场的建设为例，研究了公众参与在环境影响评估中的作用；也有学者以中国的环境非政府组织为例，研究了公众参与在环境影响评估中的作用。

由于目前对专家论证和公众参与的关联的研究还处于初级阶段，历史和发展脉络尚不清晰。下面就按照时间顺序，以几位学者提出的几个新概念为线索，分三个阶段进行描述。

第一，技术统治论下的公众参与模型（technocratic model of public participation）。这一模型的典型特点是技术至上，公众参与只是技术之外的补充，处于次要位置。费舍尔（Fischer）和魏恩（Wynne）以及其他学者批判了技术统治论下的公众参与模型。虽然专家与公众都被纳入到公共政策的过程之中，但是在这一模型之下，科学是最重要的证据形式，公众作为一个整体处于被动的位置，并且专家与公众之间存在明显的等级关系，即专家在上，公众在下。费舍尔指出，技术统治论下的公众参与模型过度重视科学和专业知识而忽略了以公众为代表的社

公民开始广泛参与公共决策中去，为科学理性注入了社会理性。

需要注意的一个新趋势是，进入 21 世纪，美国率先提出了“科技政策科学”(science of science policy)，利用更加广泛的跨学科科技和共同体建设来推动政策科学的发展，以缓解社会矛盾、解决社会复杂问题。

政策科学的发展证明，在政策问题日益复杂的今天，单纯的科学理性已经无法缓解社会矛盾、解决社会问题，必须在科学理性的基础上将社会理性纳入公共决策。这就说明公共政策过程中，不仅需要专家论证，也需要公众参与，需要将专家论证与公众参与相结合，让科学理性与社会理性相融合。

2. 民主理论：直接民主、代议制民主和协商民主

民主的产生源远流长，古希腊的城邦民主是人类历史上第一次民主的实践，采取直接民主的形式。但随着国家的扩张和社会问题的日益复杂，直接民主开始向代议制民主过渡，目前代议制民主仍然是民主国家最普遍的民主制度。代议制民主在实践中异化为精英民主，专家、官僚和精英统治民众，这导致政府与民众的矛盾和冲突日益加剧。为了缓解社会矛盾，代议制民主开始向协商民主过渡，在公共政策制定过程中要充分考虑公众的价值偏好。

直接民主起源于古希腊的雅典城邦。民主的本意为“人民统治”。古希腊的雅典城邦之所以能实行直接民主，最关键的原因是“小国寡民”，社会治理相对简单。但国家范围的扩大和人口的增长使所有公民参与国家事务变得不可能，直接民主早已不再适应国家的治理。

直接民主之后，取而代之的是代议制民主，代议制民主仍然是民主国家的主流。代议制民主的概念起源于 17 世纪的英国，英国哲学家约翰·洛克提出了代议制民主的议会至上原则。18 世纪，英裔美国思想家潘恩提出“要把代议制和民主制结合起来”。19 世纪英国的密尔在其 1861 年发表的著作《代议制政府》中提出所有人参加公共事务是不可能的，最佳的制度就是代议制。19 世纪以来，民主化进程在世界范围内展开，现代国家的民主制度基本上采用了代议制民主。但是在实践中，代议制民主主要体现为选举民主，虽然公民有选举权，但是对公共政策的影响十分有限。代议制民主越来越排斥公众参与，逐步沦为精英政治、官僚政治甚至是寡头政治。

代议制民主的困境催生了协商民主理论的产生。在公共政策制定过程中，协商民主意味着要将公众的偏好汇总到公共政策之中。哈贝马斯(Habermas)提出了协商民主的双规模式(two-track model of democracy)，强调了正式的协商程序(如立法和司法活动)和非正式的意见(公共领域中的协商)互动。德鲁克

曼(Druckman)和路普亚(Lupia)研究了公众偏好的形成和变化，认为公众的偏好和变化与所处的社会环境密切相关。德鲁克曼和路普亚进一步研究了竞争性政治环境中的公民偏好变化，指出政治行动和结果依赖公众对候选人、政策和其他政治相关现象的偏好。协商民主的出现是为了克服代议制民主的缺陷，是对代议制民主的制度性补充，但并非根本性的变革。

综上，从代议制民主到协商民主，公共政策制定从官僚、专家和精英控制开始向官僚、专家和精英与公众协商转变。面对日益复杂的公共政策问题，既需要专家的科学知识，也需要汇总公众的价值偏好。

3. 公共决策过程理论

公共决策理论主要分为理性主义、有限理性和渐进主义三种模式。

理性主义模式是决策理论的根源性模式。大多数对于决策的讨论起始于“理性综合模式”(rational comprehensive model)或“理性行为者模式”(rational actor model)。理性主义模式有四大假设：① 决策者知悉要解决的问题和目标；② 决策者能够搜集到关于要解决的问题的所有信息；③ 所有的可行性方案都经过讨论、对比和分析；④ 能够通过协商一致的政策实现既定目标，实现社会效益的最大化。

但是，理性主义模式因其过度理想化而屡遭质疑。理性主义模式主要存在三大问题。第一，政策问题的目标难以达成共识。在实际的政策制定过程中，很多政策问题没有明确的政策目标，且不同的利益相关者难以就政策目标达成共识。第二，搜集与政策问题相关的所有信息超出了人类的极限。政策问题日趋复杂，涉及的信息量巨大，即使借助信息技术，在资源约束和时间压力下，决策者不可能搜集到跟政策问题相关的所有信息。第三，众多可行性方案之间难以通过成本-收益分析进行对比和筛选。公共政策方案与商业方案不同，难以进行成本-收益分析，因此难以对所有可行性方案进行对比和评估。

以“经济人”为假设的理性主义决策模式因其过于理想化而无法知道现实中的决策，西蒙(Simon)和马尔希(March)于1958年在其专著《组织》(*Organizations*)中提出了“有限理性”(bounded rationality)的概念。“有限理性”承认资源的有限性和人类处理信息的能力的有限性，认为决策者只能在某些限制下(如有限的时间、有限的信息、有限的人类处理信息的能力)进行决策。有限理性承认信息的不完备性和资源的有限性，决策者在进行决策时追求理性，但并非追求最大理性，而是寻求可以达到“满意”标准的备选方案。“有限理性”因为比理性主义模式更符合实际情况而得到更加广泛的认可。

林得布鲁姆(Lindblom)试图将理性决策模式和西蒙的“有限理性”结合起来,从而提出了“渐进主义”(incrementalism)。他认为,人们是以渐进的方式而非跳跃的方式进行决策。他认为理性决策模式是“根”(root),而“有限理性”模式是“分支”(branch)。人们是在已知的信息范围内进行阶段性决策,然后随着知识的积累和信息的增加进行进一步决策,整个决策过程由无数个渐进性的小决策组成。渐进主义的决策理论虽然在一定程度上融合了理性主义决策理论和“有限理性”决策理论,却面临着一个重大问题:在时间、信息和资源有限的情况下,很多政策问题无法以渐进的方式进行决策,而必须及时进行决策。

除了理性主义、有限理性和渐进主义三种主流模式,一些学者也提出了其他较有影响力的决策模式。科恩(Cohen)、马尔希(March)和奥尔森(Olsen)于1972年提出了“垃圾桶决策模式”(Garbage Can Model),该模式包括问题、解决方案和参与者三个要素,且这三个要素处在一种“漂流”(floating about)的状态,参与者会不断地寻找问题并给出解决方案,而大部分方案都被扔进了“垃圾桶”,只有极少数方案能够出现在最终的决策过程中。阿里森(Allison)提出了组织过程模式(Organization Process)和政府政治模式(Governmental Politics),并把它们称为模式Ⅱ和模式Ⅲ(模式Ⅰ为理性行为者模式)。模式Ⅱ又被称为官僚政治模式(Bureaucratic Model),阿里森认为,决策是官僚利用标准程序解决问题的结果。这样的标准程序相对简单且结果可以预测。模式Ⅲ又被称为政治冲突模式(Political Conflict Model),这一模式认为,决策是总统、政府高官、官僚集团、立法者和其他利益集团竞争和协商的结果。

(三)本文的研究焦点

本文在以往研究的基础之上,继续进行专家论证与公众参与的关联研究,从公共决策过程中专家与公众的博弈关系出发构建专家论证与公众参与的关联模式。

理论方面,本文首先分析了专家与公众的特征和分类以及政策类型和政策时空变化对专家论证与公众参与的影响,然后在此基础之上,从专家与公众的博弈过程(专家与公众意见一致或不一致)、博弈结果(专家意见胜过公众意见或公众意见胜过专家意见)及双方的行为(专家能否站在科学的角度进行论证和公众是否能以理性、有序的方式参与讨论)出发构建出五类专家论证与公众参与的关联模式:一致型关联模式,专家主导型关联模式Ⅰ、专家主导型关联模式Ⅱ、公众主导型关联模式Ⅰ、公众主导型关联模式Ⅱ。

最后，结合温岭参与式预算改革、网约车政策、天津塘沽爆炸事故前的安全评价、番禺垃圾焚烧厂事件和PX项目五个案例，从专家与公众的分类、政策类型和政策时空变化等方面对专家-公众关联模式进行了阐述和剖析。本文的主要创新点在于构建了五类公共决策过程中的专家-公众关联模式。

三、专家论证与公众参与的关联模式构建

本部分首先分析了专家、公众的特征和分类，政策类型和政策时空变化，以及公共政策的公共性。在此基础上，从专家与公众在公共决策过程中的博弈关系出发，构建出五类专家-公众关联模式并对这些模式需要满足的条件依次进行了阐述。

（一）专家、公众的特征与分类

专家、公众的特征与分类是影响两者关联模式的因素之一。在公共决策过程中，专家与公众具有不同的特征与分类。

专家包括从事相关科学研究的学者、政府部门具有专业知识和丰富经验的技术型官员、相关行业具有专业知识和工作经验的从业人员以及其他可以为公共决策提供技术和知识支持的人员。公众主要包括公共政策所涉及的利益相关的公民。总体来说，专家具备与公共政策相关的专业知识，主要为公共政策提供科学论证，是科学理性的代表。公众大都不具备与公共政策相关的专业知识，但由于公众是政策的最终接受者，因此公众在公共决策过程中主要是表达自身的价值观偏好，是价值（或社会）理性的代表。

以是否站在科学的立场进行论证为标准，可以将专家分为“纯粹型”和“非纯粹型”两类。纯粹型专家在公共决策过程中只考虑政策是否符合科学规律，因而是站在科学的立场进行论证。而非纯粹型专家在公共决策过程中可能出于自身利益作出妥协，甚至有可能被利益集团绑架而做出有悖科学事实的论证。以是否能理性参与为标准，可以将公众分为“理性”和“非理性”两类。理性的公众可以通过适当的方式表达价值偏好从而促进公共决策的民主化，而非理性的公众很可能被错误的舆论所误导而采取偏激的方式表达自己的观点，容易演化为民粹倾向而阻碍公共决策的进程。

（二）政策类型

政策类型对专家-公众关联模式的影响是基础性的。不同的政策类型可能

会产生不同的关联模式。

最初的政策分类以政策领域为标准，分为教育政策、医疗政策、交通政策、环境政策等。这样的分类有助于区分政策领域，却无法体现不同政策领域的公共政策所具有的共性。

20 世纪 60 年代，西奥多·罗维(Theodore J. Lowi)根据政府强制力作用的对象(个人或环境)和政府强制力作用的方式(直接或间接)两个维度建立了四个象限，把公共政策类型划分为管制政策(直接-个人)、再分配政策(直接-环境)、构成性政策(间接-环境)和分配性政策(间接-个人)。但是这一政策类型的划分忽略了政策本身对专业知识的要求和公众与政策之间的利益关联程度。

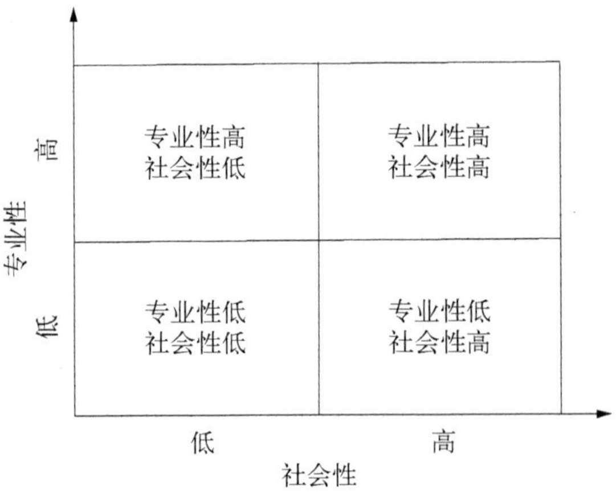

图 1－1　基于专业性和社会性的公共政策类型划分

朱德米在其著作《公共政策制定与公民参与研究》中以公共选择理论为依据，从专业性和社会性两个维度将公共政策划分为四类：专业性高社会性低、专业性高社会性高、专业性低社会性低、专业性低社会性高(图 1－1)。专业性体现为公共政策制定所需要的技术和知识支撑，社会性体现为利益关联程度的高低。这一分类以专业性和社会性两个维度为标准，充分体现了知识和价值观在政策制定过程中的互动关系，有助于分析公共决策过程中专家与公众的互动博弈关系，有助于两者关联模式的构建。

一般来说，政策的专业性越高，对知识和技术的要求越高，对专家论证的依赖性越大，因而专家意见胜过公众意见的可能性越大。政策的社会性越高，与公众的利益相关程度也越高，公众参与的程度越高甚至有可能演化为民粹倾向，因而公众意见胜过专家意见的可能性越大。

(三) 政策时空变化

公共政策具有时间-空间特征，不同的空间和时间对专家-公众关联模式也会产生一定的影响。

从时间来看，公共决策不是个一蹴而就的过程，而是具有时间的维度。在公共决策的不同时间段，可能会出现不同类型的专家-公众关联模式。例如，在公共决策的初期阶段，专家与公众的意见可能是一致的，但随着时间的发展，专家与公众的意见可能发生剧烈的冲突。从空间来看，受各地经济发展水平、人口结构、教育水平等多方面因素的影响，同一类甚至同一个公共政策在不同的空间可能会出现不同的专家-公众关联模式。这里的空间涉及两个范畴，一个是不同层级间自上至下的纵向的空间，比如中央政府计划出台一项全国性的政策，省一级政府需要根据各省的实际情况制定更加详细的政策，而市一级政府需要根据各地市的实际情况再制定更加细化的政策。不同的层级对应着不同的空间，而这些不同的空间可能对应着不同的专家-公众关联模式。第二个空间是同一层级间横向的空间，比如中央政府计划出台一项全国性政策，不同的省一级政府或不同的市一级政府可能对应着不同的专家-公众关联模式。

（四）衡量标准：公共性

公共性是公共管理和公共政策的本质属性。“公共性”广泛运用于哲学、行政学、公共政策学和经济学等学科，不同的学科给予了“公共性”不同的定义。即使在同一学科下，不同的学者对“公共性”这一概念也持有不同的观点。

哈克(Haque)从批判新公共管理的角度出发，认为强调效率和市场化的公共管理损害了公共服务的公共性这一本质属性，从而模糊了公共部门和私人部门的界限、缩小了公共服务的范围、增加了问责的难度、降低了公众对政府的信任，因此公共管理应该回归公共性这一本质属性。他进而提出了衡量公共性的五个维度：公私分界的程度、服务对象的构成及范围、公共性所扮演的角色的重要程度、问责的难易程度以及公众信任。可以看出，哈克对公共性的定义是相对于“效率”而言，其定义接近“公平”。安东森(Andonsen)从公共组织的多样性出发，根据公共组织的公共性高低程度对丹麦的公共管理部门进行了实证研究。他认为，公共性是公共部门价值观的附属属性，不同的公共部门具有不同程度的公共性，因而具有不同的行为模式。波兹曼(Bozeman)是研究“公共性”的著名学者，他主要是从组织理论的视角对“公共性”进行研究。1984 年，波兹曼从组织理论出发，将“公共性”定义为“组织受政治权威影响的程度”，认为所有的部门，无论是公共部门还是私人部门，都受制于公共权威(包括政治权威和经济权威)，因此公私部门在本质上都是“公共的”部门。1990 年，库西(Coursey)和波兹曼对公共组织和私人组织战略决策的公共性进行了实证研究，得出了公共性对战略决策的类型没有显著影响的结论。2011 年，波兹曼和莫尔顿(Moulton)

总结了两类“公共性”：一是“实证公共性”(empirical publicness)，即受政治权威和经济权威影响的实际的公共性；二是“规范公共性”(normative publicness)，即纳入公众价值偏好的公共性。2013 年，波兹曼回溯公共性理论，认为公共性理论是连接公共政策理论和组织理论的切入点。王冰和张晓莲在研究公共政策的公共性测度时，将“公共性”定义为“社会全体成员通过理性的集体协商得出的一致偏好”，并提出了公共性理论的七个维度：公平、可持续、效率、效果、公开、开放和公共责任。

综上可以看出，公共政策的“公共性”目前没有一个统一的定义，且“公共性”的测量缺少统一的指标，大都停留在规范性说明。具体到公共决策过程中的专家论证与公众参与，本文将“公共性”作为衡量公共决策过程中专家是否以公共利益为原则进行论证的重要标准。若专家坚持“公共性”原则，则专家站在科学的立场进行论证的可能性越大，专家与公众之间的冲突越小。若专家违背“公共性”原则，则专家违背科学精神进行论证的可能性越大(例如专家被利益集团收买)，专家与公众之间的冲突越大。

(五) 专家与公众的一致型关联模式

本质上，专家与公众在公共决策过程中是一对博弈的对象。在博弈的过程中，双方可能意见一致，也可能意见冲突。当双方意见一致时，称之为专家与公众的“一致型”关联模式。当双方意见不一致时，称之为专家与公众的“冲突型”关联模式。

在“一致型”关联模式下，专家与公众在主要的政策问题上具有相同或相似的观点。专家坚持“公共性”原则，站在科学的立场上进行论证，公众以较为理性和有序的方式参与讨论和发表意见。专家与公众之间的互动较为频繁、沟通较为顺畅，既充分发挥了科学技术在政策制定过程中的积极作用，又充分吸纳了公众的价值观偏好，基本实现了公共决策的科学化和民主化，是一种理想的专家-公众关联模式。

(六) 专家与公众的冲突型关联模式

公共决策过程中，当专家与公众的博弈关系为两者意见不一致时，称之为专家与公众的“冲突型”关联模式。在“冲突型”关联模式下，双方博弈的结果可能是专家意见占主导，也可能是公众意见占主导。前者称为专家主导型模式，后者成为公众主导型模式。专家主导型模式根据专家是否站在科学的立场进行论证分为专家主导型模式Ⅰ(专家坚持“公共性”原则,站在科学的立场进行论证)与专家主导型模式Ⅱ(专家违背“公共性”原则,在论证过程中违背科学事实与科学规律)。公众主导模式根据公众是否能理性、有序地参与公共决策分为公众主导型模式Ⅰ(公众理性、有序地参与)和公众主导模式Ⅱ(公众非理性、无序得参与)。

1. 专家主导型模式Ⅰ

专家主导型模式Ⅰ需要同时满足以下条件:

(1) 在公共决策过程中,专家与公众在主要的政策问题上持有不同的观点且难以调和;

(2) 专家坚持“公共性”原则,能够站在科学的立场为公共政策提供技术和知识支持;

(3) 双方博弈的最终结果是专家意见占主导。

在此类模式下,不管公众是否能以理性的方式参与公共决策,最终的结果是专家的意见胜过公众的意见。由于专家是纯粹地以科学精神和科学事实进行论证,因此此类模式虽然可能牺牲了一定的民主性,但至少保证了公共决策的科学性。网约车政策制定过程中的专家论证与公众参与大致属于这一类模式。

2. 专家主导型模式Ⅱ

专家主导型模式Ⅱ需要同时满足以下条件:

(1) 在公共决策过程中,专家与公众在主要的政策问题上持有不同的观点且难以调和;

(2) 专家因为自身利益或被利益集团绑架等原因违背了“公共性”原则,为公共政策制定作出了违背科学事实和科学规律的论证;

(3) 双方博弈的最终结果是专家意见占主导。

在此类模式下,不管公众是否能以理性的方式参与公共决策,最终的结果也是专家的意见胜过公众的意见。但由于专家没有从“公共性”的原则出发,违背了科学精神,做出了违反科学事实和科学规律的论证,因此,此类模式既牺牲了一定的民主性,又极大地降低了公共决策的科学性。天津塘沽爆炸事故前的安全评价环节涉及的专家论证与公众参与大致属于这一类模式。

3. 公众主导型模式Ⅰ

公众主导型模式Ⅰ需要同时满足以下条件:

(1) 在公共决策过程中,专家与公众在主要的政策问题上持有不同的观点且难以调和;

(2) 公众能够通过理性、有序的参与和因为自身利益或被利益集团绑架等原因违背科学精神和科学规律的专家进行抗衡；

(3) 双方博弈的最终结果是公众意见占主导。

在此类模式下，虽然专家没有站在科学的立场进行论证，但公众通过理性、有序的参与有力地反驳了专家的意见，最终民意胜过被利益集团控制的专家意见。因此，此类模式既充分体现和保证了公共决策的民主性，也在一定程度上限制了违背科学规律的专家论证。番禺垃圾焚烧厂事件大致属于这一类模式。

4. 公众主导型模式Ⅱ

公共主导型模式Ⅱ需要同时满足以下条件：

(1) 在公共决策过程中，专家与公众在主要的政策问题上持有不同的观点且难以调和；

(2) 公众因为缺乏相关专业知识被舆论误导等原因以非理性甚至民粹的方式与专家意见进行对抗；

(3) 双方博弈的最终结果是公众意见占主导。

在此类模式下，即使专家站在科学的立场进行论证，失去理性甚至演化为民粹倾向的公众已不具备冷静分析问题的能力，失控的民意压制了专家的意见。因此，此类模式既阻碍了公共决策的科学化，又在很大程度上助长了民粹情绪，损害了公共决策的民主化进程。中国的PX项目中的专家论证与公众参与大致属于这一类模式。

综上所述，在公共决策过程中，根据专家与公众的博弈关系以及专家与公众的分类构建出五类专家与公众的关联模式(图1-2)。

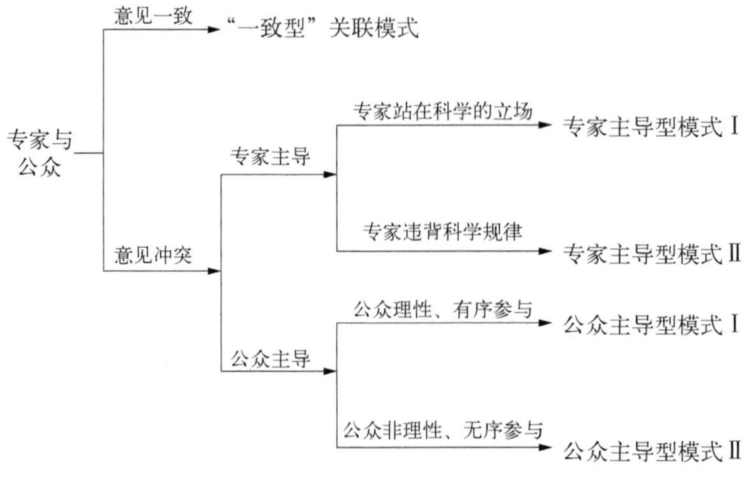

图1-2 公共决策过程中专家论证与公众参与的关联模式分类

关于以上关联模式的分类，有以下两点需要注意。

(1) 专家与公众“意见一致”或“意见冲突”是一个相对的概念而非一个绝对的概念。在具体的公共决策过程中，专家内部也可能产生“意见一致”和“意见冲突”两种情况，此时需要把专家内部占据主流的意见作为总体的专家意见。公众内部也可能产生“意见一致”和“意见冲突”两种情况，此时需要把公众内部占据主流的意见作为总体的公众意见。此外，公共决策过程一般会涉及多个问题与多个细节，在某些问题和细节上，专家与公众可能意见一致，也可能意见冲突，最终确定专家与公众意见是一致还是冲突的标准是专家的主流意见与公众的主流意见在公共决策的关键问题上保持一致还是产生冲突。

(2) “专家主导”与“公众主导”是两种结果而非过程。专家与公众的博弈是一个动态的过程，难以量化，而博弈的结果是确定的，因此以博弈结果为标准进行分类。专家占主导还是公众占主导可以根据决策的结果进行判断。若决策的结果大致符合专家的意见，则专家意见占据主导地位。若决策的结果大致符合公众的意见，则公众意见占据主导地位。

四、多案例分析

下面将结合温岭参与式预算改革、网约车政策、天津塘沽爆炸事故前的安全评价、广州市番禺区垃圾焚烧厂事件和 PX 项目五个案例分别对五类专家论证与公众参与的关联模式进行讨论和分析。

(一) 专家与公众的一致型关联模式：温岭参与式预算改革

参与式预算是公民通过理性、有序的方式参与地方政府预算程序的制度模式，目的是促进地方政府公共预算和公共决策的合理性，促进公共资源分配的效率与公平。参与式预算起源于 20 世纪 80 年代的巴西，之后逐步扩展到各大洲的多个国家和地区。

改革开放以来，中国政府进行了一系列经济和政治改革以应对全球化和国内社会变化的挑战。地方政府进行了一系列协商民主的实践，浙江省温岭市的参与式预算改革就是其中的典型案例之一。

浙江省温岭市的参与式预算改革的源头可以追溯到 1999 年浙江省温岭市松门镇首创的民主恳谈试验。1999 年至 2000 年，浙江省温岭市松门镇政府领导举办了首次民主恳谈会，就公共问题与农民进行了面对面的沟通，现场听取意

面，部分农民也开始就一些实际问题向专家提供意见和建议，甚至与专家进行讨论和辩论。

第三个阶段为成熟阶段，在这一阶段，公众参与的方式更加多样化、人数更多、范围更广，公众参与的意识进一步增强，公众参与的能力进一步提高，并且公众参与逐步实现了程序化和制度化。而公开预算信息、将公众参与制度化也正是专家们经过论证后的建议。因此，这一阶段，专家与公众对于参与式改革中的公共决策总体上具有一致的观点。

温岭参与式预算改革在不同的时间和空间也呈现出不尽相同的专家论证与公众参与。从时间上来看，初期阶段以专家论证为主，公众参与为辅。这个阶段专家与公众的交流与沟通并未真正展开。过渡阶段专家论证与公众参与的程度均很高，这一阶段专家与公众的互动较多，双方进行了一定程度的讨论。成熟阶段以公众参与为主，专家论证为辅。这个阶段专家的论证基本完成，参与式预算走向正轨。公众与专家的直接沟通和交流也随之减少。从空间上来看，温岭市的参与式预算改革可以分为三个部分：新河镇、泽国镇和全市其他各镇。新河镇与泽国镇于 2005 年率先进行参与式预算改革的试验，但两个镇在具体的预算改革实践中由不同的专家学者推动，呈现出不同的特点，因而被成为“新河模式”和“泽国模式”两种模式。两种模式的最显著的区别在于公众代表的产生方式。“新河模式”是通过法定程序选举人大代表，再由选举的人大代表参与政府的预算改革，但面临“精英民主”的质疑。“泽国模式”是将全镇 18 岁以上的人口编号然后按照千分之二的比例随机抽样产生民众代表参与预算讨论，但随机抽样产生的代表没有法定的代表身份，意见不具有强制性的法律效力。虽然专家与公众在公共决策过程中难免存在意见冲突的时候，但最终专家和公众在重要问题上还是基本上达成了一致。例如，2008 年 2 月 24 日，在新河镇第十五届人民代表大会二次会议中的辩论环节，关于预算草案的争议非常激烈。一个选区的代表们因为集体联名的修正案没被主席团提交大会审议而集体退场，在书记和镇长的劝说之下返回会场继续进行讨论，经过与专家的交流、沟通和辩论，最终达成了相对一致的观点。

总体来说，在温岭参与式预算改革的过程中，专家论证与公众参与的程度均较高，专家总体上大都站在科学的立场进行论证，公众总体上也能理性、有序地参与讨论。虽然双方在细节问题上各有各的观点，但整体上专家与公众在重大问题上保持了意见的一致性。因此，温岭参与式预算改革是公共决策过程中专家论证与公众参与“一致型”关联模式的典型案例。

（二）专家与公众的冲突型关联模式

在公共决策过程中，若专家与公众的意见发生冲突且难以调和，双方博弈的结果会有两种：专家意见占主导或公众意见占主导。专家意见占主导且专家站在科学的立场进行论证，则称之为专家主导型模式Ⅰ，下面将以网约车政策为例进行阐述。专家意见占主导但专家违背科学精神和科学规律进行论证，则称之为专家主导型模式Ⅱ，将以天津塘沽爆炸事故前的安全评价为例进行阐述。公众意见占主导且公众能以理性、有序地方式参与讨论，则称之为公众主导型模式Ⅰ，以番禺垃圾焚烧厂为例进行阐述。公众意见占主导且公众以非理性、无序地方式参与讨论，则称之为公众主导型模式Ⅱ，以 PX 项目为例进行阐述。

1. 专家主导型关联模式Ⅰ：网约车政策

网约车是网络预约出租车的简称。传统出租车虽然在解决大众出行方面发挥了重要作用，但在部分城市出现了“打车难”和服务质量不高等问题，从而为网约车提供了市场。随着网约车的发展，网约车与传统出租车行业的矛盾激增，部分城市甚至发生了网约车司机和出租车司机之间的暴力事件，出台相关政策势在必行。

国内网约车最早出现于 2010 年 5 月，2015 年末政府介入开始制定相关政策法规，2017 年下半年相关政策法规落地实施。网约车的发展历程伴随着网约车政策的不断变化，网约车政策的制定过程也是网约车从非法变为合法的过程，大致分为三个阶段。

第一阶段为初步发展阶段，这一阶段政府还未进入全面监管，专家论证和公众参与也相对缺乏。2010 年 5 月，“易到用车”在北京成立，推出针对中高端商务市场的专车服务。2012 年 8 月，快的打车和嘀嘀打车先后出现，打车软件开始盛行。2013 年 5 月，国内已经有超过 40 款网约车软件，价格战引发恶性竞争，开始引起监管部门和专家、公众的关注。2013 年 5 月，深圳市交通委内部下发关于强制要求司机卸载手机打车应用软件的通知。北京市交通委官网发布《北京市出租汽车电召服务管理试行办法》，强制将在线打车软件进行统一管理。2014 年 2 月，国际打车软件优步（Uber）正式进入中国市场。2014 年 3 月至 5 月，上海、济南、苏州先后下发文件，对司机使用打车软件做出规范，其中苏州明令禁止使用打车软件。2014 年 5 月，交通部发布《关于促进手机软件召车等出租汽车电召服务有序发展的通知》，要求“着力营造统一、开放、公平、有序的发展环境”，“平台运转不得影响手机召车软件正当功能和良性竞争”。2014 年 6 月至9月，快的打车、嘀嘀打车和优步先后推出专车服务，从一线城市向全国各大城市推广。2015年1月7日，山东省济南市私家车车主陈超因使用滴滴专车软件搭载乘客被认定为非法营运并罚款两万元，之后陈超上诉至法院，此事件被称为“专车第一案”。

第二阶段为政府介入监管阶段，这一阶段开始引入了较为充分的专家论证，但公众参与仍然不足。2015年1月，交通运输部表态，承认网约车的积极意义。2015年2月，国内两大网约车巨头快的打车和滴滴打车合并。2015年3月，时任交通运输部部长杨传堂表示，出于安全考虑，禁止私家车进入网约车运营市场。2015年5月，网约车和传统出租车之间的冲突愈演愈烈，多地出现传统出租车停运事件，甚至网约车司机与传统出租车司机的暴力事件。2015年10月10日，交通运输部起草了《关于深化改革进一步推进出租汽车行业健康发展的指导意见(征求意见稿)》和《网络预约出租汽车经营服务管理暂行办法(征求意见稿)》并向社会公开征求意见。

第三个阶段为政策全面细化和向社会公开征求意见阶段，这一阶段专家论证与公众参与的程度均较高。交通运输部于2016年7月28日正式推出《网络预约出租汽车经营服务管理暂行办法》之后，各省、市级政府根据各地的实际情况陆续制定和出台了更加细化的政策法规，在这个过程中伴随着大量的专家论证和公众参与。

在网约车政策制定过程中，既有专家参与论证，也有公众参与讨论。但整体上，专家与公众在网约车政策的公共决策过程中持有不同的意见且难以调和。由于参与论证的专家大部分都是站在科学的立场参与论证，因此网约车政策的公共决策过程中专家论证与公众参与的关联模式大致为专家主导型关联模式Ⅰ。

从政策类型来讲，网约车政策大致属于“专业性高、社会性高”的政策类型。网约车政策制定之时，虽然网约车运营本身所需的技术已经实现突破并走向成熟，但是网约车作为一个新兴行业所涉及的交通、法律、监管、安全等问题需要专业知识的支撑，因此网约车政策的公共决策过程对相关知识的要求较高。网约车政策涉及的公众范围比较广，主要包括传统出租车司机、网约车出租车司机和经常搭乘出租车的乘客。网约车政策在很大程度上会影响传统出租车司机和网约车出租车司机的工作和经常搭乘出租车乘客的日常出行，因此社会性较高。

专家论证在网约车政策制定的三个阶段均存在，公众参与主要发生于第二和第三个阶段。讨论专家与公众在网约车政策公共决策过程中的博弈关系，主要从第二阶段和第三阶段进行分析。

在第二阶段，专家论证先行，公众参与是后期进入，并且公众参与的规模和范围较小。专家与公众虽然观点不同，但双方并未发生激烈的观点交锋。2015年10月10日，交通运输部起草了《关于深化改革进一步推进出租汽车行业健康发展的指导意见(征求意见稿)》和《网络预约出租汽车经营服务管理暂行办法(征求意见稿)》并向社会公开征求意见。在这之前，根据交通运输部的说明①，2015年1月，交通运输部成立工作小组深入十多个不同类型的城市进行调研，期间举行了30多场座谈会、论证会及专题会议。3月至6月，多次征求地方交通主管部门的意见。7月，召开深化出租汽车行业改革论证会，有关城市人民政府、行业主管部门、人大代表、政协委员、行业协会、专家学者、出租汽车企业、"专车"平台(互联网)企业、出租汽车驾驶员、"专车"驾驶员和乘客等相关方代表参加，广泛听取各方意见和建议。2015年11月，交通运输部再次召开规范网约车发展专题座谈会，特邀交通、法律、金融、财经、信息通信、知识产权等方面的20位专家、学者，围绕规范网约车发展进行了进一步的讨论。在这一阶段，专家之间主要有两类观点，一类是政府应该加强对网约车的监管，限制网约车行业的迅速扩张，减小与传统出租车行业的摩擦，避免交通更加堵塞。另一类是政府应该鼓励和支持网约车的发展，减少对网约车的管制，让其与传统出租车行业进行竞争，提高网约车的服务质量，提高乘客的出行效率和乘车体验。参与讨论的公众大都从自身情况出发发表了观点。传统出租车司机代表认为应该限制网约车发展，网约车司机代表认为不应该限制网约车发展，而乘客代表大都认为应该鼓励和支持网约车发展。这一阶段由于是交通运输部政策制定和出台前的实地调研环节，具体的政策还未成形，专家和公众虽然在具体问题上观点不同，但双方并未发生激烈的观点交锋。

第三阶段，网约车政策逐步成形，交通运输部出台相关政策，各省市根据自身情况制定更加细化的政策。这一阶段，专家论证更加频繁，公众参与也更加积极，并且专家与公众之间发生了激烈的观点交锋。2016年7月28日，交通运输部正式推出《网络预约出租汽车经营服务管理暂行办法》，之后各省、市级政府根据各地的实际情况陆续制定和出台了更加细化的政策法规。2016年10月8日，北京、上海、广州、深圳在同一天公布了《网络预约出租汽车经营服务管理暂行办法(征求意见稿)》，对网约车辆标准、驾驶员条件、定价规则等进行了详细规

① 《交通运输部关于深化出租汽车行业改革指导意见等有关文件公开征求意见的通知》

定。其中“京人京车”(即北京户籍、北京牌照)、“沪籍沪牌”(即上海户籍、上海牌照)等细则引起了舆论的轩然大波。公众大都认为“京人京车”“沪籍沪牌”属于户籍歧视,虽然少数公众能比较理性地进行讨论,大部分公众受舆论的误导进行了非理性的、无序的情绪宣泄,甚至在网络上对专家进行人身攻击。笔者2016年至2017年曾经在上海发展研究基金会实习,期间曾经作为会议秘书助理参加了“网约车新政座谈会”,与会者有专家学者近10人,涉及的专业领域有经济、金融、法律和交通,其中网约车公司代表2人,乘客代表2人。会上专家们虽然就一些细节问题持有不同的意见,但在“加强网约车司机资质审查”和“限制网约车数量以避免更加严重的交通堵塞”两个方面达成了共识,并且承认在目前的实际情况下,利用户籍这一条件进行限制是切实有效的措施。而参与讨论的网约车公司代表和乘客代表则委婉地表达了与专家意见不同的观点。在这一阶段,专家与公众的观点冲突且辩论激烈,部分公众可以进行理性、有序的讨论,而部分公众诉诸情绪宣泄,以非理性和无序的方式对与自己持不同意见的专家进行言语上的人身攻击。

虽然不排除有少数专家参与论证是为了提高自身的知名度或抱有其他以自身利益为中心的出发点,但是大多数专家还是从科学的角度结合中国的现状进行了有力的论证。虽然大部分公众表达了相反的意见,但是专家的意见最终占据了主导地位,最终的政策与专家的意见一致。因此,网约车政策的公共决策过程中专家论证与公众参与的关联模式为专家主导型模式Ⅰ。

2. 专家主导型关联模式Ⅱ:天津塘沽爆炸事故前的安全评价

天津塘沽爆炸事故发生于2015年8月12日,又称“8·12天津滨海新区爆炸事故”,造成165人遇难,798人受伤,304幢建筑物受到严重破坏,12 428辆商品汽车、7 533个集装箱受损,直接经济损失高达68.66亿元,是一起特别重大生产安全责任事故。

根据国务院调查组的调查[①],爆炸事故的直接起因是瑞海公司危险品仓库运抵区南侧集装箱内硝化棉由于湿润剂散失出现局部干燥,在高温(天气)等因素的作用下加速分解放热,积热自燃,引起相邻集装箱内的硝化棉和其他危险化学品长时间大面积燃烧,导致堆放于运抵区的硝酸铵等危险化学品发生爆炸。调查报告中明确了八大主要的责任主体,分别是瑞海国际物流有限公司(负有主体责任单位)、天津市交通运输委员会(危险化学品经营管理

---

① 《天津港“8·12”瑞海公司危险品仓库特别重大火灾爆炸事故调查报告》

行业主管部门)、天津市安全生产监督管理局(安全生产的监督管理部门)、滨海新区安全生产监督管理局(安全生产的监督管理部门)、滨海新区规划和国土资源管理局(辖区各类建设项目的规划管理部门)、天津新港海关(辖区危化品进出口的监管部门)、天津港(集团)有限公司(港区企业管理单位)和天津中滨海盛卫生安全评价监测有限公司(瑞海国际物流有限公司安全报告的评价单位)。

其中,涉及专家论证与公众参与的是天津中滨海盛卫生安全评价监测有限公司。从政策类型来看,危化品管理属于"专业性高、社会性高"的政策类型。事后调查显示,部分专家在参与论证的过程中被利益集团所收买,作出了违背科学精神和科学事实的论证。而在这个过程中,公众因为缺乏知情权而没有进行充分地参与,虽然有部分公众与专家论证的意见不一致,最终的结果是专家的论证意见占据主导,安评报告通过审核。

天津中滨海盛卫生安全评价监测有限公司在爆炸事故发生之前是天津市两家具有甲级安评资质的第三方机构之一。在爆炸事故之前,此公司曾出具《天津东疆保税港区瑞海国际物流有限公司跃进路堆场改造工程安全验收评价报告》(以下简称《报告》)。根据报告,瑞海国际物流有限公司的危险化学品仓库选址合理,符合国家规定。而根据国家安监部门 2001 年出台的《危险化学品经营企业开业条件和技术要求》,550 平方米以上的大中型危险化学品仓库选址应与周围公共建筑物、交通干线、工矿企业等距离至少保持 1 000 米。而瑞海国际的项目与最近的居民楼只有 600 多米,这与规定显然不符。理论上,预审安评及验收安评都需要安监部门和行政审批部门召集专家进行审核。对于公众来说,可能不了解"至少 1 000 米"的规定,但对于专家来说,这是显而易见的常识性问题。唯一合理的解释是参与论证并最终签字的专家被利益集团收买,从而作出了有违科学精神和科学事实的论证。事后的调查也显示该安全验收评价报告中有多处不符合科学事实的论证。例如,在环评报告中,针对起火爆炸的可能性,论证称"不会对环境和周边人员产生显著影响"。报告还称环评过程启动了公众参与,发放了 130 份问卷,回收 128 份。100%的公众认为项目选址合适。从环保的角度,51.6%的公众支持拟建项目,48.4%的公众持无所谓的态度。从而得出"这就说明公众在了解项目的基础上,支持项目的建设"的结论。从描述来看,稍有科学常识的人便会质疑问卷发放的代表性和问卷设计的客观性以及结论的有效性。虽然被利益集团收买的专家名单并未公布,但是在 2016 年同济大学举办的城市风险管理国际论坛上,一名发言者在现场透露在此项目的环评中，部分专家当场拒绝签字，但也有部分专家被利益集团控制或收买而签了字，最终该安全验收评价报告通过。《报告》明确写明进行了两次网站公示，在《渤海早报》上进行了报纸公示，在主要保护目标处进行了现场公示，并发放了调查表，但是“公示期间没有收到任何反馈意见”。且发放的调查问卷中，只有“支持”（占51.6%）和“无所谓”（48.4%）两个选项，没有“反对”选项。可以推断，这样的选项设置是故意为之，在这种情况下，可以基本认为48.4%的“无所谓”的公众是持反对意见的。如此重大的项目，涉及的公众人数众多，但仅仅发了130份问卷，可以看出公众参与的人数之少。事故发生之后，《报告》被曝光，网络上掀起了一阵反对和诋毁专家的舆论，也将必要的环境安全评估置于舆论的漩涡之中。

天津塘沽爆炸事故发生前的安全评价虽然纳入了专家论证，也涉及了公众参与，但公众与专家的意见不一致。参与论证的部分专家无视公共政策的“公共性”属性，违背了科学精神和科学事实，做出了有悖科学规律的论证。最终结果是被利益集团绑架的专家意见占据了主导地位。因此，此案例中呈现的专家与公众在公共决策过程中的模式大致为专家主导型模式Ⅱ。

3. 公众主导型关联模式Ⅰ：番禺垃圾焚烧厂事件

广州市番禺区垃圾焚烧厂事件是一起公众集体反对垃圾场选址的群体性事件。整个事件的时间跨度为2006年至2013年。番禺区位于广东省中南部，近年来由于经济发展，工业产业集聚和人口增加，垃圾产量急剧增加，已有的垃圾填埋场已经无法容纳与日俱增的垃圾。在此背景之下，占地面积小、处理效率高，且能用于发电的垃圾焚烧厂成为政府考虑的首选。

垃圾焚烧厂涉及的技术要求高，且一旦发生有机污染物持续排放，会对周边的环境造成不可逆的破坏，影响周边民众的身体健康，因此从政策类型来看，番禺垃圾焚烧厂项目可以归类为“专业性高、社会性高”的政策类型。

整个事件大致可以分为三个阶段。

第一阶段的时间跨度为2006年至2009年初。2006年8月，广州市番禺区垃圾焚烧厂取得广州市规划局下发的项目选址意见书。在这一阶段，有专家对垃圾焚烧厂选址进行了论证，却缺乏公众参与。公众对番禺区垃圾焚烧厂项目并不知情。因此，这一阶段专家与公众并无交集。

第二阶段主要集中在2009年。在这一阶段，专家论证与公众参与大致经历了两次交锋。

2009年2月4日，广州市政府发出通告，决定在番禺区大石街会江村与钟村镇谢村交界处建立生活垃圾焚烧发电厂，计划于 2010 年建成并投入运营。通告一出，经媒体报道，引起了番禺区居民的强烈反对。2009 年 10 月 25 日下午，番禺区大石街数百名业主发起签名反对建设垃圾焚烧发电厂的抗议活动，众多居民也通过网络传播的方式抗议垃圾焚烧厂的选址，公众参与开始。10 月 30 日，番禺区政府召开了解释垃圾焚烧疑问的新闻发布会，并邀请了四名专家对垃圾场选址的合理性进行了解释，专家论证介入。至此，专家论证与公众参与的第一次交锋开始。番禺区政府邀请的四名专家分别从不同的角度论证了垃圾焚烧厂选址的合理性，主要的论点有两个：第一，垃圾焚烧是国际上主流的处理垃圾的方式，欧美和日本等国垃圾焚烧非常普遍，技术已经相对成熟。第二，垃圾焚烧产生的二噁英对环境造成的影响很小，且可以通过技术手段严格控制二噁英的排放。而这四名专家的意见遭到了民众的强烈反对，具有一定专业知识的民众给出了反驳的论点，主要有两点：第一，即使垃圾焚烧产生的二噁英对环境的影响不大，即使承诺将有害物质控制在一定的水平，但以目前的管理水平，很难保证不出问题。一旦有机污染物持续排出，对环境的污染是不可逆的。第二，国际上垃圾焚烧的前提是垃圾分类回收，目前国内垃圾分类回收体系还未建立，混合的垃圾直接进行焚烧会产生更大量的二噁英。部分网民开始质疑四名专家是否与垃圾焚烧产业有利害关系。第一名专家是清华大学教授，申请了“立转炉式生活垃圾热解气化焚烧炉”专利，是此项专利的发明人。第二名专家被曝是全球最大的垃圾处理企业之一美国卡万塔的中国区副总裁、首席技术专家。第三名专家是中国科学院生态环境研究中心二噁英研究室主任、研究员。2007 年他在《人民日报》上称二噁英是“定时化学炸弹”，在座谈会上却将二噁英称为“可以控制的老虎”。第四名专家是环境保护部华南环境科学研究所副所长，华南环境科学研究所正是该垃圾焚烧项目的环评单位。[①] 从以上四名专家的背景判断，他们均与垃圾焚烧产业有些密切的利害关系，在进行论证的时候难以始终坚持“公共性”原则从科学的立场进行阐述。

由于公众强烈的反对，四名专家的意见并未起到作用。后经过中国中央电视台的报道，番禺垃圾焚烧厂事件演化为全国性的公共政策事件。迫于压力，番禺区开始引入更大规模的公众参与和专家论证。番禺区通过调查问卷、座谈会、接受上访等方式引入公众参与，同时再次启动环境影响评估。这一阶段的公共参与较为公开，媒体报道较多，但专家论证的信息并不透明。值得注意的是，这

① http：//news.sohu.com/20091103/n267932378.shtml.

一阶段的公众参与除了政府进行的调查问卷、座谈会和公开接访日等，网络参与起到了重要的作用，众多网民通过QQ、BBS、新浪微博、开心网、天涯社区等社交网络平台纷纷表达对番禺区垃圾焚烧厂选址的抗议。民众在网络上的抗议与媒体的报道形成一股合力，对垃圾焚烧厂形成了巨大的舆论压力。由于这一阶段公众反对的声音更大，加之媒体舆论的巨大压力，专家的声音被湮没，番禺区垃圾焚烧厂项目于2009年12月20日暂停。

第三阶段的时间跨度为2011年至2013年。2011年4月，广州市番禺区召开新闻发布会，重新启动垃圾焚烧厂项目。番禺区政策在此次新闻发布会上提出了五个垃圾焚烧厂的备选地址（大石街会江、沙湾镇西坑尾、东涌镇三沙、榄核镇八沙、大岗镇装备基地），这五个地址是由广州市城市规划勘测设计研究院专家团筛选而出。这一阶段，专家论证与公众参与以更加正式和有序的方式进行。但是值得注意的是，专家论证在这个阶段的焦点并非是选择哪一处地址作为垃圾焚烧厂，而是如何利用最先进的技术和设备把垃圾焚烧厂对环境的影响降到最低。选择哪一处作为垃圾焚烧厂的地址在这一阶段主要由公众参与决定。在此期间，番禺区政府进行了两次环评公示，并开展了多次公众调查活动收集公众对此项目的意见和建议。在这一阶段，座谈会与民意调查成为公众参与的主要形式，政府对公众的态度也从最初的信息告知过渡到意见征询，公众参与逐渐程序化和合法化。而此阶段的专家论证则主要聚焦在技术细节。因此，在这一阶段，公众与专家的观点并无激烈的冲突。最终，2013年6月，番禺区垃圾焚烧厂项目选址定为大岗镇装备基地。

从番禺区垃圾焚烧厂事件中可以看出，专家与公众的意见在初期阶段产生了激烈的冲突，公开进行论证的四名专家均与垃圾焚烧产业有密切的利害关系，在进行论证时难以坚持“公共性”原则，一定程度上违背了科学精神和科学事实，并未站在公共利益和科学的立场提供技术支持。而公众在此事件中虽然有表现过激的情况发生，但总体上还是在政府的引导下以较为理性和有序的方式参与了垃圾焚烧厂项目的选址过程。最终的结果是公众的意见胜过了最初四名专家的意见，公众的意见占据了主导地位，最终的垃圾焚烧厂项目选址总体上顺应了民意。因此，广州市番禺区垃圾焚烧厂事件中的专家论证与公众参与的关联模式大致为公众主导型模式Ⅰ。

4. 公众主导型关联模式Ⅱ：PX项目

PX项目，即对二甲苯化工项目。对二甲苯是化工生产中非常重要的原料之一，常用于生产塑料、聚酯纤维和薄膜。自厦门PX群体性事件爆发后，全国多地的 PX 项目实施受到了来自公众的巨大阻力。

厦门市海沧 PX 项目是 2006 年厦门市引进的一项对二甲苯化工项目，2006 年 7 月获得国家发改委核准，2006 年 11 月正式开工，计划 2008 年 12 月完工投产。2007 年 3 月，以中国科学院院士赵玉芬为代表的 105 名政协委员联名签署提案抵制厦门市海沧 PX 项目。经过媒体的报道，厦门 PX 项目引起了公众的强烈关注和反应，进而演化为一场名为“散步”实为抗议的群体性事件。群体性事件爆发后，厦门市政府迫于舆论压力采取了两项措施。一方面，厦门市政府重新启动了 PX 项目的环评；另一方面，厦门市政府通过新闻发布会、座谈会、专线电话、邮箱、信函等方式平息众怒、吸纳民意。2017 年 11 月 1 日，通过民众报名、电视台现场直播摇号产生的 100 名公众代表应邀出席“厦门环评座谈会”。最终，该项目迁址至漳州古雷，两年内发生两起特大爆炸事件。自厦门 PX 群体性事件和漳州古雷两起爆炸事件之后，全国各地的 PX 项目均受到了公众强烈的抵制。

从政策类型来看，PX 项目涉及的政策属于“专业性高、社会性高”的政策类型。PX 项目属于对国民经济有重要影响的化工项目，对技术要求高，因此专业性高。同时，对二甲苯是化工生产中非常重要的原料之一，用于生产缘纶纤维、聚酯容器、涂料、染料等，与公众的日常生活密切相关，因此 PX 项目的社会性也很高。

厦门 PX 事件经历了政协提案、民众反对、项目缓建、区域环评、公众参与和项目迁址六个阶段。以中国科学院院士赵玉芬为代表的 105 名政协委员在两会期间联名签署提案抵制厦门市海沧 PX 项目，理由主要有两点：① PX 属于剧毒物质，具有致癌性；② 国际上规定 PX 项目工厂必须距离居民区至少 100 公里。[①] 此提案一出，引起了媒体的疯狂报道，大部分缺乏科学素养的公众受舆论影响进行了强烈的抵制甚至组织了以“散步”为名的抗议活动，引发了较为严重的群体性事件，PX 项目因此缓建。但实际上，抵制 PX 项目的提案所提供的两大原因均经不起科学的论证。首先，根据国际化学品毒性分类，PX 属于低毒或微毒物质。其二，国际上并没有“PX 工厂必须距离居民区 100 公里”的规定。韩国、新加坡和日本是国际上生产 PX 的大国。如韩国蔚山的 PX 工厂与市中心距离 15 公里，新加坡建有世界上最大的 PX 工厂，但新加坡两端最大直线距离约

---

① 《关于厦门海沧 PX 项目迁址的建议》

以上五个案例的特点总结详见表1-1。

表1-1 五个案例的主要特点及对应的专家-公众关联模式

案 例	政策类型	专家与公众意见是否一致	专家的特征与(或)公众的特征	博弈结果	关联模式
温岭参与式预算改革	专业性高、社会性高	一 致	专家站在科学的立场;公众理性参与	专家、公众共同促进公共决策	一致型关联模式
网约车政策	专业性高、社会性高	不一致	专家站在科学的立场	专家主导	专家主导型关联模式Ⅰ
天津塘沽爆炸事故前的安全评价	专业性高、社会性高	不一致	专家违背科学精神	专家主导	专家主导型关联模式Ⅱ
广州市番禺区垃圾焚烧厂选址事件	专业性高、社会性高	不一致	公众理性参与	公众主导	公众主导型关联模式Ⅰ
PX项目	专业性高、社会性高	不一致	公众非理性参与	公众主导	公众主导型关联模式Ⅰ

综合以上案例,利用公共决策过程中专家论证与公众参与的关联模式对案例进行分析时,仍需要注意以下几点。

(1)在同一个公共政策中,专家论证与公众参与的关联模式并不是一成不变的,而是处在动态变化之中。虽然总体来看,同一个公共政策的决策过程有一个主导性的专家-公众关联模式,但在公共决策的不同阶段,专家与公众可能会呈现出不同的关联模式。例如,在广州市番禺区垃圾焚烧厂事件中,虽然主要的专家-公众关联模式是公众主导型关联模式Ⅰ,但在后期专家与公众所呈现的关联模式发生了一些变化,并非典型的公众主导型关联模式Ⅰ。且不同的关联模式的变化并非是一个突变的过程,而是一个渐进的过程。

(2)公共政策的公共性在衡量专家是否站在公共利益和科学的立场进行论证时仍然停留在规范性的分析,缺乏可以量化的指标。

(3)在更大的权力结构中,专家与公众都难以处于主导地位。政府仍然掌握着公共决策的最终主导权。在利用公共决策过程中专家论证与公众参与的关联模式时需要将政府作为一个重要的因素纳入分析之中。

(4)公共决策过程中专家与公众的关联模式与政策效果的好坏没有直接关系,因为公共决策过程还涉及政府、立法机关、利益集团等其他参与者,且政策效果的好坏也与政策执行有关。

（三）专家-公众最优关联模式探讨

综上所述，专家主导型关联模式Ⅰ虽然牺牲了一定的民主性，但保证了科学性。专家主导型关联模式Ⅱ既牺牲了科学性，又抑制了民主性。公众主导型关联模式Ⅰ保证了民主性，也在一定程度上抑制了违背科学立场的专家论证。公众主导型关联模式Ⅱ既抑制了科学性，又破坏了民主性。只有专家-公众“一致型”关联模式既充分保证了科学性，又充分体现了民主性，是最优的关联模式。

从案例分析中可以初步归纳出专家与公众良性互动的条件：政府需要在整个过程中充当组织者和协调者的角色。政府一方面需要组织专家论证与公众参与，创造专家与公众直接或间接进行交流和沟通的机会；另一方面要协调专家与公众之间的矛盾。专家论证与公众参与需要有程序化和制度化保障。

专家的遴选需要有严格的程序，专家须在相关领域有所建树，应该尽量避开与相关公共政策有直接利害关系的专家，且应该建立和完善专家论证的问责制度。

拓宽公众参与的渠道，确保参与公共决策的公众的代表性。培育专家型公民群体，普及科学知识，增进公众对公共政策所涉及的科学知识的理解，引导公众理性、有序地参与公共决策。

五、结论与展望

（一）结论

专家论证与公众参与是促进公共决策科学化和民主化的重要程序。但在实践中，以专家论证为代表的科学和以公众参与为代表的民主可能相互促进，也可能相互掣肘。

在公共决策的过程中，专家与公众本质上是一对博弈的对象。在博弈过程中，双方可能观点一致，也可能观点冲突。双方博弈的结果可能是专家与公众互相促进，也可能是任何一方占据主导地位。专家可能站在科学的立场进行论证，也可能违背科学精神和科学规律。公众可能以理性、有序的方式参与讨论，也可能以非理性、无序的方式参与讨论，甚至可能演化为民粹运动。本文根据专家与公众的博弈关系以及双方的行为构建了五类专家与公众在公共决策过程中的关联模式并结合相关案例进行了分析。本文构建的五类专家与公众的关联模式可以较好地分析和解释公共决策过程中专家与公众的互动博弈关系，可以为促进公共决策的科学化和民主化提供一个新的研究角度。

在构建的五类专家-公众关联模式中，最为理想的模式为专家与公众的“一致型”关联模式，在这一模式下，公共政策的公共性得到了充分的体现，专家站在科学的立场进行论证，公众以理性和有序的方式进行参与，专家的专业知识为政策制定提供了技术支撑，公众的价值观偏好也得到了充分的重视，科学与民主在这类模式下相互促进，相辅相成。

（二）研究局限

本文的研究局限主要有三个。

（1）本文在构建专家与公众在公共决策过程中的关联模式时主要是以两者博弈的结果（即双方观点一致不一致、最终结果是专家占主导还是公众占主导）和专家、公众的特征（即专家能否站在科学的角度论证、公众能否理性和有序的参与）为标准，缺乏对中间动态过程和演化过程的模式化构建。

（2）本文虽然采用了博弈论的思维和分类的方法，但在量化方面还远远不足。比如专家论证或公众参与是否充分应该选取哪些具体的测量指标，专家意见占主导还是公众意见占主导应该选取哪些具体的测量指标，公众理性参与和非理性参与如何用量化的指标进行界定，等等。

（3）对公共政策的公共性测度上仍然停留在规范性说明上，缺乏可以量化的指标。

（三）进一步的研究方向

进一步的研究方向主要有三个方面。

（1）细化测量指标，增加量化研究。进一步研究公共政策的公共性的测度问题，确立衡量专家论证力度和公众参与程度的指标。

（2）可在五类公共决策过程中专家论证与公众参与的关联模式的基础之上，进一步研究专家与公众之间的博弈过程的动态变化和模式演化，运用定量的方法进一步丰富和完善专家与公众的关联模式。

（3）可在五类专家与公众关联模式的基础上研究各个关联模式产生和变化的内生因素和外生因素，进一步研究不同关联模式对政策效果的影响，并在此基础之上提出政策建议，完善专家论证和公共参与的程序和制度设计，促进公共决策的科学化和民主化。

参考文献

[1] AMY D J. The politics of environmental mediation[J]. Ecology Law Quarterly, 1987, 11(1): 1-19.

[2] ANDONSEN M. The "publicness of" public organizations[J]. Public Administration, 1997(75): 337-357.

[3] ANH P T. How public participation contributed to the infrastructure projects in vietnam: The case of MRT 2 project in Ho Chi Minh City[J]. Imperial Journal of Interdisciplinary Research (IJIR), 2017, 3(4): 232-236.

[4] ARNSTEIN S R. A ladder of citizen participation[J]. Journal of the American Institute of Planners, 1969, 35(4): 216-224.

[5] BANG H P. Everyday makers and expert citizens: Building political not social capital [J]. Australian National University, 2004.

[6] BÄCKSTRAND K. Civic science for sustainability: Reframing the role of experts, policy-Makers and citizens in environmental governance[J]. Global Environmental Politics, 2003, 3(4): 24-41.

[7] BERMAN E M. Dealing with cynical citizens[J]. Public Administration Review, 1997, 57(2): 105-112.

[8] BINGHAM L B, O'LEARY R. The new governance: Practices and processes for stakeholder and citizen participation in the work of government [J]. Public Administration Review, 2005, 65(5): 547-558.

[9] BIRKLAND THOMAS A. An introduction to the policy process[M]. M. E. Sharpe, 2001. 223-227.

[10] BOZEMAN B. All organizations are public[M]. Jossey-Bass, 1987.

[11] BOZEMAN B, MOULTON S. Integrative publicness: A framework for public management strategy and performance[J]. Journal of Public Administration Research & Theory, 2011, 21(Supplement 3): i363-i380.

[12] BOZEMAN B. What organization theorists and public policy researchers can learn from one another: Publicness theory as a case-in-point[J]. Organization Studies, 2013, 34(2): 169-188.

[13] BROMBAL D, MORIGGI A, MARCOMINI A. Evaluating public participation in Chinese EIA. An integrated Public Participation Index and its application to the case of the New Beijing Airport[J]. Environmental Impact Assessment Review, 2017, 62: 49-60.

[14] CASTAÑEDA O J M. Courts, Experts and interest groups: Mobilization and location of expert knowledge in the sentence C 355/2006[J]. Univ Humanist, 2014, 77(77): 327-353.

[15] COHEN M D, MARCH J G, OLSEN J P. A garbage can model of organizational choice [J]. Administrative Science Quarterly, 1972, 17(1): 1-25.

(10)：168 - 181.
[53] 桂萍.域外重大行政决策制度之比较研究[J].苏州大学学报(哲学社会科学版)，2013，34(6)：70 - 79.
[54] 何鉴孜，李亚.政策科学的“二次革命”——后实证主义政策分析的兴起与发展[J].中国行政管理，2014(2)：95 - 101+121.
[55] 贺德方.我国专家咨询制度发展的障碍与对策分析[J].中国软科学，2008(7)：20 - 26.
[56] 胡肖华，蒋文龙，陈戈垠.公共预算中公众参与模式比较研究[J].湘潭大学学报(哲学社会科学版)，2014，38(3)：69 - 74.
[57] 黄健柏，罗梅健，薛亮.政府决策专家咨询理论研究综述[J].科学决策，2008(1)：38 - 42.
[58] 孟凯，石路.公共行政决策中的公民参与能力[J].新疆师范大学学报(哲学社会科学版)，2014，35(5)：74 - 80.
[59] 潘恩.潘恩选集[M].马清槐，等，译.北京：商务印书馆，1981.
[60] 钱再见，李金霞.论科学决策中的专家失灵及其责任机制建构[J].理论探讨，2006(4)：129 - 132.
[61] 万猛.关于科技评审专家的选择及其评审行为的判断方法[J].研究与发展管理，2007(3)：119 - 122+129.
[62] 王冰，张晓莲.公共政策的公共性测度——基于武汉市交通拥堵治理政策的实证研究[J].城市问题，2013(6)：67 - 74.
[63] 王锡锌.我国公共决策专家咨询制度的悖论及其克服——以美国《联邦咨询委员会法》为借鉴[J].法商研究，2007(2)：113 - 121.
[64] 王雁红.公共政策制定中的公民参与——基于杭州开放式政府决策的经验研究[J].公共管理学报，2011，8(3)：24 - 32+124.
[65] 徐文新.专家、利益集团与公共参与[J].法律科学(西北政法大学学报)，2012，30(3)：47 - 59.
[66] 徐珣，陈剩勇.参与式预算与地方治理：浙江温岭的经验[J].浙江社会科学，2009(11)：31 - 38+126.
[67] 杨鹏飞.林登·约翰逊的“伟大社会”与美国工业社会的成熟[J].史学月刊，2006(11)：78 - 83.
[68] 张保伟.公众环境参与的结构性困境及化解路径——基于协商民主理论的视角[J].中国特色社会主义研究，2016(4)：69 - 75.
[69] 张忠.专家参与行政决策的功能及其实现[J].理论月刊，2013(2)：116 - 120.
[70] 郑卫.我国邻避设施规划公众参与困境研究——以北京六里屯垃圾焚烧发电厂规划为例[J].城市规划，2013，37(8)：66 - 71+78.
[71] 朱德米.公共政策制定与公民参与研究[M].上海：同济大学出版社，2014.
[72] 朱德米.回顾公民参与研究[J].同济大学学报(社会科学版)，2009，20(6)：89 - 96.
[73] 朱德米.决策与风险源：社会稳定源头治理之关键[J].公共管理学报，2015，12(1)：137 - 144+159 - 160.
[74] 朱旭峰，王倩茹.政府决策者能力与专家咨询选择：基于天津市政府官员的实证研究[J].公共行政评论，2010，3(4)：47 - 67+203.

第二篇

政民互动回应机制研究

严胤铭

一、引言

(一) 研究背景

政府与公民之间的关系问题是政治学的核心问题，政府与公民之间形成良性的互动回应关系是现代政治学的发展要求。历经了传统官僚制、新公共管理和新公共服务的发展逻辑，政民互动回应建立在责任型政府、服务型政府、开放型政府等理论基础之上。

改革开放以来，我国民主政治建设不断进步发展，公共政治生活愈益自由、开放和民主，公民也越来越积极地参与公共政治生活。但是，由于政府层面的官本位思想与权力意识和公民层面的政治冷漠观念与服从意识等因素的影响，我国政民之间的互动回应仍然存在诸多问题，这严重阻碍了我国民主政治的发展。随着经济的迅猛发展和社会的不断进步，在政民互动关系中，公民的参与意识日益提高。党的十八大报告强调，要高度重视民主制度建设。政府必须建立和完善多种途径的公众参与机制，使不同利益群体能够按照法定程序充分表达利益诉求，从而为民主决策创造条件，也为社会稳定提供保证。对利益表达的整合是实现政府与公民互动的前提和保障，有利于民主政治建设。因此，发展我国民主政治就要着力构建政民之间互动回应的良好局面。

慈溪市地处东海之滨、杭州湾南岸，其经济主要以民营经济为主，以传统制造业为支柱产业。2015 年底，慈溪市户籍人口 104.71 万人，登记在册流动人口 95.56 万人。[①] 作为我国东部沿海发达城市，慈溪市不仅经济水平居于全国百强县前列，而且城市建设、人民生活和社会事业等都始终处于全国先进行列。近年来，慈溪市政府在构建良好的政民互动回应关系做了大量的工作，不断创新互动机制，畅通互动通道，搭建互动平台，通过“一站式政民互动平台”“开放式决策”“81890 公共信息服务中心”“和谐促进会”等机制或平台畅通了政民关系，有效化解了社会矛盾的治理困局。但随着经济发展水平的不断提高，社会问题复杂

---

① 资料来源：《2015 年慈溪市国民经济和社会发展统计公报》。

多变,政民互动回应现状并不乐观,原有的政府管理体制已经不能适应慈溪市社会经济发展的需求,政府管理创新已经提上了慈溪市政府的重要议事日程。建立良好的政民互动回应关系是一项复杂的系统工程,它的良性发展同时受主体素质、外部环境、内部通道与机制等因素的影响,如何构建政民互动回应的长效机制,如何促进良好的政民互动回应关系的形成,已经成为新常态下推进政府管理创新和职能转变的重要课题。

(二)研究目的与意义

公共管理理论发展到今天,新的治理理论也在时代变革中应运而生,政民互动回应问题时下成为治理理论的重大转向,与服务型政府相适应,有学者提出构建"回应型政府"的话题。传统的政府回应观点将政府看成是主动回应公众诉求的主体,没有强调公众在政府回应过程中的作用,本文建立在对政府回应问题的重新理解之上,通过研究浙江省东部小城慈溪市政民互动回应现状,分析存在问题,提出构建政民互动回应机制的建议,不仅对改善慈溪市政民互动回应关系、创新政府管理具有现实指导作用,而且也为研究浙江省乃至全国县级政府构建政民互动长效机制提供参考。

政府管理创新是政府顺应时代发展要求而对政府自身进行的改革,这种改革必然涉及政府与公众之间关系的重大转变。改革开放以来,我国经济社会发展过程中不断涌现新的矛盾和问题,如现阶段频繁出现的土地征用、房屋拆迁、环境污染、医疗改革和食品安全等,这些问题直接损害公众利益,如果政府管理仍然延用传统方式,则势必造成政府与公众关系恶化的局面,最终导致社会矛盾和问题得不到解决。表面看来,政府管理创新是改变政府自身状况和加强政府自身建设的问题,但实际上,政府管理的创新必然涉及公众一方。传统政府管理模式下,政府与公众之间不能形成良好的互动回应关系,政府忽视公众的意见和建议,公众对公共事务也持消极态度。现在,创新政府管理就是要使政府与公众之间形成良好的互动回应关系,政府积极倾听公众心声,公众也积极参与政府管理,因此,政民互动回应是创新政府管理的内在要求。

(三)主要研究内容

本文围绕政民互动回应问题而展开,通过相关理论逻辑与国内外文献分析,总结出政民互动回应的实现内容和结构模型。以慈溪市政民互动回应实现情况为研究对象,对慈溪市政民互动回应现状和满意度调查分析,找出存在的问题,从而提出构建政民互动回应机制的对策建议。

全文分为七个部分，主要研究内容如下。

第一部分为引言。对选题背景，研究目的和意义，研究的方法和主要内容等做出概括说明。

第二部分为相关理论基础及研究综述。对政民互动回应、公民参与概念和新公共管理、新公共服务等相关理论与国内外文献综述进行剖析，为研究构建政民互动回应机制提供理论基础和现实依据。

第三部分为政民互动回应的现实内容与结构模型。通过对政民互动回应的理论逻辑和现实依据的研究，归纳总结出政民互动回应的现实内容和基本结构模型。

第四部分为慈溪市政民互动回应实现情况。根据政民互动结构模型，从政府与公民的信息互通、对话协商和参与互动三个层面对慈溪市政府与公民互动回应现状进行研究。

第五部分为慈溪市政民互动回应现状满意度调查及问题分析。针对慈溪市政民互动回应现状和满意程度进行问卷调查，深入分析慈溪市政民互动回应现状存在的问题。

第六部分为慈溪市政民互动回应机制探索。从提升互动回应主体素质、把握互动回应内容方向、创新互动回应通道机制三个层面提出慈溪市政民互动回应机制的对策建议。

第七部分为结论及展望。主要对全文进行简要的总结和概括，得出研究结论，分析研究中存在的主要不足，指出今后进一步研究的方向。

（四）研究方法和研究框架

本文选择慈溪市为研究对象，对政民互动回应机制进行研究。具体来说，先以文献分析法建立理论架构的基础，并作为编制问卷内容的依据，建构适当研究工具，再编制问卷进行问卷调查和研究，以获取研究数据，在此基础上，进一步了解分析慈溪政民互动回应现状和满意程度，分析存在的问题及其原因，并对构建政民互动回应机制提出对策建议。主要采取深度访谈法、文献研究法、问卷调查法、数据分析法等研究方法。

深度访谈法：通过对慈溪市政府办公室、慈溪市法制办、慈溪市应急办、慈溪市信息中心、慈溪市信访局、慈溪市行政服务中心等相关部门负责人的访谈，形成政民互动回应实现情况中存在的问题和政府应该重点建设部分的第一手资料，总结一些具体的对策和建议措施。

文献研究法：通过对相关文献资料的研究分析，归纳整理公共管理学、政治学、社会学等学科的基本理论和国内外学者们的观点，理清政民互动回应、公众参与、新公共管理、新公共服务等概念，为本文奠定理论基础。

问卷调查法：制作慈溪市政民互动回应现状和满意度调查问卷，借助 PPS 多阶段抽样方法原理，对慈溪市政民互动回应现状和满意度进行抽样调查，获取研究数据。

数据分析法：一方面通过对慈溪市政府部门提供的政民互动服务平台、信息公开、市长信箱、市长电话等方面数据进行分析，为研究慈溪市政民互动回应实现情况提供数据支持。另一方面通过对问卷调查获取的数据进行统计分析，运用李克特 5 级量表进行满意度均值计算，探讨分析慈溪市政民互动现状存在的问题。

本文的逻辑体现了从理论到实际的研究思路，具体研究过程遵循“提出问题—分析问题—解决问题”的思路展开。研究的具体技术路线如图 2－1 所示。

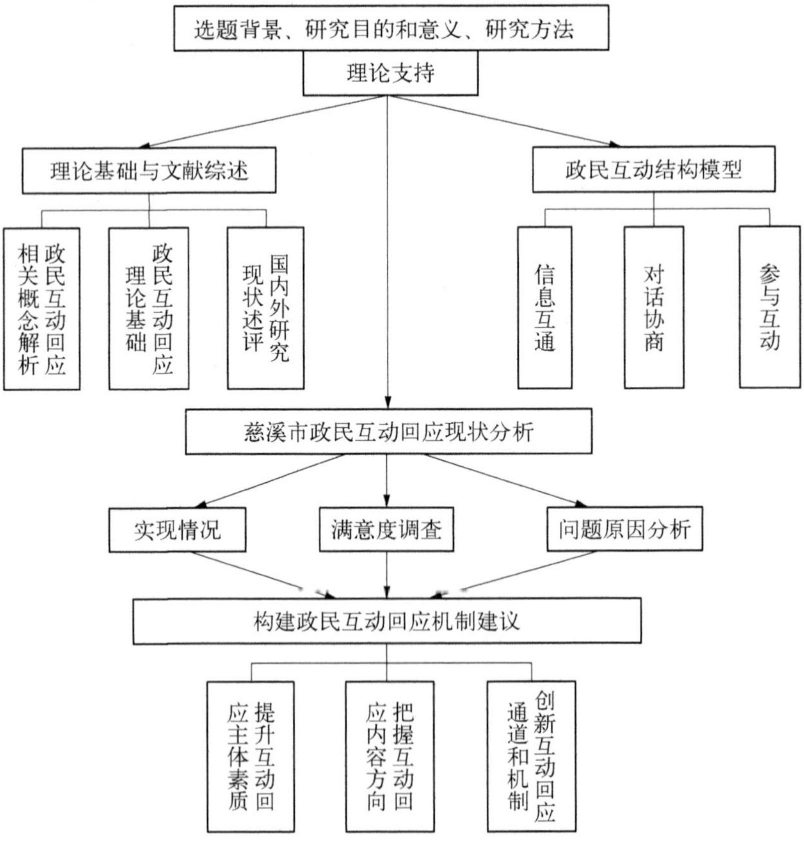

图 2－1　研究的具体技术路线图

二、相关理论基础和研究综述

下面将对政民互动回应、公民参与概念和新公共管理、新公共服务等相关理论与国内外文献综述进行剖析，为研究构建政民互动回应机制提供理论基础和现实依据。

（一）政民互动回应相关概念解析

1. 政府回应

根据格罗弗·斯塔林、何祖坤、聂鑫等学者提出的概念，对于政府回应的理解，有广义和狭义之分。狭义上的政府回应，回应主体只有一个，就是政府；广义上的政府回应，回应主体有两个，是政府和公民。政府回应不仅包括政府对公民的诉求作出回应，同样也包括公民与政府的对话交流、对政府管理的参与和监督、对政府决策反响等。也就是说，前者是单向的，后者是双向的。经济社会发展到今天，政府回应已然是双向的，一方面政府对公共利益需求做出反应和回复，另一方面政府和公民之间广泛的信息互通、对话交流、参与互动。

当前，政府回应已经成为政府管理公共事务、解决公共问题、应对危机事件和谋求社会稳定与和谐的基本方式，并且在新公共管理、服务型政府和整体型政府等政府理论之后，有学者进一步提出了构建回应型政府的理论设想。但是，政府单方面对社会和公众要求做出的回应并不一定能够取得良好的效果，公共问题的解决除了需要政府的支持外，公众与政府共同做出一种双向的回应就成为势所必然。同时，由于在现实政府管理过程中，政府单方面的作用被抬高，而公众的作用被有意无意地贬低了，因此，政府能否有效地回应公众以及公众能否积极主动地参与政府的管理从而与政府形成一种互动回应的格局就成为当前公共管理的热门问题。

2. 政民互动回应

政民互动回应就是政府回应发展到一定阶段的产物，包含两个层面：一方面政府积极主动地对公民意愿和利益诉求做出反应，有效解决公民的困难和问题；另一方面公民积极主动地与政府信息互通、对话交流、参与政府管理和监督公共事务。公共管理经历了传统官僚制、新公共管理和新公共服务三个发展阶段，政民互动回应在公共管理的不同历史发展阶段有着不同的实现内容和主导模式。传统官僚制时期，政府对公民消极的管制型回应，公民对政府服从式互动，或政府与公民缺少互动。新公共管理时期，政府把公民看成顾客，政府与公民的互动回应建立在私有化和利益化的基础之上；新公共服务时期，政府把公民看成对等的主体，政府进一步增强了服务意识，政府与公民的互动建立在有效地沟通基础上，双方摒弃了私有化和利益化的理念，政府与公民的距离更加贴近、沟通更加有效。总体上看，政府与公民互动回应的实现内容和主导模式的选择取决于公民主导地位和角色的转换。

（二）政民互动回应的理论基础

1. 新公共管理理论

20 世纪 70 年代末至 80 年代初，针对传统官僚制管理模式的缺点日益突出，一种新的管理方式出现了，从而促成了公共管理的范式转换，一种更加灵活的以市场为导向的公共管理模式正取代等级严格而僵化的科层管理模式，这就是在西方各主要国家兴起的一场“再造政府”的新公共管理运动。这一运动的主要内容是，专业化管理、绩效管理、引入竞争、以顾客为中心等，戴维·奥斯本和特德·盖布勒是这种管理方式最为重要的阐释者。戴维·奥斯本和特德·盖布勒为改革美国政府开出的“十种药方”在西方公共管理学界引起了巨大反响。拉塞尔·林登提出了“公共管理的顾客导向、效果导向、竞争导向和市场导向的管理模式”；盖伊·彼得斯提出了“政府未来治理模式是向市场化、参与式弹性化、解制性的方向转变”。

新公共管理颠覆了传统官僚制的管理理念，把公众作为顾客，将企业的管理模式引入政府，通过公共服务的私有化和民营化来回应“顾客的需求”。因此，这一时期政民互动回应在信息互通、对话协商和参与互动三个层面表现出功利化的特点。首先，政府把信息当成商品，公民出于利益的需求接受政府信息的输入，政府与公民之间的信息互通建立在某种利益的达成之上。其次，政府与公民的对话协商建立在某种功利的基础之上，这种对话协商称之为“讨价还价”。公民或私营企业通过与政府的讨价还价获得自己的利益，政府通过与公民或私营企业的讨价还价出售公共服务，政府与公民之间的对话协商被异化了。最后，政府与公民或私营公司达成契约，政府对公民或私营公司的行动通过市场化的契约进行管制，公民或私营公司也通过市场化的契约参与管理，政府与公民之间很难形成有效的参与互动模式。

新公共管理倡导的市场化改革政府的方案和契约主义理念在 20 世纪 90 年代以来得到了公共管理学界的极大承认。不可否认，“以市场为导向”“以顾客为中心”“以竞争为杠杆”，新公共管理的这些理念解决了传统官僚制下不能解决的问题。当传统官僚制因为庞大的科层体系已经不可能使整个公共部门有效运转时，新公共管理运用市场化的运作方式有效地解决了传统官僚制下政府回应滞后低效和公民消极冷漠互动的问题。但是，新公共管理时期政府回应和公民互动倾向关注短期利益而不是长远根本利益，公共部门市场化的运作方式可能会使政府回应和公民互动陷入价值沦丧和伦理责任丢失的危险之中，等等。新公共管理的这些弊端严重影响政府与公民之间形成良性的互动回应关系，也越来越不适应公共管理发展的要求。

2. 新公共服务理论

20 世纪 90 年代后期，西方公共管理学界看到了新公共管理所倡导的管理主义和契约主义带来的严重问题，以珍妮特·登哈特和罗伯特·登哈特(Janet V. Denhardt & Robert B. Denhardt)为代表的公共管理学家引发了公共管理领域的又一场革命，提出了“新公共服务”(the new public service)的概念。新公共服务彻底放弃市场观念、竞争观念和顾客观念，而把公民本身作为主要关注点，新公共服务以公民为中心而不是以顾客为中心，从而恢复了公民权在民主社会中的中心地位，在这个意义上，新公共服务理论也标志着西方公民权理论的一种复兴。当新公共管理理论代表人物欧文·休斯(Owen E. Hughes)提出“新公共管理关注的是可测量的结果以及对顾客做出反应的能力”时，登哈特夫妇则提醒我们，政府服务于公民，而不是服务于顾客。

新公共服务以构建“服务型政府”为核心，把公民作为所有问题的核心，政民互动回应在信息互通、对话协商和参与互动三个层面表现出这一时期独有的特点。首先，政府为公民提供信息服务，公民接受政府信息的输入，二者之间的信息互通建立在责任和权利之上，能够形成有效的良性的信息互通模式。其次，政府与公民的对话协商建立在责任之上，政府与公民之间能够形成良性的对话协商模式。最后，政府与公民的参与互动建立在责任之上，政府为公民提供服务，公民也积极参与政府管理和监督，他们之间能够形成有效的参与互动模式。

新公共服务倡导的公民权、服务和责任等理念给公共管理学界带来了清新的空气。尽管现在对它的影响力到底有多大未为可知，但可以肯定的是，新公共服务所倡导的理念完全适应现代民主政治发展的必然趋势。正如登哈特夫妇提出的观点：“政府不是提供顾客服务，而是提供民主。政民之间良性的互动回应就是为了民主的最终实现。”

（三）国内外研究现状述评

政府回应问题是政治学和公共管理中的重要问题，国内外学者在这方面取得了大量富有创见和启发意义的研究成果。本文主要从政府回应问题和治理理论两方面对所有文献进行梳理和述评，并在此基础上对今后研究的发展趋势做出判断。

1. *政府回应问题研究*

国外政府回应问题的研究最早来自对传统政府管理模式与行政制度的反省，随着官僚制度弊端的日益暴露，政府回应公民的能力越来越差，新公共管理运动的兴起改变了这种趋向。美国学者格罗弗·斯塔林认为，"回应是公共管理责任的基本理念之一，是政府对公民要求做出反应行为。雪莉·安斯廷（Sherry Arnstein）（1969）在公众参与的经典著作《公民参与阶梯》一文中定义了三个层次的八种公民参与模式，她把公民参与的不同模式比作一把梯子上不同的横挡，随着阶梯的上升，参与的程度也依次提高。意大利学者皮亚·马可尼（Pia Marconi）在其专著《意大利公共行政改革与面向公众的政府回应性》中阐述了意大利政府为提高回应性、追求善治所进行的行政程序改革、公共政策制定和公共服务的改进。新公共管理看到了传统官僚制下政府在回应中扮演的消极角色，也解决了政府回应低效和滞后的问题，但是把公众当顾客并通过公共服务的私有化来回应顾客的要求，使得新公共管理解决不了公共问题，它对结果的关注也导致了许多严重的后果。新公共服务的倡导者罗伯特·登哈特主张关注公共利益，政府在处理公共事务时应将公众置于首位，政府应对公民需求作出及时回应，有效帮助公民解决问题。新公共服务在政府回应问题上的基本观点成为当前许多研究者们思考问题的出发点，国外学者也开始专门研究政府回应问题。

国内学者通过对国外公共管理领域著作的译介才慢慢对政府回应问题引起重视。俞可平在《治理与善治》中多次提及"政府回应问题"，他认为"政府回应性越大，善治的程度就越高"。张成福认为"责任政府就是能够积极对公众要求做出回应的政府"。黄小勇阐释了"回应性"这一概念，认为"回应性是实质正义上的政府改革目标"。何祖坤的《关注政府回应》、陈水秘的《政府回应的理论分析与启迪》、郑文静的《论政府回应的公众环境》对回应问题的各个层面作了分析。李伟权的《政府回应论》"对政府公共决策回应的相关问题进行了深入地思考和探索"。卢坤建总结国内学者对政府回应问题的研究成果，在此基础上提出了回应型政府的理论，他通过对回应型政府的理论基础和基本内涵的厘清，进而把政府回应问题上升到政府理论的层面。

2. 治理理论研究

关于治理理论研究，美国国际研究协会前主席詹姆斯·罗西瑙(James N. Rosenau)作为治理理论先驱创作者之一，在《没有政府的治理》等著作中较早地对治理概念进行了界定。罗西瑙认为，随着社会的发展，现代社会的问题与过去的问题相比，发生了质的变化，而这些新的社会问题要求一种新的社会理论来解释，也需要一种新的社会理论来指导解决。罗伯特·罗茨(R. Rhodes)则认为，“在当今社会，国家维护社会秩序和促进社会发展的环境和条件都发生了根本性的变化，这种背景的根本性变化要求一种全新的国家管理理论来处理社会问题和推动社会发展。”全球治理委员会则在《我们的全球之家》的研究报告中指出，“现代社会当中的各类相互冲突或不同利益的调和，需要公共的或私人的个人和机构管理采取联合应对的行动。这个过程既包括人们必须服从的正式制度和规则，也包括各种通过人们协商形成的同意或共识的非正式制度和安排。”

在国内，1995年智贤在《GOVERNANCE：现代“治道”新概念》一文中将Governance翻译成“治道”，他提出“治道就是指提高公共事务治理效能和提高驾驭经济社会发展的能力”。接着，1999年，俞可平在《治理和善治引论》一文中提出，“治理理论是全球化进程的必然逻辑结果，也是两大阵营结束冷战后的国际政治经济新秩序的要求，是当今时代公民社会和民主世界的要求，是当今时代合法治理和有效治理的要求。”他进一步指出，“治理理论是对社会科学中长期形成的两分法思维的一种超越，认为有效治理是市场方式与计划方式、公共组织与私人部门、国家政府与公民社会、主权国家与国际社会的有机合作管理公共事务的过程；它强调现代管理的本质就是合作应对；它合法权力的来源不仅仅是政府，还包括社会组织、市场组织和公民，这也就决定了政府、社会和公民共同分享公权力和共同承担公共责任。”2000年，俞可平主编的《治理与善治》出版，收录了国际上知名的治理理论代表人物斯托克、罗茨、库依曼、杰索普等人的文章，“治理”随即成为一门国内学术界的“显学”。

国内外学者对政民互动回应问题和治理理论进行了大量的研究，这为本文提供了良好的基础。但总体上看，这些研究仍存在如下问题：① 集中在政府对公民单向的回应，而没有看到公民与政府之间双向的回应，市民与政府的对等地位和互动性被忽视；② 没有注意到政民互动回应的通道问题，只有政府与公民之间的互动回应的道路畅通了，才能形成良好的互动回应局面。今后研究的发展趋势是，打破对政府回应和市民参与问题的单向度思考视角，强调政民之间的互动回应。本文拟以浙江省慈溪市为例，通过调查研究慈溪市政民互动回应实现情况和存在问题，对建立政民互动回应机制进行探索，顺应这一发展趋势，从而为建立政民之间良好的互动回应关系提供指引。

三、政民互动回应的实现内容与结构模型

下文将从政民互动回应的内部着手，研究政民互动回应的内容与结构。通过对政民互动回应的理论逻辑和现实依据的研究，归纳总结出政民互动回应的实现内容和基本结构模型。

（一）政民互动回应的实现内容

总体上说，人类的所有活动表现为知、言、行三个方面，这三个方面紧密联系，知是言的基础，言是知的归宿，而称之为人类的行动必须建立在有意识的知和言之上，但是，这三个方面又相互区别。根据人类活动划分的三个方面，政府与公民的互动回应也相应地表现为知、言、行三个方面。知的方面体现为政府与公民之间相互告知，进行信息互通；言的方面体现为政府与公民之间相互讨论，进行对话协商；行的方面体现为政府与公民之间相互行动，进行参与互动。因此，政府与公民的互动回应包括信息互通、对话协商（沟通交流）和参与互动三个方面。

1. 信息互通

“信息”一词的英文为“information”，一般指数据、音讯、消息等。广义上讲，自然界、人类社会和思维世界中所有的东西都可称之为信息；狭义的信息一定是针对某一特定的领域而言。当“信息”一词被作为政民之间传递的对象时，特指公共领域的内涵，政府与公民之间互通的信息一定是公共信息，而不是私人信息。

政民之间的信息互通包括两个方面，一是政府将信息公开给公民，或公民了解政府提供的公共信息；二是政府从公民那里收集信息，或公民将公共信息传递给政府。

2. 对话协商

“对话协商”一词大体上与“沟通交流”或“相互讨论”相称，意指两个或两个以上的主体通过语言（口头语言、书面语言或形体语言等）进行交流的形式。对话协商不仅是一个简单的信息互通过程，它更是两个主体之间进行思想或情感

交流与反馈，从而达成共识解决问题的过程。对话协商与信息互通既有联系也有区别，它建立在信息互通基础上，对话双方如果没有信息的传递或接收，就不可能形成有效的沟通；但纯粹的信息互通绝不是对话协商或沟通交流，对话协商一定需要形成两个或两个以上主体实质上的讨论交流，纯粹的信息传递、了解或接收都不能形成讨论交流，在这个意义上，对话协商区别于信息互通。

政民之间的对话协商包括两个方面，一方面以政府为中心，政府主动要求与公民进行对话协商，从而提高政府决策的科学性和有效性。另一方面以公民为中心，公民主动要求与政府进行对话协商，从而解决公民中存在的问题。

3. 参与互动

“参与互动”一词意指政府与公民在行动上互动，国内外学者普遍认为，参与讨论(对话协商或沟通交流)是一种参与，参与监督和管理也是一种参与。在政治学领域，当谈及公民参与政策制定问题时，这里的“参与”基本是指参与讨论、对话协商等。但是，本文将“参与”一词理解为“行动”，是公民的一种行动，也就是说，将政府与公民在行动上的互动回应称之为“参与互动”，而将政府与公民通过各种语言进行的相互讨论、沟通交流等称之为“对话协商”。政府与公民间的参与互动首先建立在信息互通的基础上，只有通过双方信息的了解和接受，才有可能产生进一步的要求，为了对接收的信息进行理解和按照信息的指令要求，政府与公民需要进行相互讨论、对话协商，然后做出进一步的行动安排。如此看来，政府与公民的参与互动要以信息互通和对话协商为基础。

（二）政民互动回应的结构模型

信息互通、对话协商和参与互动构成了政民互动回应的三大内容，从静态上看，从而构成了特定的结构与模式。探讨政民互动回应的结构模型，不仅有利于深入了解政民互动回应的基本内容，而且有利于在公共行政实践中不断改进政民互动回应关系。

1. 传统政民关系模型和政民互动回应模型

政民关系是政治学和公共行政的传统问题，不论哪一历史发展时期，政府都要直接面对公民，政府治理的过程就是与公民发生关联的过程。传统公共行政下，政府与公民之间的关系表现出如下特点，政府通过行政命令向公民下达指令，公民消极被动地接收政府指令；对于公民的诉求和意愿，政府有时置之不理，有时会强行运用行政手段解决公民中存在的问题。现代公共行政下，政民关系则要求表现出互动回应的特点，在互动回应中，政府与公民都是作为平等的主体而存在，政民之间是交互式的，政府积极回应公民的要求，公民主动与政府对话交流形成有效沟通；政府的管理行为以公民为中心，公民积极参与政府管理。两种不同时期的政民关系的结构模型如图 2－2 所示(注：线条粗细与信息量呈正相关)。

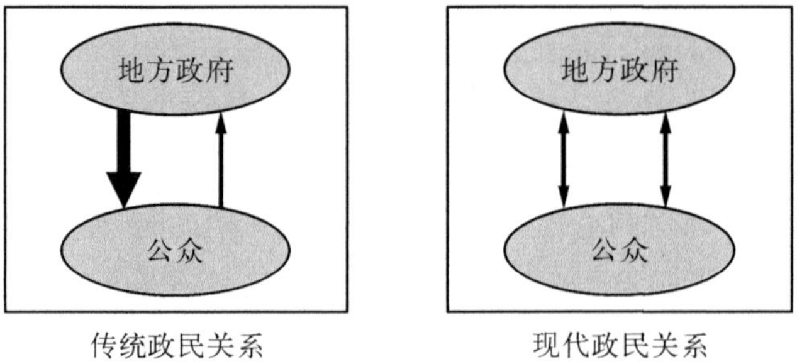

图 2－2　传统政民关系与现代政民关系比较

政民互动回应模型远比传统政民关系模型优化。首先，在政民互动回应模型中，政民互动回应促进了信息的双向流动，使决策层有更多的机会与公众零距离沟通交流，也使政府和公众能够协同行动。而在传统政民关系模型中，信息的交流是单向的，决策层没有太多的机会与公众直接面对面沟通交流，政府的管理行为也是单向的，公众没有太多参与的意愿。其次，传统政民关系模型中，信息从上到下或从下往上单向流动，这种信息流动可以完全依靠行政化和一元化的方式进行，而在政民互动回应模型中，沟通丰富和传递渠道的拓宽，实现了政府与公众之间相互制约、相互补充的整体功能。再次，政民互动回应有效地避免了信息失真和损失，也有效地提高了政府管理的效率和效果。

2. 互动回应的结构模型

构建政民互动回应的结构模型，首先需要厘清建立模型所需的要件，研究表明，互动回应的结构模型共由五组要件构成。第一组要件是作为模型的两大主体即公民和政府，为了模型构建和探讨问题的方便，故将社会组织和企事业看成是公民这一极，因此，公民和政府就成为互动回应结构模型的基本主体。第二组要件是作为政民互动回应的三大内容即信息互通、对话协商和参与互动，这三大内容之间相互区别同时又相互联系。第三组要件是互动回应主体的内在要求即公民和政府所应具有的态度、意识、素质等。第四组要件是政民互动回应的外部环境或条件即政治条件、经济条件、社会条件、法律条件、文化条件、技术条件等。

第五组要件是作为互动回应通道与机制即信息互通通道与机制、对话协商通道与机制和参与互动通道与机制，正因为这些通道与机制的存在，政府与公民之间才能形成互动回应的局面。这五组要件相互作用，共同保证政府与公民之间良好互动回应关系的形成。政民互动回应的结构如图 2-3 所示。

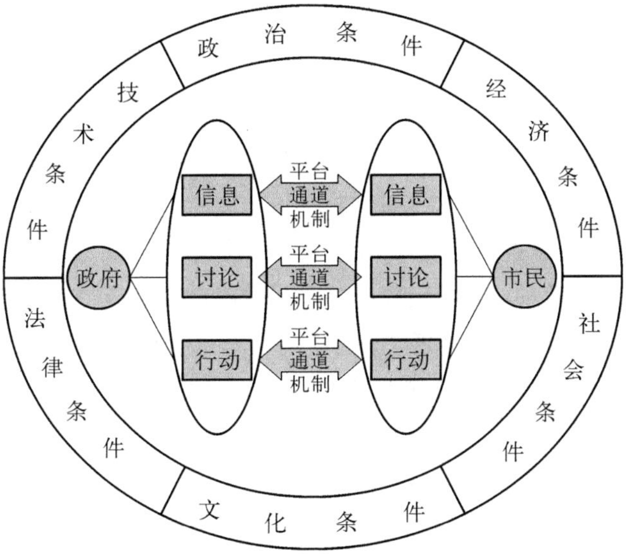

图 2-3　政民互动回应结构

政民互动回应的结构模型中，五组要素必不可少，其中，公民和政府作为互动回应的两个基本主体，已经作为本文研究内容的基本要素固定下来。第二组要件即信息互通、对话协商和参与互动作为政民互动回应的三大内容也已在本节第一部分进行了详细阐述。为了充分理解政民互动回应的结构模型，仍需要对其余三组要件进行具体分析。

1）内在要求

（1）政府维度：政府在政民互动回应关系建构中起着主导作用，政府要致力于改善互动回应关系的外部环境，政府要构建互动回应的通道与机制，政府还要引导公民参与社会事务，因此，政府自身的态度、意识、理念等对互动回应关系的形成起着十分重要的作用。一是服务理念。在互动回应关系的构建中，政府应首先树立现代服务理念，不断增强和提高服务公众的能力，为公众提供多元化的服务。二是责任意识。政府要对公众负责，这是责任型政府的建设要求，也是建立良好互动回应关系的要求。在互动回应关系的构建中，政府要增强责任意识，作为一个负责任的政府,一定能够迅速有效地回应社会和公众的基本要求,也能够与公众形成有效的互动。三是开放心态。政府要为互动回应营造开放空间,这是开放型政府建设的必然要求,也是建立良好互动回应关系的必然要求。这需要政府具备开放透明的心态,实践证明,政府秘密行政和暗箱操作必然导致政民关系不畅和互动回应受阻,政府要以一种开放的心态营造开放的空间,从而为政民互动回应提供保障。

(2) 公民维度:公民作为政民互动回应关系建构的两个基本主体之一,其在互动回应中表现出来的态度、意识、素质等方面直接影响着良好互动回应关系的形成。一是权利意识。公民应该主动地争取属于自己的权利,当公民不具有权利意识或不关心自身权利的实现时,政府与公民之间必定不会形成互动回应局面,只有当公民积极争取并获得权利时,政府与公民之间才会形成良好的互动回应关系。二是参与精神。政民互动回应关系的建立离不开公民自愿、积极、主动地与政府发生联系,冷漠的、没有积极性的或缺乏主动性的公民则很难与政府形成实质上的互动回应。三是公民与政府互动回应的能力素质。公民自身能力素质的高低在很大程度上影响互动回应的水平和质量,在某些专业技术领域,缺乏相应能力和素质则会在根本上不能形成互动回应。能力素质包括很多方面,如法律知识、专业技能知识、解决问题的能力、个人道德水平和文化修养等,良好互动回应关系离不开这些能力和素质。

2) 外部条件

公民和政府的内在要求为双方互动回应关系的建立提供了重要保障,而互动回应关系的真正实现和持续存在还受诸多外部环境的影响,这些外部环境对政府与公民的互动回应起着或多或少的影响,建立良好的互动回应关系,外部环境因素必须考虑。

(1) 政治环境。政府与公民的互动回应与一定的政治环境相关联,在一种秘密的政治环境中,政府内部的暗箱操作、钩心斗角、尔虞我诈和公民对政府的猜忌、不信任,不可能产生良性的互动回应关系,政治环境对政府与公民的互动回应产生重大影响。

(2) 经济环境。经济环境对政府与公民的互动回应产生重要影响。例如,在实行完全计划经济体制的国家或地区及在经济水平比较低下的国家或地区,政府与公众之间的互动回应也受到重大影响。

(3) 社会环境。由社会结构、社会发展现状、社会风俗和习惯、人口规模、人口素质与地理分布等内容构成的社会环境,对政府与公民的互动回应也产生重要影响。例如,一个老龄人口占很大比重的国家或地区,政府与公民的互动回应比中青年人占很大比重的国家和地区差,一个两级分化现象严重的国家或地区,政府与公民的互动回应比中产阶层占很大比重的国家或地区差,这说明社会环境是影响政民互动回应的重要因素。

(4) 文化环境。文化环境主要包括信仰和价值观念、伦理道德规范、审美情趣与观念、宗教信仰与风土人情等,它影响着政府的管理行为,也制约着普通公民的日常生活方式和行为方式。例如,在一个金钱至上、追求功利的社会文化环境中,公民为了自己的私利而不愿参与公共事务,也就不会与政府形成有效的互动回应局面。

(5) 法律环境。法律环境对政府与公民的互动回应起着至关重要的作用。政府与公民的互动回应需要法律制度的规范。

(6) 技术环境。技术环境为政府与公民的互动回应提供技术支持,特别是在信息技术高度发达的现代社会,信息技术影响着人们的生活方式和行为方式,同样也影响着公众与政府的交往方式。现代公共行政更大程度上依赖电子政务平台,通过网络平台与公众发生关联,可以极大地提高政府与公众的对话交往空间,改善政府与公众之间的关系。在我国,各级地方政府基本已经全面完成电子政务平台建设,近些年也通过电子政务平台建立了专门的政民互动通道,这无疑对建立政民互动回应关系起了重大作用。

3) 通道与机制

政民互动回应的结构模型中,联接政府与公民并使之形成互动回应的通道与机制是最为重要的部分,它直接影响政府与公民间的互动回应。政民互动回应表现在三个方面,即政府与公民的信息互通、对话协商和参与互动,与之相应,政民互动回应的通道与机制建设也就表现在三个方面。

(1) 信息互通通道与机制。信息互通通道与机制主要包括:一是政府和公民通过一些电子政务等平台和新闻媒体等通道发布信息、收集信息和了解信息。二是政府信息公开公示制度。如公示制度、发展民间团体和基层组织等,这些制度与机制有利于政府发布信息和公民了解信息。三是政府信息收集机制。为了更好地促进政府与公民之间的信息互通,政府实施信息收集机制,如建立社情民意调查研究中心收集信息、实行行政首长定期调研了解民情民意等。

(2) 对话协商通道与机制。对话协商通道与机制主要包括:一是开通对话协商的平台和通道,如电子政务政民互动平台、热线电话、电视广播访谈节目等,政府与公民通过这些平台进行对话协商。二是为了决策的科学性和民主性,政府实行与公民对话协商的机制，如听证制度、专家咨询制度等。三是为了化解社会矛盾以及政治民主化、合法化的需要，政府实施机制与公民展开对话协商，如发挥人大政协及社会团体的作用，积极开展对话协商；开辟公民论坛，开展政府与公民、公民与公民之间的沟通交流；实行行政首长接待日活动，政府主动与公民展开对话等。

(3) 参与互动通道与机制。参与互动通道与机制主要包括：一是公民参与监督机制。如政府部门聘请“义务监督员”，通过新闻媒体进行监督等。二是公民参与管理机制。如成立志愿者协会，参与政府部门的管理；成立民间组织和社会团体，参与社会管理；加强基层组织力量，通过基层组织参与政府管理，等等。

四、慈溪市政民互动回应的实现情况

由于政府与公民的互动回应表现为信息互通、对话协商和参与互动三个层面，因此将分别从政府与公民的信息互通、对话协商和参与互动三个方面对慈溪市政府与公民互动回应的实现情况进行研究。

作为我国东部沿海发达城市，慈溪市在经济发展、城市建设、人民生活和社会事业等方面都始终处于全国先进行列。但近些年来，随着经济发展水平的不断提高，社会问题日益凸显，原有的政府管理体制已经不能适应慈溪市社会经济发展的需求，政府管理创新已经提上了慈溪市政府的日程。

(一) 信息互通实现情况

由于信息互通表现为政府公开信息和政府收集信息两个方面，因此慈溪市政府与公民信息互通通道与机制须从政府公开信息和政府收集信息两个方面进行考察。

1. 政府信息公开

1) 发挥各类信息公开平台和渠道作用

近年来，慈溪市政府高度重视政府信息公开工作，不断加强网站建设、完善公开制度、加强人员培训，积极打造微博、微信“双微”平台，信息公开成效显著，也受到了公众的好评。2015 年，慈溪市政府官方微博共发布微博 21 550 条，发布微信 7 021 条。政府公报《慈溪政务》共出版 20 期，每期印发近 2 000 份。

2) 主动公开政府信息情况

2011—2015 年，慈溪市政府主动公开信息情况如图 2 - 4 所示。

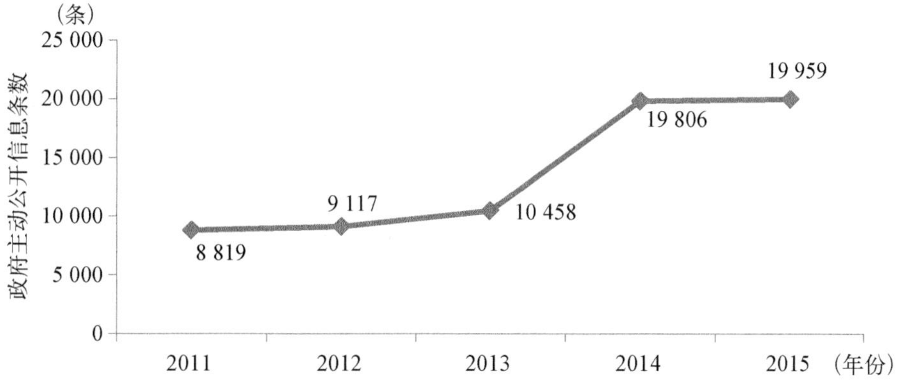

图 2－4　2011—2015 年慈溪市政府主动公开信息状况

2011—2015 年，慈溪市在政府信息公开平台上主动公开政府信息数量一直呈增长趋势，而 2014 年增长幅度最明显，同比 2013 年增长 89.4%，将近一倍。2014 年以来政府信息公开工作不断拓展深化公开领域，提高公开质量和实效，不断提高政府公信力，更好地保障人民的权益，取得了阶段性成效。2015 年，慈溪市在政府信息公开平台上主动公开政府信息 19 959 条，政策法规类共 2 815 条占总信息的 14.11%；政府决策类共 282 条，占总信息的 1.41%；业务类共 14 526 条，占总信息的 72.78%；便民服务类共 2 336 条，占总信息的 11.70%(图 2－5)。

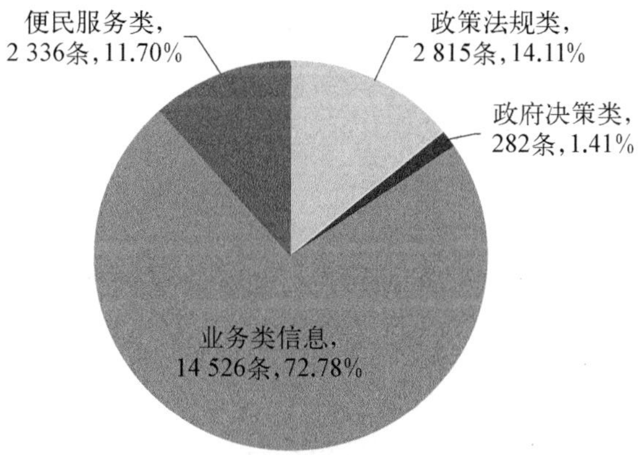

图 2－5　2015 年慈溪市政府公开各类信息分布情况

(资料来源：2011—2015 年慈溪市人民政府信息公开工作年度报告)

3) 依申请公开政府信息情况

2015 年，慈溪市共受理政府信息公开申请 539 件，申请内容主要涉及土地征用与补偿、城市规划和建设等方面。受理申请数量最多单位的是市国土资源局,2015 年共受理 205 件。2015 年收到的信息公开申请全部按期办结,政府信息依申请公开处理流程如图 2－6 所示。

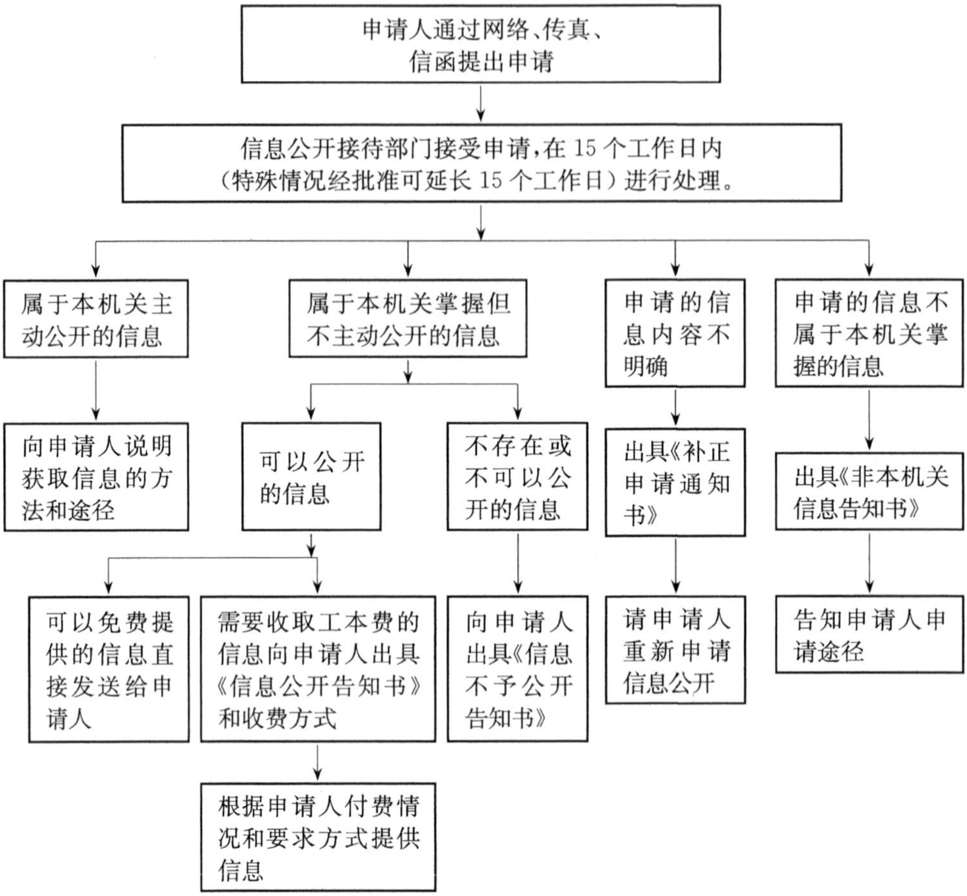

图 2－6 政府信息依申请公开处理流程

2. 政府信息收集

信息互通不仅需要政府公开信息给公民,而且更要收集公民的信息,这样才能够更好地了解市情民意,从而预测事态发展并及时掌控事件,最终为化解社会矛盾提供信息支持。

(1) 慈溪市政府门户网站。政府网站不仅是政府信息公开的重要平台,也是政府收集市情民意的重要通道。政民互动平台里的“市长信箱”和“各镇(街道)部门领导信箱”,自 2003 年 6 月开通以来,深受社会各界和广大公民的欢迎,成为慈溪市各级政府收集公民信息的主要通道。政民互动平台里的“网上调查”

“网上信访”“意见建议”“网上举报”“信息公开意见箱”“公众留言”等通道，不仅为公民提供了与政府沟通的渠道，它们更是政府了解市情民意的窗口。政府门户网站的“政民互动平台”不仅可以方便地为公民了解政府信息和表达自己的意愿提供通道，它更是政府了解民意和掌握社会舆情的最好平台。2015 年，市政府网站日均更新信息 48.87 条，有 108 个单位的网站依托统一的网站群软硬件平台，整个市政府网站群全年发布信息 73 630 条，日均网站调整维护 5 次。①

(2) 政府部门内部期刊。慈溪市委办公室编印的《慈溪信息每日汇报》《慈溪信息工作交流》，慈溪市政府办公室编印的《每日要讯》《参阅》《专报信息》等内部刊物是慈溪市委、政府领导及公务人员了解市内重大信息的重要媒介；慈溪市信访局将公民信访信息编辑整理成《信访反映》和《信访简报》等专刊，送交市领导和相关部门参阅。慈溪市农办更是派驻农村工作指导员到各地农村，他们根据所驻地农村的具体情况做好日志，编写成《农村工作指导员驻村手记》，市农办根据收集的农村信息，编辑整理《农村情况反映》，供市农办和上级领导参阅。慈溪市政府及各部门单位通过这些渠道了解社情民意，这不仅可以预测事态发展，而且可以及时掌控事件，化解社会矛盾，从而起到了维护社会稳定的作用。

(3) 基层调研。政府工作人员下到基层调研是政府与公民之间信息互通最直接的方式，通过与公民“面对面”交流，政府工作人员获取市情民意。慈溪市委政研室、市政府研究室，每年对市内重大政策性问题进行调查研究，通过实地调查，获得来自公民方面的信息，然后组织专家论证，提出政策建议。慈溪市每年印发市四套班子领导重点调研课题，对每个重点调研课题，各课题主持人全程参与指导，各组织实施单位要积极筹划、精心操作，各主要参与单位要全力支持配合，集聚方方面面智慧，提出具体务实、操作性强的对策措施和建议，努力使每个课题成为市委、市政府决策预案，最终形成决策方案或政策性文件。

基层调研的另一用途在于了解市情民意，预防重大群体性事件和危机事件的发生。慈溪市政府各部门领导及工作人员都会在相应职责范围内开展基层调研。2014 年，党的市民路线教育活动期间，慈溪市委深入开展以“联村、联社区、联企业、联项目、联市民”和“送政策、送技术、送文化、送健康、送温暖”为主题的“五联五送”走亲连心活动。市领导与镇干部、村(社区)干部一起谈心，广泛接触社区党员市民，面对面征求意见，认领微心愿，增进与基层党员和市民的感情，帮助基层破解一批发展难题，解决一些市民生产生活方面的实际困难。

---

① 资料来源：2015 年慈溪市信息中心工作总结。

（二）对话协商实现情况

政府与公民之间的对话协商是政府与公民互动回应的深化。近年来，慈溪市不断创新政府与公民之间对话协商的通道和机制，提高政府决策的科学化和公民对政府的信任度。慈溪市构建政府与公民互动回应通道与机制重在加强政民沟通，整合各种机制，开辟多种平台，积极开展"听证""议证"。实践证明，这些重要举措不仅加强了政民沟通，而且改善了决策方式，决策更加科学化和民主化，同时也达到了政民互信的效果。

1. 科学民主决策

随着社会经济的发展，地方政府决策的难度、风险和复杂程度日益加大，慈溪市"开门纳谏，开放决策"，于 2008 年出台了《重大行政决策程序暂行规定》。[①] 慈溪市"开放式决策"主要立足三个方面：一是民意领跑，把握决策方向；二是专家坐堂，提升决策质量；三是反馈修正，保障决策效果。[②] 实践证明，"开放式决策"提供了广泛的信息支持和民意基础，提高了决策质量，同时降低了决策执行时的难度。具体工作主要有以下几个方面。一是决策参与扩面。[③] 2015 年慈溪市就重大行政决策事项公开征求意见 79 次，并多次召开公众代表座谈会、专家论证会、听证会。二是决策风险控制。特别是涉及征地、建设等重大项目，可能会导致社会稳定或公共安全决策问题，社会风险评估作为一种预方案。三是改进重大决策机制。尝试将协商民主和人大讨论作为决策前的必经程序，并在慈溪市发改局等五个市级部门和崇寿镇开展先行试点。充分发挥决策咨询委等专业机构在决策中的积极作用，市决策咨询委就慈溪市"十三五"规划编制、全面深化重点领域改革等课题开展认真研究，提出有关建议意见 21 条，行政决策专业化水平不断提高。

2. 公民诉求回应

1）政民互动服务平台建设

慈溪政府门户网站的"政民互动服务平台"是慈溪市政府畅通政民关系的重要渠道。据统计，2015 年 1—12 月，"政民互动服务平台"主要栏目实施情况统计如表 2－1 所示。

---

① 《慈溪市人民政府关于印发慈溪市重大行政决策程序暂行规定的通知》，(慈政发〔2008〕96 号)，2008 年 12 月 31 日。

② 慈溪市原市长徐华江，《致力开放开明　打造透明政府》，宁波日报，2010 年 5 月 27 日。

③ 资料来源：《2015 年度慈溪市关于依法行政情况的报告》。

表 2-1　慈溪市"政民互动服务平台"实施情况统计(2015 年 1—12 月)

政民互动栏目	数量(条)	百 分 比
市长信箱	1 096	18.27%
镇街部门信箱	1 790	29.85%
网上信访	151	2.52%
意见建议	252	4.20%
投诉举报	1 400	23.34%
依申请公开	544	9.07%
信息公开意见箱	76	1.27%
在线访谈	4	0.07%
法律咨询	53	0.88%
财税咨询	36	0.60%
网上调查	146	2.43%
公众留言	450	7.50%
合　　计	5 998	100.00%

(资料来源：慈溪市信息中心)

"意见建议"内容涉及"公交线路""医疗就诊卡问题""居民用电"等方面；"投诉举报"内容涉及道路、工程质量和安全问题，这些问题都能得到政府相关部门的及时回复与处理，赢得了公民的理解与支持。"在线访谈"主要就公民关心的民生热点问题邀请政府部门和企事业单位领导与公民开展网络对话、在线交流，通过"民生问题面对面"交流，公民了解了政府的政策动向，融洽了政民关系。"财税咨询""法律咨询"等及时解决了公民一时之需，深受公民喜欢。"网上调查"和"公众留言"了解了公民意愿，为政府制定相关政策提供了依据。"网上信访"更方便快捷地利于公民反映问题，在畅通政民关系方面也起到了重要作用。

"政民互动服务平台"还有"关注""阳光热线""行风热线"以及"论坛"等通道。"关注"主要围绕经济和社会发展中公民普遍关注的热点难点问题，开展讨论交流，成为政府和公民之间沟通的平台；"阳光热线"和"行风热线"则是通过广播直播的形式开展市政府主要领导与公民之间的交流活动，热线开通以来，全方位解答了公民的疑虑，提高了公民对政府的信任；"论坛"则有利于公民之间进行沟通交流，有利于在公民之间形成良好氛围。

此外，慈溪市还专门建立了 81890 公共信息服务中心，以“拨一拨就灵”为谐音，旨在以市民的利益为中心，无偿为市民提供服务、解决困难，同时也方便市民监督政府工作，提供建议。该中心是慈溪市政府近年来重点打造的政府互动平台，服务内容主要包括以下三方面：“生活服务”涉及市民的衣食住行，包括家政服务、家电维修、交通旅游、购物消费等多方面生活信息；“政策咨询”汇集了市级各部门、各镇（街道）的相关政策法规、办事流程等公共信息，满足市民生产、生活所需的各类政策法规信息需求；“投诉举报”整合并强化了原各部门各类投诉举报热线的服务功能，市民只需记住一个号码就能把问题反映给相关部门。除市级平台外，龙山镇、观海卫镇、周巷镇等 13 个镇（街道）都建立了 81890 分中心，服务网络辐射至全市范围。

2012 年 8 月，慈溪市委、市政府决定进一步加强 81890 公共信息服务中心建设，将慈溪市 16 条政府服务热线包括市长电话（12345）、人社热线（12333）、效能投诉热线（96178）等全部整合到了 81890。之后，又陆续地整合暂口、食安（96317）、城管（96310）等热线。2015 年 7 月，为进一步推进慈溪市“两网融合”工作，在 81890 成立社会治理网格化联动指挥中心，统筹、协调、指挥全市网格化管理工作。目前，慈溪市 81890 公共信息服务中心服务范围从城区三街道到全慈溪，服务时间从一天 13 个小时到现在 24 小时全年无休，服务职能从单一的生活服务到集政策咨询、生活服务和投诉举报于一体。同时，坐席从当初的 7 个发展到 21 个，接线量从一天二三十个发展到了现在日均 800 个，加盟企业也从当初的百余家发展到了近千家。2015 年度，81890 共受理来电 261 144 件，办结率 95.9%：生活服务类 76 960 件，政策咨询案件 166 177 件，其中 81890 直接处理 159 306 件，线有效处理率达 96%；投诉举报 18 007 件，投诉受理率达 100%（图 2－7）。

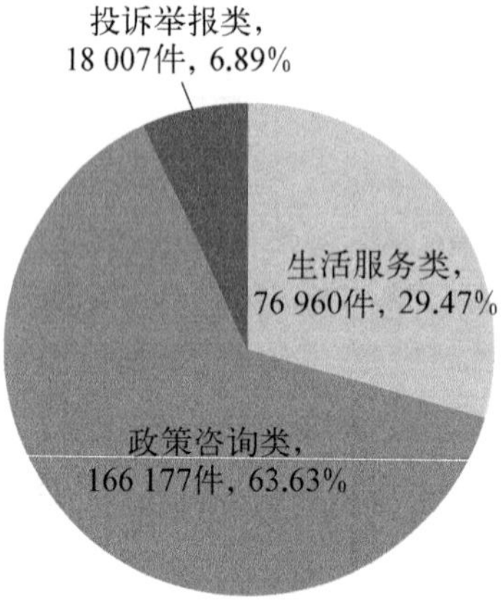

图 2－7　2015 年慈溪市 81890 公共信息服务中心处理各类来电统计

（资料来源：慈溪市 81890 公共信息服务中心）

2）“零距离”接触公民

所谓政府与公民零距离，是指政府工作人员尤其是政府领导与公民开展无障碍、无缝隙的接触，这种方式不仅可以提高政府工作效率，而且可以提升政府形象，提高公民信任度。

（1）市领导带头做好信访接待。慈溪市把公民关心的热点难点和与公民切身利益相关的问题作为主题，开展"市长（局长）与公民专题互动日"活动。活动开展以来，慈溪市市长及各部门局长至少每年确保一次从台后走向台前，与公民沟通交流，这种"面对面"的传统交流方式切实增进了政民间的相互沟通与理解。为了取得公民对政府工作的支持和谅解，慈溪市施行"办公开放日"，有序组织公民到政府机关办公场所参观，观摩体验政府工作人员行政服务、行政调解、行政执法等活动，通过这些活动增进公民对政府政务运作内容和程序的了解。慈溪市领导每周一、每月16日在市信访局定点接待来访市民，信访量大的市级部门领导共同坐班接访，各镇（街道）领导干部随时接待来访市民。2015年，慈溪市四套班子领导共69人次接待市民来访206批577人次，其中领导批示57批108人次。市民来市信访所反映的问题主要集中在城乡建设管理、国土资源水利林业和劳动社保上，共2 655件（人）次，占信访总量的59.4%。①

（2）强化网上信访平台作用。全面使用省信访信息系统平台，巩固"网上登记、网下调查、网上回复、网上查询"的市民信访事项办理流程。增强信访答复（处理）意见的透明度和公正性，完善信访事项办理市民满意度评价，把信访事项办理工作的各个环节置于市民监督之下，提高信访公信力和市民满意率。

（3）完善涉诉信访接待机制。慈溪市信访局专设涉法涉诉信访问题受理窗口，由政法机关第一时间接待涉法涉诉信访市民，第一时间受理涉法涉诉信访诉求，第一时间协调边界模糊的涉法涉诉信访问题，顺利实现了市民信访诉求的有效分流。2015年，涉法涉诉受理窗口共接待市民来访356批1 075人次，提供法律咨询103批217人次。

3）行政复议

为了增强复议机关预防和化解行政争议的能力，慈溪市政府先后出台了《慈溪市行政复议和解调解办法》《慈溪市行政复议听证办法》《慈溪市行政复议意见书和建议书办理制度》《慈溪市行政复议决定备案办法》《慈溪市行政复议责任追究办法》五项配套制度，用以减少行政争议，保证行政决议公平公正。2015年度，慈溪市政府共收到行政复议申请59件，受理47件，不予受理、告知及作出其他处理12件，已审结34件，其中维持13件，驳回申请4件，直接纠错9件，直接纠错率26.47%，经复议机关协调或监督行政机关纠正行政行为后申请人撤回申请而终止的8件，间接纠错率为23.53%。依法履行"应复"职责，认真办理由国

① 资料来源：《2015年慈溪市信访工作总结》。

务院、省政府或宁波市政府受理、市政府为被申请人的行政复议案件22件，已审结维持4件、驳回2件、撤回终止14件。继续实行公开听证和行政复议决定书上网公开制度，组织复议听证18次，听证率达52.94%，公开复议文书34份，公开率达100%，行政复议透明度和公信力进一步提升[①]。

（三）参与互动实现情况

参与互动是政民互动回应的最高阶段。慈溪市在探索政府与公民参与互动新模式，改进公共服务，提高服务水平，鼓励公民参与监督和管理。参与互动指的是政府在管理过程中，抛弃单方面管理的传统思路，积极寻求公民参与共同管理。共同管理主要体现在，一方面对于政府行为，公民要参与监督，参与监督的形式各异，如通过人大政协参与监督、通过政府招募的义务监督员、通过新闻媒体等；另一方面公民参与政府管理，如建立“和谐促进会”、志愿者银行等形式参与管理。

1. 公民参与监督

(1) 加强人大、政协和社会监督。行政监督是政府廉洁的重要保证，也是影响政府执行力的重要因素。慈溪市从两个方面开展监督工作：一方面自觉接受人大和政协监督，有效落实建议提案办理。深化市领导领办难点建议提案制度，进一步加大综合协调力度，2015年，共办理人大代表建议和政协提案611件，全部按期办结，满意率为99.2%，为近三年来最高。[②] 此外，还认真做好人大、政协社情民意办理反馈，人大审议意见落实反馈等工作。另一方面主动接受社会监督，聘请“义务监督员”。慈溪市在各个政府部门、各个行业实行“义务监督员”。“义务监督员”来自不同部门不同行业，如慈溪市国家税务局每年都公布了“义务监督员”名单，这份名单包括了政府官员、工商联人士、企业代表等。慈溪市卫生局认识到原有义务监督员大多来自政府部门的弊端，专门从民间请来21位行风监督员，并将其分成6个小组，对慈溪26家公立医疗机构及其工作人员进行监督。慈溪市广泛设立“义务监督员”，极大地保证了政府权力的规范运作。

(2) 健全网络问政平台。利用新媒体，拓宽公民求助咨询、投诉举报和监督渠道。现代社会新媒体的广泛应用，创新了行政理念，也改变了政府管理模式。慈溪市政府重视新媒体建设，利用新媒体来接受公民的投诉举报和监督。公民

---

① 资料来源：《2015年度慈溪市关于依法行政情况的报告》。
② 资料来源：《2015年度慈溪市政府督查室工作总结》。

可以通过政民互动平台的“投诉举报”通道、手机短信、电子邮件、网络留言以及新近兴起的微博、微信等多种方式向政府求助咨询、发表意见建议、投诉举报和监督政府行为，新媒体无疑将会成为连接慈溪市政府与公民的一座新的“桥梁”。截至2015年底，全市建立政务微博达110家，发布微博2万余条，建立政务微信33个，推送微信文章314条，阅读人次达到40万，网上听民意、察民情、办民事的长效机制初步形成。强化社会舆论监督作用，主动接受市各新闻媒体监督，累计刊播监督报道366篇，针对被曝光的责任不落实、工作不到位等问题，及时启动纠正和问责程序督促解决，确保监督实效。

(3) 健全政务公开监督体系。深入推进财政资金信息公开，2015年部门预决算公开单位从去年的44个增加到67个，加强保障性住房、重大建设项目等重要信息的公开、解读和回应。加强行政规范性文件监督管理。制定实施《慈溪市行政规范性文件草案公开征求意见规定》，完善规范性文件市民参与方式，2015年共有76个规范性文件草案通过统一平台向社会公开征求意见。严格落实行政规范性文件合法性审查、廉洁性评估和“三统一”制度，全年审查市本级行政规范性文件65件，提出审核意见建议91条，统一登记编号56件。

2. 公民参与管理

公民参与管理的典型案例当数慈溪市在全国首创的“和谐促进会”，创新政府管理。2015年末慈溪市流动人口登记在册人数为95.56万人，接近本地户籍人口总数。针对外来人口涌入带来的流动人口管理难、民间纠纷调解难、社会治安综合治理难等多种难题，早在2006年慈溪市就在全国首创成立以民间性、共建性、互助性、服务性于一体的村级和谐促进会，营造了新老市民共建共享融合发展的良好氛围。①

和谐促进会自成立以来取得的成效主要体现在以下几个方面。

(1) 以服务促融合，在互帮互助中提高组织向心力。解决流动人口就学、就业、就医、劳资、居住等方面遇到的困难，是和谐促进会的一项重点工作。

(2) 以感情促和谐，在调解纠纷中缓解了社会矛盾。调解外地人与本地人之间的矛盾纠纷，遏制矛盾深化，是和谐促进会的一项本职工作。当外地人与本地人发生矛盾纠纷时，由这些人帮助调解纠纷，成功率较高。2008年慈溪市又探索实践了特聘外来调解员制度，收到了比较好的效果。目前，该组织已化解各类矛盾纠纷4 000多起，既及时维护了外来人员的合法权益，又促进了社会的和

---

① 资料来源：慈溪市流动人口局。

谐稳定。

(3) 以参与促管理,在协助综治中形成了平安建设新合力。充分发挥流动人口在同乡中人熟、信息灵的特点,成为和谐促进会开展综治工作的一大特点。目前慈溪市有 2.6 万流动人口参加常年性夜巡活动,及时制止和化解各类不稳定事件达 3 万起。

(4) 以活动促交流,在增进沟通中减少了隔阂。村事共商,发展共谋,文明共建,成果共享是和谐促进会的一个重要工作手段。通过召开民意恳谈会、议事会等民主形式组织新老市民共商大事,共谋发展;通过组织共同参与文明城市、卫生城市和平安村(社区)创建,增进对流动人口的接纳感和对暂住地的归属感;通过经常组织开展文娱活动、体育比赛和各类教育培训,不断促进新老市民之间的交流沟通和文化交融,增进新老市民间的融合,也在一定程度上消除了本地人对外地人的歧视,减少了摩擦和不良行为的发生。和谐促进会还聘请素质高、口才好的"新慈溪人"组成"乡音讲师团",对流动人口进行"融入第二故乡,实现人生理想"的宣讲教育。

五、慈溪市政民互动回应现状满意度调查及问题分析

根据第四部分对慈溪市政民互动回应实现情况的分析归纳,本部分对慈溪市政民互动回应现状和满意程度进行问卷设计和调查统计,深入分析慈溪市政民互动回应现状存在的问题和原因。

(一) 慈溪市政民互动回应现状满意度调查说明

1. 调研设计

为更好地了解慈溪市民对慈溪市政民互动回应现状的满意度,找出现状存在的问题,从 2015 年 10 月至 2015 年 12 月,为期三个月的时间,对慈溪市民进行了慈溪市政民互动回应现状的满意度分层抽样调查。

1) 研究总体:慈溪市民

2) 样本量的确定

根据公式检验表明,当误差和置信区间一定时,不同的样本量计算公式计算出来的样本量是十分相近的。

本次调查允许的抽样误差为 $E=4.5\%$,在 95%置信水平下(=1.96),p 取 1/2,根据公式

$$n=\frac{Z_{\frac{\alpha}{2}}^{2}p(1-p)}{E^{2}}$$

得出 $n=474$，考虑到问卷的拒答率与回收率，决定将样本量扩大至500份。

3）抽样设计

本次问卷调查采用自行编制的慈溪市政民互动回应现状的满意度问卷，通过对慈溪市居民进行多阶段抽样，结合概率抽样与非概率抽样的原理，借助PPS多阶段抽样方法原理进行抽样调查。

第一阶段：采用整群抽样在慈溪市19个镇（街道）中抽取10个镇（街道），分别为宗汉街道、坎墩街道、浒山街道、白沙路街道、古塘街道、掌起镇、观海卫镇、附海镇、桥头镇、匡堰镇。抽样情况如表2-2所示。

表2-2　问卷抽样情况

镇（街道）	人口数（万人）	比　例	应抽人数（人）
宗汉街道	6.43	11.98%	60
坎墩街道	4.81	8.96%	45
浒山街道	7.21	13.43%	67
白沙路街道	4.82	8.98%	45
古塘街道	4.63	8.63%	43
掌起镇	4.92	9.17%	46
观海卫镇	12.34	22.99%	115
附海镇	2.51	4.68%	23
桥头镇	3.79	7.06%	35
匡堰镇	2.21	4.12%	21
总人数	53.67	100%	500

（资料来源：2015年慈溪市国民经济和社会发展统计公报）

此次问卷调查共发放问卷500份，回收问卷480份，其中有效问卷450份，问卷的有效回收率为93.75%。

2. 问卷设计及信度分析

本研究的预调查发放样本50份，于2015年12月5日至12月7日间发放，收回有效问卷45份，有效回收率90%，经过与调查对象交谈、指导老师建议，修改并形成正式的问卷。

1）问卷的结构及其内容

问卷包括三个部分：第一部分是被调查者的基本情况，主要包括年龄、性别、职业、学历等；第二部分是慈溪市政民互动回应现状调查，包括被调查者与政府在信息互通、对话协商、参与互动三个层面的互动回应意愿、障碍和实现情况调查；第三部分是对慈溪市政民互动回应现状进行评价，包括被调查者对信息互通实现情况的评价，对对话协商实现情况的评价，对参与互动实现情况的评价。

2）问卷设计的特点和原则

问卷设计以研究目的为基础进行，提问方式和所选的设计都比较符合慈溪市政民互动现状和特点。在问卷的编排上，从调查对象的基本情况到政民互动满意度调查，层次分明、条理清晰，为后期数据分析和问题研究提供了很好的依据。

3）问卷的信度分析

信度（reliability）指测量结果（数据）一致性或稳定性的程度。

此次问卷信度分析主要采用 α 信度系数法。信度系数应该在 0～1 之间，如果量表的信度系数在 0.9 以上，表示量表的信度很好；如果量表的信度系数在 0.8～0.9 之间，表示量表的信度可以接受；如果量表的信度系数在 0.7～0.8 之间，表示量表有些项目需要修订；如果量表的信度系数在 0.7 以下，表示量表有些项目需要抛弃。

本研究采用 SPSS20.0 研究数据的内部一致性，分析结果显示信息互动现状评价的 Cronbach's Alpha 系数为 0.855，对话协商现状评价的 Cronbach's Alpha 系数为 0.884，参与互动现状评价的 Cronbach's Alpha 系数为 0.917，11 个项目的 Cronbach's Alpha 系数为 0.937，说明本文所使用数据具有较好的信度。问卷信度分析如表 2-3 所示。

表 2-3　问卷信度分析

项　目	N of Items	Cronbach's Alpha
信息互动现状评价	2	0.855%
对话协商现状评价	5	0.884%
参与互动现状评价	4	0.917%
11 个项目的信度系数	11	0.937%

3. 样本描述性统计分析

1）调查对象基本信息

从表 4 可以看出，在 450 名调查对象中，男性 228 人，女性 222 人，分别占调查总体的50.67%和49.33%，男女比例较均衡；年龄大多集中在26～45岁之间，人数占63.11%；文化程度普遍偏高，大专及以上人数占77.1%；机关事业单位人员占21.11%，企业人员占25.56%，个体经营者占21.33%，学生占18.89%，离退休人员占7.78%；已婚人数占68%，未婚人数占30%；被调查者中有341名居民是慈溪本地户口，占调查总体的75.78%；月收入3 000元以下者占34.22%，3 000～6 000元者占43.56%，6 001～10 000元者占18.44%，10 001～20 000元者占2.44%，20 000元以上者占1.33%。

表2-4　调查对象抽样情况

变　量	具体指标	频数(人次)	百分比
性　别	男	228	50.67%
	女	222	49.33%
年　龄	25岁及以下	98	21.78%
	26～35岁	126	28.00%
	36～45岁	158	35.11%
	46岁及以上	68	15.11%
学　历	初中及以下	41	9.11%
	高中(中专)	62	13.78%
	大　专	123	27.33%
	大学本科	182	40.44%
	研究生及以上	42	9.33%
职　业	机关事业单位人员	95	21.11%
	企业人员	115	25.56%
	个体经营者	96	21.33%
	学　生	85	18.89%
	离退休人员	35	7.78%
	其　他	24	5.33%
婚姻状况	已　婚	306	68.00%
	未　婚	135	30.00%
	离　婚	9	2.00%
户　籍	慈　溪	341	75.78%
	外　地	109	24.22%

续 表

变 量	具体指标	频数(人次)	百分比
月收入	3 000 元以下	154	34.22%
	3 000～6 000 元	196	43.56%
	6 001～10 000 元	83	18.44%
	10 001～20 000 元	11	2.44%
	20000 元以上	6	1.33%

2）满意度调查结果统计分析

对慈溪市政民互动回应现状满意度的调查内容分为信息互通、对话协商、参与互动三类，共涉及政府信息公开，社情民意收集、处理和反馈，重大决策形成机制，决策风险有效控制，政民互动服务平台，接待群众来访，行政复议，人大、政协监督，网络问政平台，政务公开监督体系，和谐促进会 11 个问题。调查结果统计数据如表 2－5 所示。

表 2－5 慈溪市政民互动回应现状满意度调查统计表

类别	评价项目	很满意		比较满意		一般		不满意		很不满意	
		频数	百分比	频数	百分比	频数	百分比	频数	百分比	频数	百分比
信息互通	政府信息公开	50	11.11%	64	14.22%	160	35.56%	124	27.56%	52	11.55%
	社情民意收集、处理和反馈	45	10%	61	13.56%	138	30.67%	158	35.11%	48	10.66%
对话协商	重大决策形成机制	38	8.44%	65	14.44%	151	33.56%	153	34%	43	9.56%
	决策风险有效控制	70	15.56%	129	28.67%	115	25.56%	96	21.33%	40	8.88%
	政民互动服务平台	33	7.33%	82	18.22%	146	32.44%	147	32.67%	42	9.34%
	接待群众来访	29	6.44%	89	19.78%	142	31.56%	142	31.56%	48	10.66%
	行政复议	78	17.33%	120	26.67%	97	21.56%	121	26.88%	34	7.56%

续　表

类别	评价项目	很满意		比较满意		一般		不满意		很不满意	
		频数	百分比	频数	百分比	频数	百分比	频数	百分比	频数	百分比
参与互动	人大、政协监督	91	20.22%	97	21.56%	150	33.33%	82	18.22%	30	6.67%
	网络问政平台	47	10.44%	70	15.56%	139	30.89%	146	32.44%	48	10.67%
	政务公开监督体系	44	9.78%	73	16.22%	169	37.56%	99	22%	65	14.44%
	和谐促进会	124	27.56%	139	30.89%	110	24.44%	51	11.33%	26	5.78%
总体满意度		649	13.11%	989	19.98%	1 517	30.65%	1 319	26.65%	476	9.62%

调查中采用李克特 5 级量表法，请被调查者对慈溪市政府信息公开、社情民意收集处理和反馈，重大决策形成机制、决策风险有效控制等 11 项问题进行满意度测评。其中五级满意情况评分标准为：5 分代表很满意，4 分代表比较满意，3 分代表一般，2 分代表不满意，1 分代表很不满意。经计算，评价项目得分和排名如表 2－6 所示。

表 2－6　慈溪市政民互动回应现状满意度评分表

评　价　指　标	最大值	最小最	均　值	排　名
和谐促进会	5	1	3.63	1
人大、政协监督	5	1	3.3	2
决策风险有效控制	5	1	3.21	3
行政复议	5	1	3.19	4
政府信息公开	5	1	3	5
政务公开监督体系	5	1	2.85	6
网络问政平台	5	1	2.82	7
政民互动服务平台	5	1	2.81	8
接待群众来访	5	1	2.8	9
重大决策形成机制	5	1	2.78	10
社情民意收集、处理和反馈	5	1	2.77	11
总体满意度	5	1	3	

由表 6 可知，慈溪市政民互动回应现状的总体满意度均值只有 3 分，并不理想。其中排名前三的指标为和谐促进会、人大政协监督、决策风险有效控制，满意度均值依次为 3.63 分、3.3 分、3.21 分，满意度均值也并不高，没有出现均值超过 4 分的指标；排名末三位的项目为接待群众来访、重大决策形成机制、社情民意收集处理和反馈，满意度均值一次为 2.8、2.78、2.77；政务公开监督体系、网络问政平台、政民互动服务平台三项指标满意度均值也未达到 3 分，低于总体满意度。

（二）慈溪市政民互动回应现状存在问题分析

政民之间良好的互动回应关系受影响的包括以下要素：公民、政府、政府与公民之间互动回应的通道与机制。任何一个因素出现问题都会影响政府与公民之间良好的互动回应关系。根据调查，公民和政府自身的问题在互动回应的三个层面（信息互通、对话协商和参与互动）表现出相同的特性，而通道与机制方面的问题在互动回应的三个层面表现出不一样的特性。因此，这一部分首先探讨慈溪市政民互动回应中公民和政府自身存在的问题，然后根据政民互动回应的三个层面，探讨慈溪市政府与公民信息互通、对话协和参与互动的现状与机制中存在的问题。

1. 互动回应主体问题分析

公民和政府自身存在的问题直接影响政府与公民之间的互动回应。如果公民和政府自身的问题得不到解决，政府与公民之间互动回应关系也很难形成。

1）公民自身问题分析

（1）公民在与政府互动时积极性不高。根据问卷调查，政府与公民之间的互动回应，政府一直处于主导地位，而市民对此积极性却不高。受访市民对“您是否关注政府信息?”的回答中，有 40.22％的市民表示“经常关注”，而 44.44％的市民则表示“偶尔关注”，还有 15.34％的市民“从不关注”（图 2－8）。受访市民对“您是否知道并访问慈溪市各级政府及各部门网站?”的回答中，只有 13.11％的市民“知道，经常访问”，而余下 86.89％的公民尽管大部分知道政府网站，但不大访问。受访市民对“您是否愿意提供信息给政府工作人员?”的回答，有 16.22％和 42.89％的市民认为“非常愿意”和“愿意”，而余下 40.89％的公民不是因为政府原因就是因为自身原因而不愿意主动提供相关信息给政府工作人员（图 2－9）。受访市民对“您认为政府与公民沟通交流存在哪些障碍?”的回答中，选择“公民不愿意与政府交流”选项的为 18.61％。

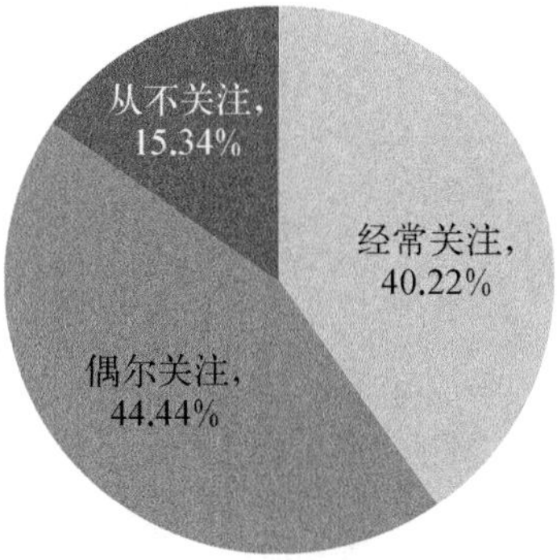

图 2－8　慈溪市民对政府信息关注情况

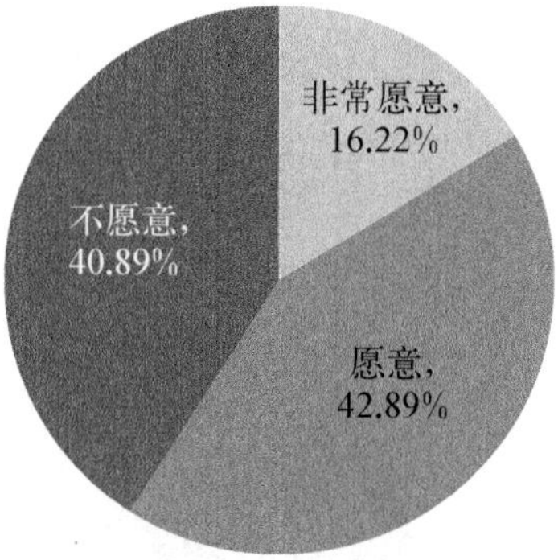

图 2－9　慈溪市民是否愿意提供信息给政府工作人员情况分析

(2) 公民在与政府互动时功利取向较为明显。如果公民出于自己内心的责任来与政府进行互动，那么政府与公民之间将能形成良好的互动回应关系，反之，如果公民出于某种功利的目的来与政府进行互动，那么这种功利心则很难维持政府与公民长期持久的互动回应关系。根据问卷调查，受访市民对“如果您参与公共事务的管理，您觉得最主要的原因是什么?”的回答中，仍然有 31.11%的市民选择“能带来一定的利益”，这项调查能够说明公民自身利益能否在与政府互动中实现对公民参与政府管理起着十分重要的作用(图 2－10)。通过对市民的问卷调查能够很好地说明这一问题，同样，在与慈溪市政府部门公务人员进行座谈时，他们也提到普通公民在与政府工作人员合作时的功利心态。

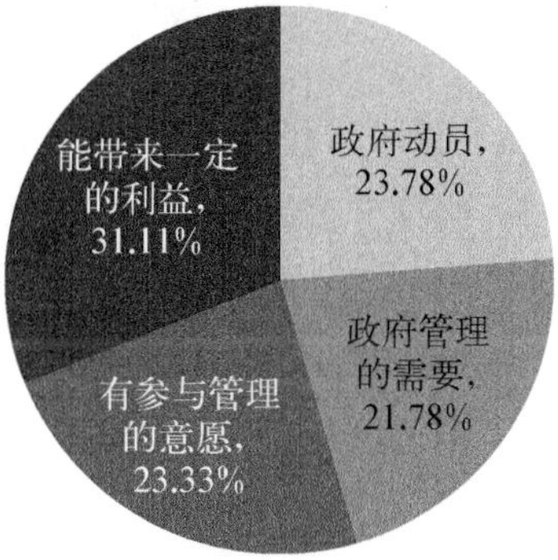

图 2－10　慈溪市民参与公共事务管理的原因分析

2) 政府自身问题分析

(1) 政府服务意识不强。政府工作人员服务意识不强，不能把自己放在与公民平等的位置，在实际行为中，就不可避免地表现为明显的官僚化作风。据调查所知，受访市民对“您认为下列哪些因素对您获取政府信息造成障碍?”的回答中，选择“行政命令发布信息的方式”选项的高达 42.22%。受访市民对“您认为政府与公民沟通交流有哪些障碍?”的回答中，选择“政府工作人员态度不好”选项的为 33.38%。受访市民对“您认为公民参与公共事务管理的障碍有哪些?”的回答中，选择“政府不够重视”选项的为 45.11%，选择“政府工作人员排斥公民参与管理”选项的为 33.11%，只有 10.22%和 11.56%的市民选择“部分公民消极参与的态度”和“公民普遍参与能力不高”选项(图 2－11)。

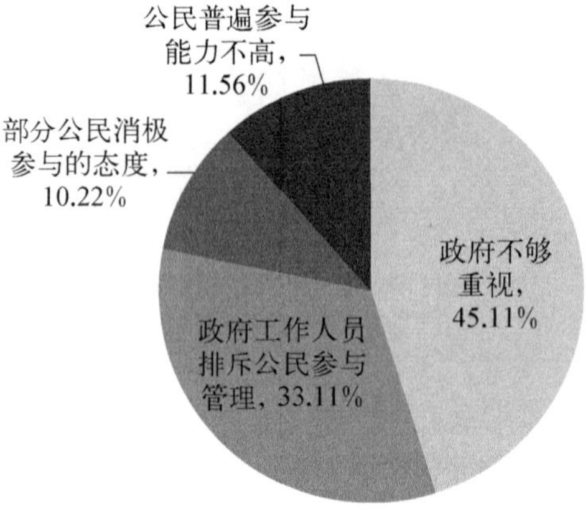

图 2－11　慈溪公民参与公共事务管理的障碍原因分析

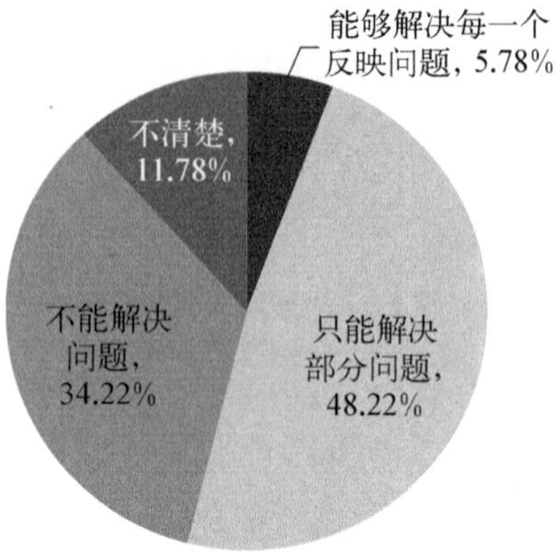

图 2－12　慈溪市政府能否解决公民所反映的问题分析

(2) 政府面临信任困境。政府不能得到公民的信任和支持也是政府与公民之间不能建立良好的互动回应关系的重要因素，政府公信力和执行力是联系在一起的，拥有好的执行力的政府也会受到公民的信任和称赞，并使公民满意，而同样能使公民满意的政府也是一个执行力高的政府。根据问卷调查，对“您认为政府能够解决你所反映的问题吗?”的回答中，选择“能够解决每一个反映问题”选项的受访市民只占 5.78%，选择“只能解决部分问题”选项的受访市民为 48.22%，选择“不能解决问题”和“不清楚”选项的受访市民分别为 34.22%和 11.78%，这说明很大部分公民对政府的执行力存有疑虑(图 2－12)。在对“您认为政府与公民沟通交流有哪些障碍?”的调查中，受访市民中有 65.80%认为“政府不能很好地解决问题”。

市长信箱、部门领导信箱和镇(街道)领导信箱是政民互动的重要平台，对于公民通过这一平台反映的问题，慈溪市政府工作人员回复督办的情况不仅可以看出慈溪市政府的执行力，更可以通过公民反馈情况看出政府公信力。

根据图 2－13，公民对政府部门各领导信箱回复督办的满意度并不理想，“不满意”和“很不满意”分别为 19.89%和 30.59%，由此可见，慈溪市政府的执行力并不令人乐观，这也直接导致政府公信力较为低下。

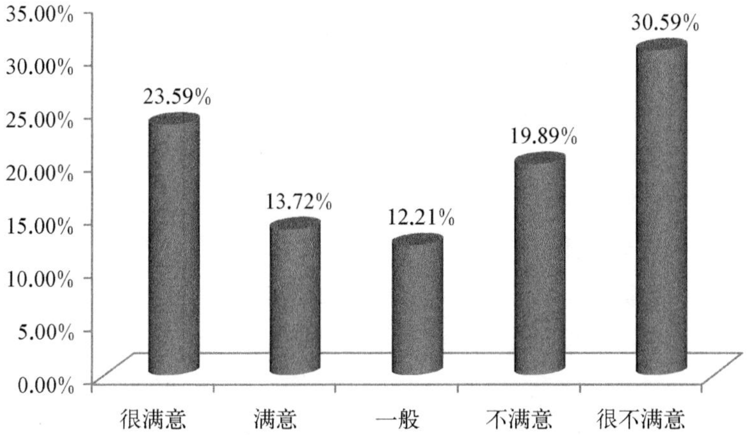

图 2－13　2015 年度慈溪市长信箱、部门和镇领导信箱反馈满意度情况

（资料来源：慈溪市信访局 2015 年度市长信箱、部门和镇领导信箱反馈满意度调查）

2. *互动回应实现内容问题分析*

1）信息互通现状问题分析

根据慈溪市政民互动回应现状满意度调查结果，政府信息公开和社情民意收集、处理和反馈两项指标满意度均不理想，其中社情民意收集、处理和反馈的满意度均值为 2.77 分，在所有指标中排名最后。经分析，慈溪市政府与公民信息互通现状存在的问题主要包括以下几个方面。

（1）信息公开质量不高。随着慈溪市依法行政能力和水平的提高，政府信息公开的深度和广度还有很大的拓展空间，但政府信息公开质量有待提高，政府信息发布和更新还不够及时、全面、充分。

（2）政策解读力度不够。慈溪市各部门各单位公开信息主要覆盖动态类信息，行政规范性文件缺少政策解读，这块工作慈溪市政府不够重视，但政府解读正是今后政府信息公开需要大大加强的重要方向。

（3）缺乏实质性内容。虽然政府对社会关切的回应也越来越重视，但许多回应缺乏实质性的内容和解释，没有真正解决公众质疑，并解决问题。因为公众的需求在不断提升，行政机关的公开工作与公众需求之间的契合还不够紧密。

（4）信息更新不够及时。某些平台的相关部门虽然都积极配合工作，并将历史企业政策文件都录入进来，但是部分单位未及时将新出台的企业政策文件发布到平台。信息更新时效性严重滞后，部门对信息公开工作也缺乏重视。

2）对话协商现状问题分析

根据慈溪市政民互动回应现状满意度调查结果，重大决策参与机制、政民互动服务平台建设、接待群众来访指标满意度均不理想，三项指标的满意度均值分别为 2.78 分、2.81 分、2.8 分。经分析，慈溪市政府与公民对话协商现状存在的问题主要包括以下几个方面。

(1) 政府决策权力有待进一步规范。一是部分领导干部依法决策意识不强，决策中往往随意性较大，影响了经济社会的可持续发展。二是行政决策的多方参与机制未实质性执行。法制审查力度不够，常常以领导拍板为主，法制审查只走流程，应付上级检查，所以对决策刚性约束低；专家论证缺乏独立性，易被操纵；重大决策民主程度低，公众参与略显不足。

(2) 政民互动平台缺乏实效。慈溪市政府尽管开辟了许多渠道，但调查结果表明，政府与公民进行对话协商的有效渠道仍然不多，部分市民反映，当自身利益遭受侵犯时，有时有投诉无门的感觉，说明政府提供给公民的对话协商的有效通道并不太多。根据问卷调查，受访市民对“你认为政府与公民沟通交流有哪些障碍?”的回答中，有 57.14%的公民认为“缺乏沟通渠道”。随着互联网及信息技术的兴起，网络已经成为政府与公民主要对话渠道，但普通公民对网络的依赖程度并不高。受访市民对“当你遇到问题时你会选择哪种方式与政府沟通交流?”的回答中，选择网络作为交流方式的只有 19.78%，30.44%的市民还是采用传统的电话和信件方式与政府交流，选择大众传媒和新媒体的公民有 17.33%，选择与政府工作人员直接面对面对话协商的是 32.45%。这说明政府若要提供与公民对话协商、沟通交流的有效通道，就需要了解公民的意愿，从而搭建有效的对话协商通道(图 2 - 14)。

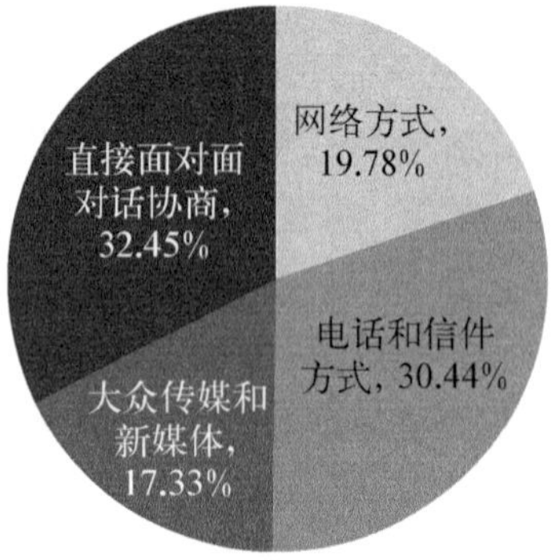

图 2 - 14　慈溪市公民遇到问题时与政府沟通交流的方式分析

(3) 回应群众诉求有待提升。据调查，市民对信访工作的诉求回应满意度很低，原因主要包括两个方面。一是沟通时效性较差。根据对信访局工作人员的访谈，公民到信访局上访，信访局工作人员大多没有职权或能力立即处理上访公民反映的问题，他们需要向上级部门或相关职能部门反映，上级部门最终可能还需向市领导汇报情况，这种层层上报的反应机制一方面保证了行政管理的秩序，但另一方面却降低了政府与公民对话的时效性。二是对话协商的方式不能对接。政府提供的对话协商平台大多以网络、电话等方式为主，而根据对慈溪市民的调查可知，特别涉及重大问题的事项，公民希望能通过与政府工作人员直接接触得到解决，但政府在这方面提供的渠道太少。另外，尽管现在网络比较发达，但公民想与政府对话协商的网络入口有时却并不令人满意，网页内容更新慢、政府工作人员和公民利用网络的意识较低等都构成了双方对话协商方式不能完全对接的困境。

3）参与互动现状问题分析

根据慈溪市政民互动回应现状满意度调查结果，网络问政平台、政务公开监督体系指标满意度偏低，满意度均值分别为2.82分、2.85分。经分析，参与互动现状存在的问题主要包括以下几个方面。

（1）网络问政平台建设有待加强。一是疏于回应。主要表现为网站信息更新不及时，对市民的来信和帖子不予理睬，疏于回应，不作为。二是敷衍回应。随便找些条文搪塞，或是以一些官方用词敷衍市民。三是粗暴回应。态度恶劣，甚至恐吓、威胁市民，压制事件。

（2）公民参与监督和管理的渠道较少。根据问卷调查，受访市民对“如果政府邀请您参与公共事务的管理，您的态度是?”的回答中，有54.22%的公民认为“会参与”，22.22%的公民认为“有上级指示和命令才会参与”，13.11%的公民认为“能带来自身利益的情况下才会参与”，而只有10.45%的公民选择“不会参与”(图2-15)。这说明大部分公民的参与意愿比较强烈，真正不愿意参与的公民并不多。但总体而言，公民参与监督和管理的渠道并不多，主要原因在于政府不够重视或排斥公民参与，故而不能提供更多公民参与平台或渠道。对“您认为参与公共事务管理的障碍有哪些”的调查中，63.78%的公民认为“政府工作人员排斥公民参与管理”。在与政府工作人员的访谈中获悉，普通公民因为能力水平有限，也就没有必要为公民提供更多的参与管理的渠道。

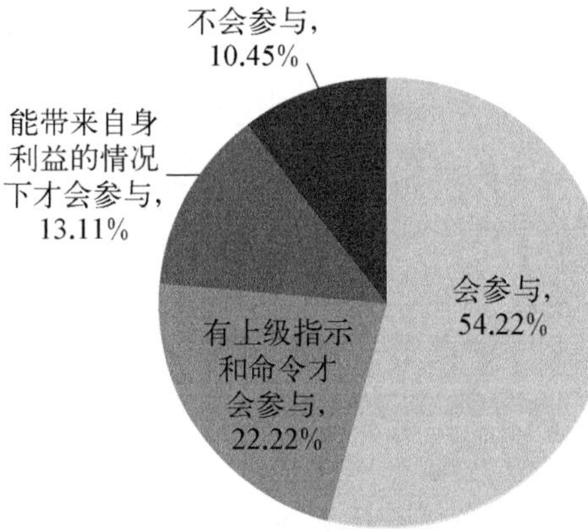

图2-15　慈溪市政府邀请公民参与公共事务管理的态度分析

（三）慈溪市政民互动回应存在问题的原因分析

1. 互动回应主体存在问题原因分析

（1）公民的知识水平能力素质有待提高。政府与公民之间要形成良好的互动回应关系，公民自身素质起着至关重要的作用，就目前慈溪市情况而言，尽管处于沿海发达地区，但部分公民特别是外来人口的知识水平和能力素质都有待提高。这主要表现在政府与公民互动大多以检举揭发、投诉举报等形式出现，很少有公民通过与政府互动提出建设性的意见或对策建议，哪怕是针对那些对自身有切身利益关系的重大项目和重大问题，也很难看到具有参考性的对策建议。以慈溪市领导信箱为例，2015 年度慈溪市领导信箱中建议类信件只有 10.12%，而投诉和举报则占到 44.45%。

公民知识水平和能力素质有待提高还表现在公民往往为了自身利益而不断越级上访、群体上访和异常访。2015 年度，尽管慈溪市信访工作呈现“三降”[信访总量、来访和市长信箱（网信）下降，且降幅明显]的良好态势，但仍然出现了 94 批共 2 895 人次的集体上访和 81 批共 820 人次的越级上访，市长信箱（网信）1 387 件，网上信访没有出现预期的高增长态势，市民仍然比较喜欢通过传统的走访和写信反映问题。

(2) 政府工作透明度不够高。由于政府工作透明度不高，致使公民的知情权、参与权等不能完全得到保障。近年来，慈溪市开放型政府建设的确取得了一定的成效，公民在一定范围内可以根据自己的需要了解相关政府信息，政府也会把重要的政策文件向全体公民公开。但是，政府工作透明度仍然不够，这主要表现在，出于信誉度和利益化考虑，政府工作还存在隐瞒和暗箱操作的现象。根据对部分市民的访谈，他们对政府工作存在抱怨，认为在一些重大工程招标、小区建设、征地工作等方面存在不公开和不规范的情况。有些政府工作部门办事公开的意识还是不够浓厚，该告知市民，让市民明白的事情，不告知，不公开，让市民蒙在鼓里，从而导致了市民与政府的隔膜，甚至对政府的不信任。

2. *互动回应实现内容存在问题原因分析*

1) 信息互通现状问题原因分析

(1) 政府信息公开制度尚未完善。正如美国学者 Connor 所说：“任何旨在预防和解决公共争议的措施的执行，其基础必然是拥有一个充分知情的公众群。”从政府信息公开的过程来看，慈溪市政府制定了公开前对政府信息审查制度，但公开信息后没有建立信息反馈制度，缺少公民对信息公开的效能评价。慈溪市政府部门没有对信息公开后公民的反映做出调查研究，特别是出现在政府门户网站上的政策法规、讲话文论等，没有注意公民对这方面信息的反馈意见。政民互动平台里有“信息公开意见箱”通道，但这一通道并没有起到应有的作用。

从公开内容上来看，有些内容的公开还缺少相应制度规定，如财政预算公开、审计公开等。慈溪市财政预算公开实践先行，但仍然缺乏完善的制度保障。从政府信息公开的制度形式看，有些公开制度形式还需要完善。早在2009年，慈溪市委办和市府办就联合出台了《新闻发言人制度》(慈党办〔2009〕62号)，对新闻发言人制度进行了比较明确的规定，但要针对实践层面中的各种问题，新闻发言人制度还需完善。慈溪市政府公示制度反映在各个层面，如慈溪市颁布《慈溪市党政领导干部任前公示制度实施办法》、慈溪市低调公示700名干部廉政情况、市政府还推行审计公示等，这些制度能够起到一定作用，但公示制度的规范运作仍然缺乏细节性的制度设计，也缺乏将公示制度扩展到其他领导的保障机制。

(2) 社情民意的收集、处理和反馈缺乏制度保障。一是社情民意的收集制度有待完善。据调查，慈溪市政府搭建了很多平台和建立了很多制度以保证政府对社情民意的了解，但还没有形成专门的社情民意收集网络。慈溪市农办为了解慈溪农村农民的情况建立了农村工作指导员制度，每年分批派遣大量农村工作指导员进驻农村，这些指导员深入接触市民，并写成《农村工作指导员驻村手记》，市农办的这种信息收集了解民意的模式在其他政府部门中还没有完全建立起来。二是社情民意的处理制度还有待改进。总体上说，社情民意的处理对两种情况有所忽视，第一种情况是公民反映的"芝麻小事"，第二种情况是可能危及政府自身利益或形象的大事。据上门访谈调查、市长电话和市长信箱反映上来的信息，对于重要的信息上报市领导，而对于不足为道的小事则不予理睬，这种情况不在少数。三是社情民意的反馈制度有待加强。社情民意的反馈包括两个方面，第一个方面是政府对社情民意处理情况的回访再观察，第二个方面是公民对社情民意处理情况的评价以及政府对这些评价做出的反应。慈溪市各级政府部门对相关情况处理后会进行回访，但没有形成制度，对一些细节性问题也没有考虑。更为重要的是，针对公民对社情民意处理情况的评价，政府部门不是很重视，这势必影响政府与公民之间的信息互通。

2) 对话协商现状问题原因分析

(1) 政府开放决策机制仍需完善。一是缺少专门的政策研究机构。政府公共政策的制定要保持其科学性，就需要进行专门调查研究，而慈溪市政府决策部门缺少单独的政策研究机构。其他政府部门也存在同样问题，甚至有些政府部门根本就没有政策研究的专门机构。二是政策制定中缺少公民的意见建议。慈溪市政府借鉴杭州市经验，实行"开放式决策"，在重大决策推出之前都要广纳社会各界人士的意见建议，决策过程采取全程开放的模式，尽管如此，政策制定中普通公民的意见建议仍然得不到重视。据调查，为保证“开放式决策”的顺利推进，慈溪市政府实施了听证制度，听证会中普通公民代表所占比例不大，并且普通公民所提意见和建议得不到足够重视。三是专家咨询制度需要改善。没有设立独立的专家咨询机构，政府对专家咨询会的重视程度不够，有时有点走过场的感觉；缺少专家咨询绩效考核和问责制度。

(2) 政府与公民对话机制仍需完善。一是政府与公民有效沟通机制有待完善。决策层特别是中高层决策者不可能有足够的时间和精力直接广泛地与公民接触，而他们下到基层或民间走访调查有时会受到当地基层政府的人为干扰和倾向性地安排，导致最终很难了解实情。慈溪市政府也制定了“市长与市民专题互动日”“市长接待日”等试图与公民零距离接触的措施。“市长接待日”每月16日一次，“市长与市民专题互动日”更是确保每年一次，政府与公民有效沟通的长效机制有待建立。二是信访工作机制有待完善。信访部门尤其是一些基层信访部门或依附于政府部门的信访科室，经常难以及时高效地处理公民所反映的问题。很多问题的解决需要职能部门甚至市领导的介入，信访部门(科室)的对话协商作用不明显，在很大程度上流于形式。据信访局工作人员介绍，近年来集体访、越级访甚至是上京访的发生率居高不下，这就能够很好地说明同级信访部门不能有效地解决问题。三是行政争议化解机制尚不健全。行政争议案件多涉及一些历史性、体制性矛盾，化解难度大。行政争议发生后，作为争议当事方的行政机关占有主动，可以及时回应诉求、化解争议，但往往因为部分行政机关或其工作人员未及时介入纠纷，失去化解争议的最好时机。司法调解、行政调解、人民调解、行业调解等是目前慈溪市调处行政争议的主要手段，但此类手段间的相互衔接和转换缺少机制和体制保障，降低了调解效率。

3) 参与互动现状问题原因分析

(1) 网络问政长效机制有待建立。网络问政的长效机制，是一套保证网络问政工作长期、正常运行并能够发挥预期功能的制度体系。只有建立网络问政的长效机制，方能实现网络问政在促进政民良性互动、推进中国民主政治中的作用与价值。就慈溪而言，目前网站、微博、微信等问政平台已逐步探索建立，但网络安全和信息化管理运行体制缺失，各镇(街道)和市级部门建立网络舆论引导处置平台参差不齐，“民 e 通”慈溪网络民生服务平台运行水平有待提升，网上舆情监测监看、研判报送，做到重大舆情早发现、早报告、早处置有待进一步加强。

(2) 参与机制有待完善。当前,公民参与监督、参与管理流于形式,相关机制并未有效建立,还存在如下问题:一是公民参与监督和管理缺乏组织整合。据调查,慈溪市除了"和谐促进会"这一正式的公民参与管理模式外,公民的其他参与形式大都以辅助的角色出现,比如,"城管义工""交通协管员"等。这些参与属于志愿的形式,政府相关部门并不具备对其的强制能力,这就使得参与监督和管理的公民随意性较大,公民参与缺乏组织整合。二是公民参与监督和管理缺乏法律法规支持。当然,对于传统参与监督和管理渠道,如公民通过人大政协参与监督,市政府乃至国家层面都有相应法律规定,但对于新兴的监督管理形式,如"人肉搜索",市政府缺乏相应法律规范。对于慈溪市公民参与的创新机制,更是缺少法律依据,如"和谐促进会"。慈溪市在全市所有村(社区)都建立了"和谐促进会",尽管每个村(社区)都制定了相应的规则,但法律上并没有依据。三是公民参与监督和管理存有许多模糊性问题。根据对慈溪市民的访谈,发现他们大多对公众参与的概念不清,程序也不明,参与方式及参与范围都不是太清楚,这一方面除了政府在公民参与方面缺少制度设计外,另一方面也表明政府缺少对公民参与的宣传和培训。

六、构建政民互动回应机制建议

本文通过对慈溪市政民互动回应情况的调查分析,了解到慈溪市政民互动回应现状,发现了慈溪市政互动回应中存在的问题。结合政民互动回应的实现内容和结构模型,本部分对构建政民互动回应机制进行探索,提出构建慈溪市政民互动回应机制的建议举措。

从慈溪市政府与公民互动回应的现状和问题看,尽管慈溪市作为我国沿海经济较为发达的城市,在政府与公民互动回应方面取得了一定成效,但要真正实现良好的互动回应关系并形成长效机制,不是一蹴而就的事情,它需要政府和公民自身素质的不断提高,更需要慈溪市社会、经济、政治、文化等外部环境的跟进。因此,政府必须转变理念,构建政民互动回应机制,将打造政府与公民良好的互动回应关系作为一项长期的重大战略,这是新常态下政府管理创新的必然要求。

(一) 提升互动回应的主体素质

公民和政府是互动回应的两大主体,这两大主体的态度、意识、素质等对互动回应产生重大影响，因此，构建政府与公民良好互动回应关系应首先提升互动回应两大主体的素质。

1. 转变政府的价值观念

传统的行政管理模式比较强调地方政府的权力意识、管制职能和秘密行政，其价值观念建立在以政府为中心、以管理效率为中心的心理与体制定位基础上，政府与公众之间是一种“管制—服从”关系。要构建政府与公民良好的互动回应就需要转变原有的价值观念使政府与公众之间形成“服务—协商”关系，“其最终目的在于确保政府对公民偏好和需求的回应”。一是抑制权力意识，树立责任理念。慈溪市政府官员要改变官本位思想和权力意识，树立对公民负责的价值理念，建立责任型政府。只有建立在责任价值之上的政府才会积极回应公民的意愿和诉求，才会主动地了解社情民意，也才会与公民形成实质上的互动回应关系。二是杜绝官僚作风，增强服务观念。政府要积极寻求政府职能的转变，从原有计划经济时代的管制型政府向现代公共服务型政府转变；政府官员要杜绝官僚作风，树立服务于公民的价值理念，从而真正建立服务型政府。三是抛弃秘密行政，保有开放心态。政府要抛弃传统行政管理模式中残留下来的秘密行政的价值观念，政府官员以一种开放的心态面对公民，接受公民的监督，直面公民的质疑，保障公民的知情权利，建立开放型政府。

2. 提升公民的内在素质

公民的内在素质主要包括权利意识、参与精神、知识水平及能力素质等，公民的这些内在素质对于互动回应关系的形成起着重要作用。传统行政管理模式下，公民普遍缺乏权利意识、参与精神，同时又受经济条件、政治环境、社会文化环境等因素的影响，公民的知识文化水平和能力素质参差不齐。构建政府与公民良好的互动回应关系需要提升公民的内在素质。一是抛弃服从观念，培养权利意识。调查显示，慈溪市公民中仍然存在消极服从的心理，权利意识不强，这势必妨碍与政府间的互动回应。实现政府与公民的互动回应，需要抛弃服从心理，培养公民的权利意识。二是消除冷漠心态，倡导参与精神。政府与公民互动回应局面的形成离不开公民的积极参与，公民没有参与精神，态度冷漠，是阻碍互动回应的主要因素之一。近些年来，慈溪市公民参与公共事务的积极性不断增长，但仍然有待提高，慈溪市政府应该积极引导公民正常有序参与公共事务。三是提高能力素质。公民自身能力素质的高低直接决定了与政府互动回应的水平，慈溪市政府应该根据本市范围内的实际情况，制定政策，提供平台，从而全方位地提高公民的能力素质。

（二）把握互动回应的内容方向

信息互通、对话协商和参与互动是政民互动回应的三个基本内容，构建政民互动回应机制需要认清互动回应的基本内容，同时还需要把握互动回应的发展方向。

1. 认清互动回应的基本内容

如若简单领会政府与公民互动回应的基本内涵，很容易使人理解为公民和政府在行动上的一种相互关系。但是，根据本研究，政府与公民的互动回应应该从信息互通、对话协商和参与互动三个层面上理解，因此，在公共行政实践中，构建政府与公民良好的互动回应关系不仅从行动上进行，而且要从信息和对话层面进行。

对于慈溪市政府而言，构建政民互动回应机制要认清互动回应的基本内容。首先，构建政府与公民的“信息通道”。慈溪市政府抓好全市的信息公开工作，一方面坚持“公开为原则、不公开为例外”原则，提供平台和机制，做好政府信息公开工作；另一方面通过各种渠道收集社情民意。慈溪市政府应该把信息互通作为所有工作的出发点和立足点，从而为慈溪市政府与公民间形成良好的互动回应关系奠定基础。其次，构建政府与公民的“对话通道”。慈溪市政府转变工作作风，建立与公民对话协商、沟通交流的长效机制。一方面慈溪市政府在决策时要主动听取公民及专家建议；另一方面慈溪市政府应就公民反映的问题积极开展与公民的对话协商。最后，构建政府与公民的“参与通道”。慈溪市政府转变原有行政管理模式，积极鼓励和引导公民参与监督和管理，从而与公民形成参与互动的局面。

2. 把握互动回应的发展方向

研究表明，传统官僚制下的政民存在着互动回应关系，但那不是良好的互动回应，新公共管理下的政民也存在着互动回应关系，那同样不是良好的互动回应。良好的互动回应关系是政民互动回应的发展方向，现代公共行政应该坚持这一发展方向。

构建政民互动回应机制，需要重点把握互动回应的发展方向。首先，把握互动回应的政治方向。慈溪市政府和公民要坚持社会主义的发展道路，努力发展以和谐社会为目标的互动回应关系。其次，把握互动回应的道德方向。慈溪市政府和公民要坚持正确的道德观念，抛弃功利的道德观，努力发展以社会主义道德为目标的互动回应关系。最后，把握互动回应的法律方向。良好的互动回应关系一定建立在法律规范基础上，脱离法律规范而进行的互动回应有损政府的形象，有损公民的利益，因此，慈溪市政府在保证政府人员依法办事、依法互动的同时，也要积极引导公民依法与政府展开互动。

3. 寻求互动回应的环境支持

政府与公民之间互动回应关系受外部宏观环境的影响，构建政民互动回应机制，需要积极改善互动回应的外部环境，使之朝着有利于政府与公民互动回应的方向发展。作为沿海经济较为发达的城市，慈溪市在技术、政治、经济、社会、文化、法律等外部环境方面为政府与公民之间形成良好的互动回应关系提供了重要支持，但仍然存在改进的空间。

1）技术环境

构建政民互动回应机制需要借助一定的技术手段，慈溪市政府应充分利用现有的技术条件为政府与公民的互动回应提供平台。根据调查，慈溪市公民和政府通过政府门户网站及其他电子政务平台进行了有效互动，但慈溪市政府与公民互动回应的技术环境还有待改善。一是要积极研发、学习和引进先进技术，占据技术环境的制高点；二是对于新兴技术手段，要充分利用，发挥其互动回应的作用；三是对于传统技术手段，如宣传栏、电视广播等，也要充分合理利用。

2）政治环境

政治环境对政民互动回应机制构建起着重要影响，慈溪市应为政府与公民的互动回应提供良好的政治环境。一是积极营造开放透明阳光的政治环境，成为政府与公民之间有效互动回应的保障；二是积极引导公民有序参与，从而营造参与型政治环境；三是抛弃传统计划经济时代的管制—服从型政治环境，发展现代公共行政的服务—协商型政治环境。

3）经济环境

经济环境也极大地制约着政府与公民的互动回应，慈溪市应为政府与公民的良性互动提供有利的经济环境。一是提高慈溪市经济发展水平，改善广大公民的生活，这将大大促进互动回应的良性发展；二是加快慈溪市市场经济体制机制建设，这将对互动回应体制机制建设提供重要支持；三是调整慈溪市产业结构，改善慈溪市劳动力状况，特别是新形势下，慈溪市面临流动人口的压力，就更需要改善经济环境，使新老市民都能与政府形成互动回应的良好关系。

4）社会环境

社会环境对政府与公民的互动回应产生重要影响，慈溪市应该改善社会环境，从而为政府与公民的互动回应提供帮助。一是改变原有行政主导的管理方式，大力发展社会组织和其他社会力量，提高社会发展水平；二是积极引导慈溪市本土社会风俗和习惯，使之朝着有利于互动回应的方向发展；三是关注慈溪市人口素质和结构变化趋势，普遍提高人口素质的同时，注意慈溪市人口老龄化倾向。

5）文化环境

文化是一种软实力，文化环境无疑为政府与公民的互动回应提供了一种“软基础”，慈溪市应该培育有利于政府与公民互动回应的文化环境。一是制定有利于互动回应的伦理道德规范，从而培育公民良好的伦理道德观念；二是引导公民树立社会主义价值观和人生观；三是充分利用文化舆论，坚持正确的文化方向。

6）法律环境

法律环境对政府与公民的互动回应起着规制作用，慈溪市应该营造有利于政府与公民互动回应的法律环境。一是加强慈溪市各个领域的法律规范建设，一方面要求政府依法行政，另一方面提高公民的法制观念，增强公民依法行动的意识；二是重点加强政民互动回应方面的立法工作，使公民和政府能够在互动回应过程中有法可依，从而直接规范公民和政府行为。

（三）创新互动回应通道和机制

通道和机制建设是形成良好的政府与公民互动回应关系的根本，慈溪市政府一向重视互动回应的通道与机制建设，政府门户网站的政民互动平台、公示制度、听证制度、专家咨询制度、市长接待日、义务监督员工作机制等，这些通道和机制对于慈溪市政府与公民互动回应关系的建立起着重大作用。在新常态下，政府与公民的互动回应面临着新情况、新问题。如如何加强流动人口与本地政府互动回应，如何利用先进信息技术为互动回应提供便利等，这些新问题的解决需要不断创新互动回应的通道与机制。

1. 创新信息互通通道与机制

慈溪市构建政府与公民信息互通通道与机制面临一些新问题，这主要表现在：一是公民对政府信息公开及透明政府、阳光政府的呼声越来越高，而政府信息公开及阳光政府的现有建设力度远不能满足公民的要求；二是慈溪社会中存在大量影响着社会发展和建设的新信息，这些信息需要政府创新通道和机制才能获取。因此，为了保证政府与公民之间的信息畅通，慈溪市政府需要不断创新信息互通通道与机制。创新信息互通通道与机制的主要建议有以下几个方面。

(1) 畅通信息互动通道。一是及时更新信息。信息陈旧是信息通道受到阻碍的重要因素。政府门户网站、互动平台、公告栏、社区宣传窗口等是政府信息公开的主要平台,政府应该全方位更新政府信息。二是即时掌握市民的信息需求。不同地区、不同年龄、不同性别等不同类型的市民对政府信息的需求会有所不同,政府信息公开时要注意到市民的信息需求,针对不同类型的市民,政府信息公开时要区别运用不同方式和手段。如对于文化程度较高、网络依赖程度较高的市民,政府可以充分利用互联网为市民提供信息消费,而对于地处偏远乡村的农民,政府可以充分利用广播电视等传统方式发布信息。三是加强信息解释与宣传。随着现代社会分工越来越细化,信息的专业化越来越明显,部分信息普通市民理解起来有一定难度,政府应该承担信息解释和宣传的主体。四是积极引导大众传媒导向。广播电视、报纸杂志等大众传媒是信息的重要聚集地,政府应该积极引导大众传媒的宣传倾向,使其不至于混淆视听,遮蔽市民的判断。

(2) 健全信息公开制度。一是进一步加强有关信息公开各项法律法规及其制度建设。在贯彻落实国务院颁布的各项条例基础上,慈溪市政府根据本地实际也相应制定了多项制度进一步规范政府信息公开工作,但政府信息公开法律法规及制度层面有进一步完善的空间。二是加强政府信息公开的基础性工作。加强新闻媒体宣传,提高市民对政府信息的知晓率;加强政府信息公开人员的学习和培训,不断提高信息公开的质量和水平;加大政府信息公开平台的建设力度,充实完善政府网站、社区公告栏等的信息服务专栏;完善政府信息公开的绩效评估工作,促进政府信息公开的持续发展。

(3) 完善社情民意制度。一是完善社情民意的收集反映制度。这包括政府收集社情民意和市民反映社情民意两块内容,围绕两块内容,政府着力做好制度建设工作。如各政府部门可以尝试配备专职信息员下到基层收集信息,了解基层群众动向,及时化解社会矛盾。又如,建立市、镇、村、组四级信息收集网络、专设社情民意记录本、建立各层干部定期下访制度等。二是完善社情民意的处理制度。社情民意的处理需要注意两种情况,一种情况是要完善对市民信访"芝麻小事"的处理制度,对于部分政府工作人员主观忽视信访小事的问题,政府应该注意政策规范;另一种是要完善对市民重大信访事件的处理制度,事关政府形象和执行力的信访大事,政府不应回避,应该制定相应制度加以规范解决。三是完善社情民意的反馈评估制度。如何提高市民满意度,是政府当局需要面对的重要课题。政府应该出台社情民意处理情况的评估指标体系,加强社情民意处理情况的评估制度建设。

2. 创新对话协商通道与机制

慈溪市构建政府与公民对话协商通道与机制面临一些新问题，这主要表现在，一是政府决策的科学合理问题。随着社会的发展，政府时刻面临重大的决策困境，事实证明，传统的决策方式已经不符合政府治理的需要，与公民对话协商，有利于提高决策的科学合理性和前瞻性。二是经济与社会发展不协调问题。慈溪市作为经济较为发达的城市，经济发展水平在近些年来有较大提高，但社会发展水平相对滞后，社会矛盾较为突出。三是流动人口与本地政府之间有效对话协商的问题。大量的流动人口产生了大量的社会问题，如何促使外来人口与本地政府进行沟通协商，是一个重要的课题。慈溪市政府应该充分认清这些新情况新问题，不断创新对话协商通道与机制。创新对话协商通道与机制的主要建议有以下几个方面。

(1) 畅通对话协商通道。一是增强双方对话协商的时效性。政府能够及时与有诉求的市民对话协商，是取得市民信任和提高市民满意度的重要因素。特别是那些久而未决的重大信访案件，若能及时与市民进行对话协商解决，便会收到很好的效果。二是及时了解市民的对话诉求。不同类型的市民有不同的对话诉求，政府应该充分了解和理解市民的诉求，在此基础上，政府工作人员还应当智慧地选择不同的对话协商方式和手段。三是改变政府的高傲心态，平等与市民对话协商。现代公共行政的基本价值理念是以公民为中心而不是以管理者中心，政府在进行管理活动过程中要具有平等的心态，保持与普通公民平等的地位。

(2) 实现零距离沟通常态化。构建市民与政府之间良性对话协商关系的关键在于实现政府与市民零距离。根据对政府工作人员的访谈，他们认为当政府官员面对面与有问题诉求的市民沟通时，市民大都愿意持积极的态度解决问题，并能理解政府的难处。因此，政府与市民零距离不仅有利于二者融洽关系，更有利解决问题。实现政府与市民零距离的主要做法有，一是充分利用电子政务平台，构建政府与市民之间虚拟零距离；二是政府管理结构扁平化，使更多政府工作人员零距离接触市民；三是对于市民的来信来电来访，政府部门领导及时回应，必要时事必恭亲。

(3) 改革信访工作机制。一是推进信访部门职权改革。信访工作具有极端重要性，目前信访部门职权偏小，严重阻碍信访问题解决的效率。慈溪市信访局和其他政府部门的信访科室同样面临这样的两难困境，据政府工作人员介绍，大部分信访问题需要其他职能部门处理，他们没有相应职权。因此，适当扩大信访部门职权，就可以缓解其他职能部门的压力，也可以提高问题解决的效率。二是开辟多元信访渠道。信访渠道单一、市民不能将他们的诉求顺畅地与政府沟通，这是市民与政府关系对立的主要障碍。开辟多元信访渠道，可以有效地畅通市民与政府之间的关系。三是促使职能部门无缝联接。市民的信访诉求大多经过信访部门再转到上级领导或其他职能部门，信访问题的解决，信访部门并不占主导地位，而是上级政府部门或其他职能部门加以解决。因此，职能部门之间要打破原有的部门壁垒，协同解决信访问题。

3. 创新参与互动通道与机制

慈溪市构建政民参与互动通道与机制面临一些新问题，这主要表现在，一是政府管理的民主化、合法化问题。传统官僚制下政府全面管控的局面势必面临合法性困境，而现代公共行政则日益要求民主化、合法化。二是流动人口的管理问题。资料显示，慈溪市流动人口与本地人口比例接近 1∶1，庞大的外人口数量势必会带来外来人口的管理难题。三是公民对腐败问题的深恶痛绝，积极主张要求参与监督。四是公共危机事件、群体性事件频出，政府必须积极主动回应解决公民的诉求。慈溪市政府应该充分认清这些新情况新问题，不断创新参与互动通道与机制。

(1) 拓展参与互动通道。一是政府和市民都要转变观念。一方面政府公务人员应该重视和积极接纳市民参与监督和管理；另一方面市民要抛弃参与的消极态度和对政府的不信任心态。二是发挥大众媒体、社会组织和市场的作用，充分利用新媒体、民间组织和市场空间，开辟市民参与新兴渠道。发展社会组织和民间团体可以融洽政民关系；市场充满竞争有活力，沿海发达地区的政府应充分利用市场力量拓展市民参与渠道。三是建立健全的参与制度和机制。加强市民参与的组织整合。改变市民“零星”参与、无序参与及提升参与市民的角色地位，就需要对市民参与进行组织整合。

(2) 改进公共服务。一是培养政府公务人员服务市民的价值理念，服务而不是管理或管制。要进一步转变政府理念，培养服务意识。要构建市民与政府之间良好的参与互动关系，就需要所有政府公务人员完全转变价值理念，公务人员的所有行动都不可能是对市民的管理(管制)行动，而是服务于市民的行动，只有这样，政府公务人员才有可能从根本上改变行政作风。二是开辟多元服务渠道，优化政府服务平台。改变现有大多依靠网络提高服务水平的单一模式，充分利用多种渠道为市民服务；改变原有单一行政审批服务模式，大力提高各个领域的服务水平；改变原有政府单一服务模式，发展社会组织、民间团体、市场等多元服务机制。

(3) 完善协同管理机制。一是扩大协同管理领域。慈溪市政府利用电子政务平台开展协同管理，取得了相当成效，但仍然存在“信息孤岛”“业务孤岛”和“机构孤岛”。因此，慈溪市应该扩大协同管理领域，打破“孤岛效应”。二是拓展协同管理主体。加强政府部门与社会组织、民间团体、市场主体、公众个人等之间构筑的网状联系。三是发展“和谐促进会”。慈溪市政府要以“和谐促进会”为契机，以创新的理念推动社会管理，多方位发展社会管理模式。继续加强政府的积极引导和扶持，继续加强新型社会管理模式的法律法规及制度建设，继续寻求社会管理的创新机制。

七、结论与展望

下面主要对全文进行简要的总结和概括，得出研究结论，分析研究中存在的主要不足，并指出进一步研究的方向和展望。

（一）结论

构建政民互动回应机制是政府的创新方向和发展要求，它事关政府治理的科学化、民主化和合法化，也事关整个社会稳定和经济发展。本文首先通过理论文献综述，解析了政民互动回应的相关概念和理论基础、国内研究现状述评及国外研究现状概述等内容，建立了理论架构。然后介绍政民互动回应的基本模型，并根据模型对慈溪市政民互动回应的实现情况进行分析归类。编制慈溪市政民互动回应现状和满意度调查，获得了相关研究数据，并通过数据了解分析了慈溪市政民互动回应现状、存在的问题及产生问题的根源。最后，提出了构建政民互动回应机制的对策建议，这对慈溪市政府与公民之间建立良好的互动回应关系无疑具有十分重要的理论意义和现实价值。

(1) 构建政民互动回应机制是我国政府执政的创新方向，也是现代政治的发展要求。构建政民互动回应机制，顺应时代发展的现实要求，符合慈溪市作为沿海开放城市发展的实际特点。理论研究表明，现代政治和政府治理的方向就是为了在政府与公民之间建立良好的互动回应关系，政府把握住了政府与公民互动回应的建设重点，就把握住了现代政治的发展方向，也就把握住了社会主义和谐社会建设的大局。

(2) 建立政府与公民之间良好的互动回应关系是一项复杂的系统工程，通道和机制建设也许为政府与公民的互动回应提供了最大的便利，但仅此远远不够，良好的互动回应还需要其他东西。研究表明，政府与公民的互动回应由信息互通、对话协商和参与互动三个基本内容组成，它的良性发展同时又受主体素质、外部环境、内部通道与机制等因素的影响。因此，构建政民互动回应机制需要全方位进行，这主要包括提升互动回应主体的素质、把握互动回应的内容方向、寻求互动回应的环境支持和创新互动回应通道机制。这也是所有地方政府建立政府与公民之间良好互动回应关系的普遍经验。

(3) 政策措施的好坏直接影响着政民互动回应的实现，通道机制等政策措施的实施情况应成为政府建立政民之间良好互动回应关系关注的焦点。慈溪市的实地调查研究表明，现有政策措施的实施并没有达到完全理想的效果，有些政策需要进一步完善，有些政策需要重新考虑和调整。近些年来，由于我国经济和社会发展出现了较为严重的不协调状况，社会中存在大量突出的问题和矛盾，这就更需要不断创新政府与公民互动回应通道与机制，从而保证政府与公民互动回应关系的良性发展。

（二）展望

政府与公民互动回应问题的研究是一个全新的课题，需要研究者们在实践中不断深化认识，转变视角。政府与公民的互动回应问题也是政治学、行政管理学和公共政策学等学科领域的一个永恒话题，本文通过对政民互动回应理论阐述和对慈溪市政民互动回应的现状和满意度的实证调查分析，寻找出了作为东部沿海发达地区的慈溪市政民互动回应实现情况存在的问题及其原因，并提出了构建政民互动回应机制的建议举措，为慈溪市转变政府职能、创新政府管理提供了参考，也为研究政民互动回应长效机制提供了参考样本。

但是，在总结研究成果的同时，笔者也清楚地认识到由于种种原因，本文研究还存在着一些不足之处，还有些问题有待于进一步深入，比如国内外先发地区政民互动回应的经验在文中没有涉及，比如在大数据时代如何发挥大数据在政民互动回应中的作用也没有进行研究。这些问题都有待于进一步深入研究。

参考文献

[1] CONNOR D M. A new ladder of citizen participation[J]. National Civic Review, 1988 (77): 250.

[2] DUNN DELMER D, JEROME S LEGGE JR. U.S. Local government managers and the complexity of responsibility and accountability in democratic governance[J]. Journal of Public Administration Research and Theory, 2000(1): 75.
[3] JRAMON GIL-GARCIA, IGNACIO MARTINEZ-MOYANO. Understanding the evolution of E-government: The influence of systems of rules on public sector dynamics [J]. Government Information Quarterly, 2007, 24(2): 266 - 290.
[4] M KUBU. Migration of government information products to the Internet Portal[J]. Libraries and the Academy, 2003(3): 46 - 50.
[5] MORRIS. Institutions, policy innovation, and E-Government in the American States [J]. Public Administration Review, 2008(3): 20 - 21.
[6] NOELLE-NEUMANN. Twitter in government: Building relationships one tweet at a Time[J]. Washington, DC: IEEE, 2010, (12): 563 - 567.
[7] PIA MAREONI. Public administration reform and government responsiveness to citizens in Italy[M]. Italy: Public Management Service, 1997.
[8] SHERRY ARNSTEIN. A ladder of citizen participation[J]. Journal of the American Institute of Planners, 1969 (4): 216 - 224.
[9] 陈宝成.中国政府网：政府与公众互动的新平台[R].北京：北京大学法学院，2007.
[10] 陈水秘.政府回应的理论分析与启迪[J].地方政府管理 2000(1)：2 - 5.
[11] 陈艳.我国政府回应现状与对策研究[D].南京：南京师范大学，2012.
[12] 褚松燕.我国公民参与的制度环境分析[J].上海行政学院学报，2009(1)：10 - 12.
[13] 戴维·奥斯本，特德·盖布勒.改革政府：企业精神如何改革着公营部门[M]，上海：上海译文出版社，1996.
[14] 盖伊·彼得斯.政府未来的治理模式[M].北京：中国人民大学出版社，2001.
[15] 格罗弗·斯塔林.公共部门管理[M].上海：上海译文出版社，2003.
[16] 何祖坤.关注政府回应[J].中国行政管理，2000(7)：9 - 10.
[17] 黄乔松."和合公共管理"视野下的政府回应问题研究[D].福州：福建师范大学，2007.
[18] 黄小勇.行政的正义——兼对"回应性"概念的阐释[J].中国行政管理，2000(12)：53 - 56.
[19] 简·莱恩.新公共管理[M].北京：中国青年出版社，2004.
[20] 拉塞尔·林登.无缝隙政府：公共部门再造指南[M].北京：中国人民大学出版社，2002.
[21] 李大勇.信息公开与公众参与关系之透视[J].中共福建省委党校学报，2011(10)：56 - 61.
[22] 李倩倩.对责任政府与公民参与理念的思考[J].南京医科大学学报(社会科学版)，2005(1)：21 - 24.
[23] 李述章，龙双喜.从善治的视角强化政府回应[J].行政与法(吉林省行政学院学报)，2005(11)：19 - 21.
[24] 李伟权.政府回应论[M].北京：中国社会科学出版社，2005.
[25] 李振宇，胡宝元.辽宁公众参与生态综合考评机制研究[J].辽宁工业大学学报(社会科学版)，2014(6)：13 - 16.

[26] 梁华平.我国当前公众参与公共行政的几点思考[J].红河学院学报,2010,8(6): 47-49.
[27] 刘畅.浅谈真正的公众参与[J].商业经济,2011(19): 23.
[28] 刘英杰,陈智富,莫荣旭.公共管理中的公众参与问题[J].知识窗(教师版),2013(10): 23-33.
[29] 刘智城,秦韩生,朱春艳.论政府回应机制建设的历程、问题及改进思路[J].法制与社会,2010(10): 149-150.
[30] 刘子洋.我国政府回应能力有效提升的路径研究[D].重庆: 重庆大学,2013.
[31] 卢坤建.回应型政府: 理论基础、内涵与特征[J].学术研究,2009(7): 66-70.
[32] 孟令梅.试论信息时代政府再造与电子政务之关系[J].国家行政学院学报,2005(1): 1-3.
[33] 欧文・休斯.公共管理导论[M].北京: 中国人民大学出版社,2002.
[34] 祁光华.基于政府回应的公务员能力模型[J].中国行政管理,2008(5): 115-118.
[35] 冉忠涛.政府网站网上公众参与的实践与思考[J].电子政务.2010(Z1): 187-191.
[36] 宋晓,徐运涛.关于解决电子政务条块分割问题的几点设想[J].科技创业月刊,2007(4): 21-22.
[37] 谭亦玲.政府回应性同民主政治的关系研究[D].广州: 华南师范大学,2005.
[38] 万玲,何华兵.公众参与基本公共服务均等化的制度设计[J].云南行政学院学报,2013(03): 112-114.
[39] 王巍.论"政府回应"的内涵和主导模式转型[J].探索,2005(1): 56-60.
[40] 王锡锌.公众参与: 参与式民主的理论想象及制度实践[J].政治与法律,2008,7(6): 7-8.
[41] 吴刚.韩国创建服务型政府的经验借鉴[J].山东经济战略研究,2005(Z1): 46-48.
[42] 吴鹏,苏新宁.政府信息资源共享环境中的电子协作支持模式[J].情报科学,2004(6): 7-26.
[43] 徐智晨.论政府回应的理论依据、现状以及改进思路[J].理论界,2008(7): 31-32.
[44] 杨冰之.当前电子政务主要问题与思考[J].信息化建设,2007(10): 24-25.
[45] 杨晓艳.地方政府回应研究[D].上海: 上海交通大学,2009.
[46] 游海疆.政府回应的主导模式转型与实践阙如[J].重庆社会科学,2006(12): 104-108.
[47] 俞可平.全球治理引论[J].马克思主义与现实,2002(1): 20-32.
[48] 俞可平.治理与善治[M].北京: 社会科学文献出版社,2000.
[49] 俞可平.治理与善治引论[M]//俞可平.治理与善治.北京: 科学文献出版社,2000.
[50] 詹姆斯.N.罗西瑙.没有政府的治理[M].南昌: 江西人民出版社,2001.
[51] 张峰.试论增进我国政治回应制度建设[J].求实,2005(9): 70-72.
[52] 张铁军.公共管理中的公众参与问题研究[J].中共山西省直机关党校学报,2009(2): 31-33.
[53] 张向生.服务行政视野下我国政府回应研究[D].成都: 电子科技大学,2010.
[54] 珍妮特・登哈特,罗伯特・登哈特.新公共服务[M].北京: 中国人民大学出版社,2004.
[55] 郑文静.论政府回应的公众环境[J].理论探索 2001(2): 55-58.
[56] 智贤.GOVERNANCE: 现代"治道"新概念[M].北京: 三联书店,1995.

[57] 周安娜.建设政府门户网站全面深化电子政务[J].科技广场,2009(6):64.
[58] 周建国,魏强,张丽.社会管理创新中的公众参与——一项基于江苏、云南两省的调查研究[J].学术论坛,2016,38(1):96-100.
[59] 朱纯华.基于新公共服务理论的政府治理模式变革[J].黑龙江对外经贸,2008(11):136-137.
[60] 朱希铎.电子政务的新阶段[J].中国信息界,2004(02):17-18.
[61] 邹生.电子政务资源整合与电子政务畅通工程[J].电子政务,2007(8):19-23.

附录　慈溪市政民互动回应现状和满意度调查问卷

尊敬的市民：

您好！

非常感谢您参加此次问卷调查！为了更好地了解慈溪市政府与市民互动回应现状和问题，本次调查特意设计了此份问卷并实施调查，恳请您积极配合，认真客观的填写。再次深表感谢！

问卷均为单选题，请将您的答案填在括号内。

一、您的基本情况

1. 您的性别？（　　）

A. 男

B. 女

2. 您的年龄？（　　）

A. 25 岁及以下

B. 26～35 岁

C. 36～45 岁

D. 46 岁及以上

3. 您的学历？（　　）

A. 初中及以下

B. 高中(中专)

C. 大专

D. 大学本科

E. 研究生及以上

4. 您的职业？（　　）

A. 机关事业单位人员

B. 企业人员

C. 个体经营者

D. 学生

E. 离退休人员

F. 其他

5. 您的婚姻状况？（　　）

A. 已婚
B. 未婚
C. 离婚
6. 您的户籍？（　　）
A. 慈溪
B. 外地
7. 您的月收入（　　）
A. 3 000 元以下
B. 3 000—6 000 元
C. 6 000—10 000 元
D. 10 000—20 000 元
E. 20 000 元以上

二、慈溪市政府与市民互动回应现状调查

1. 您是否关注政府信息？（　　）
A. 经常关注
B. 偶尔关注
C. 从不关注
2. 您是否知道并访问慈溪市各级政府及各部门网站？（　　）
A. 知道，经常访问
B. 知道，不大访问
C. 不知道，不访问
3. 您认为哪些因素对您获取政府信息造成障碍？（　　）
A. 信息发布渠道较少
B. 行政命令发布信息的方式
C. 获得的政府信息难以理解
4. 您是否愿意提供信息给政府工作人员？（　　）
A. 非常愿意
B. 愿意
C. 不愿意
5. 当你遇到问题时你会选择哪种方式与政府沟通交流？（　　）
A. 传统的电话和信件方式
B. 网络

C. 大众传媒和新媒体
D. 与政府面对面对话协商
6. 您认为政府能够解决你所反映的问题吗？（　　）
A. 能够解决每一个反映问题
B. 只能解决部分问题
C. 不能解决问题
D. 不清楚
7. 您认为政府与公民沟通交流存在哪些障碍？（　　）
A. 公民不愿意与政府交流
B. 政府不能很好地解决问题
C. 政府反馈滞后
D. 政府工作人员服务态度差
8. 如果您参与公共事务的管理，您觉得主要原因是什么？（　　）
A. 政府动员
B. 政府管理的需要
C. 公民有参与管理的意愿
D. 能带来一定的经济利益
9. 如果政府邀请您参与公共事务的管理，你的态度是什么？（　　）
A. 会参与
B. 有上级指示和命令才会参与
C. 能带来自身利益的情况下才会参与
D. 不会参与
10. 您认为参与公共事务管理的障碍有哪些？（　　）
A. 政府不够重视
B. 政府工作人员排斥公民参与管理
C. 部分公民消极参与的态度
D. 公民普遍参与能力不高

三、慈溪市政民互动回应现状满意度调查

1. 您对政府信息公开工作是否满意？（　　）
A. 非常满意　　B. 满意　　C. 一般　　D. 不满意　　E. 很不满意
2. 您对政府社情民意收集、处理和反馈工作是否满意？（　　）
A. 非常满意　　B. 满意　　C. 一般　　D. 不满意　　E. 很不满意

3. 您对政府重大决策形成机制是否满意？（　　）

A. 非常满意　　B. 满意　　C. 一般　　D. 不满意　　E. 很不满意

4. 您对政府决策风险有效控制是否满意？（　　）

A. 非常满意　　B. 满意　　C. 一般　　D. 不满意　　E. 很不满意

5. 您对政民互动服务平台是否满意？（　　）

A. 非常满意　　B. 满意　　C. 一般　　D. 不满意　　E. 很不满意

6. 您对政府接待群众来访工作是否满意？（　　）

A. 非常满意　　B. 满意　　C. 一般　　D. 不满意　　E. 很不满意

7. 您对政府行政复议工作是否满意？（　　）

A. 非常满意　　B. 满意　　C. 一般　　D. 不满意　　E. 很不满意

8. 您对人大、政协监督工作是否满意？（　　）

A. 非常满意　　B. 满意　　C. 一般　　D. 不满意　　E. 很不满意

9. 您对政府网络问政平台是否满意？（　　）

A. 非常满意　　B. 满意　　C. 一般　　D. 不满意　　E. 很不满意

10. 您对政务公开监督体系是否满意？（　　）

A. 非常满意　　B. 满意　　C. 一般　　D. 不满意　　E. 很不满意

11. 您对和谐促进会工作是否满意？（　　）

A. 非常满意　　B.满意　　C. 一般　　D. 不满意　　E. 很不满意

第三篇

以公众满意度为导向的松江区公共交通管理评价研究

屠婵燕

一、引言

（一）研究背景

《上海市城市总体规划（2016—2040）》（以下简称《上海 2040》）明确了上海城市发展的主要目标是建设成为一座卓越的全球城市，令人向往的创新之城、人文之城、生态之城。《上海 2040》中也明确提出为了实现城市建设的新目标，就要实现交通服务能力的不断优化。在《上海市交通发展白皮书（2013 版）》中也同样明确了构筑国际大都市一体化交通的战略目标。未来十年上海将以交通发展总目标为指引，打造安全、畅达、高效、绿色、文明的交通出行体系。城市公共交通的发展正迎来机遇期和转型期，对政府管理而言是机遇也是挑战。

上海松江区的城市发展也迎来了关键期和转型期，松江将着力 G60 科创走廊的打造，对城市功能和产能结构进行调整。“十三五”时期是松江打造上海辐射、服务长三角地区的西部综合性门户节点城市的重要时期。随着新城南部及大型居住区等重点区域开发的大力推进，城市规模进一步扩大；随着“沪苏湖铁路、沪昆铁路南移、G60 松江段抬升、有轨电车建设”等重大事项的推进，以及骨干路网扩容调整，区域骨干交通网络趋于完善，区域独立的综合交通体系将基本形成。“十三五”时期将是松江区公共交通优化层次、扩大能级、提升服务、完善体系，全力促进“四网融合”的关键期。

（二）研究意义及目的

公共交通是关乎市民日常生活的重要组成部分，直接影响着城市经济发展和社会管理。在当前城市拥堵问题日趋严重，人口导入越来越多的背景和前提下，大力倡导公交优先，绿色出行成为必然趋势，公共交通管理水平直接影响公共交通服务提供的效果。根据以往的居民出行调查发现，选择公共交通出行仍然是最主要的方式。公共交通作为社会公益性事业，政府承担大部分的营运成本，但是公共交通的发展和公众的需求还存在一定差距。进一步提高公共交通的服务水平和管理水平才能更好地为公众服务，使他们有获得感，才能体现以人为本的交通发展和管理理念。

评估当前的公共交通管理水平,建立以公众满意度为导向的公共交通管理评价体系,从服务对象的角度最直接地发现公共交通存在的短板问题,从而给出最合适的解决方案,为公交站点布局和网络优化、运能的调节、车辆结构的调整,以及整个城市建设的规划和管理提供依据。因此,以公众满意度为导向的评价更加符合新形势、新环境下,打造服务型政府及对政府公共管理绩效测评的一个非常有效的途径。能够建立起一套科学、客观、实用的以公众满意度为导向的公共交通管理评价体系,是非常必要而且必需的。

(三)研究思路与方法

1. 研究思路

本文的研究主要聚焦建立以公众满意为导向的公共交通管理评价体系。第一步是通过阅读和研究文献,了解城市公交管理评价体系的相关理论,研究方法和发展趋势;第二步是研究松江区公交管理基本情况,包括现状管理研究评价体系,发现和总结存在的问题;第三步是建立以公众满意度为导向的公共交通管理指标体系;第四步是根据松江公交管理水平和相关数据进行实证分析,并结合访问行业管理部门、公交公司和公众问卷调查数据进行收集和分析;第五步,在改进和完善现状管理评价体系的基础上,对松江区交通管理部门提供改善对策和建议,并为我国其他城市建立类似的公共交通管理指标体系和评价体系提供一些参考。

2. 研究方法

本文重点研究以公众满意为导向的城市公共交通管理评价体系。在综合运用统计学和管理学等相关理论的基础上,参考现有文献资料,通过松江区调查问卷对比分析等方式和方法,对松江区的公共交通现状水平进行分析和评价。

在具体进行研究时,本文采用了以下方法:一是文献分析法。通过阅读国内外相关研究文献,并对其研究成果进行梳理、分析和归纳;然后结合松江区公共交通的基本情况,对松江区公共交通管理评价体系的现状进行思考,对完善和改进评价体系进行探索。二是问卷调查法。通过对松江区居民的问卷调查,获得松江区公交管理各方面的第一手资料,明确居民对公共交通关注的几方面内容。三是实证分析法。本研究结合管理学相关理论,着重挖掘直接影响公众感受的主要内容,并能直观反映公共交通管理状况。通过评价体系,将获取的数据综合分析,得出结论。对松江公共交通管理水平的实际情况进行评价,并构建指标体系，通过实地走访管理部门和对居民进行问卷调查的方式收集数据，对松江区公共交通管理情况展开实证分析。四是综合评价法。运用综合评价法建立城市公共交通管理评价体系，利用调查数据对松江区公共交通管理水平进行评估，找出存在的问题，提出合理的建议。

（四）研究成果的创新

笔者通过大量的文献研究和相关研究成果的综述积累，结合目前松江区公共交通管理的现状，认为本文在相关领域的学术研究方面有一些创新，主要是目前我国公共交通的管理水平参差不齐，没有建立针对政府管理水平的评价体系，更没有建立以公众满意度为导向的城市公共交通管理评价体系。尽管一些城市和一些专家学者也研究并实施了一些公共交通评价体系，但这些体系中的大部分都把这个问题看作是公共交通服务本身的水平，更多地关注企业的运营效果、政府财政投入与产出的效应，并没有聚焦到公共交通最直接的服务对象乘客身上，即公众本身。虽然也有不少关于乘客满意度的调查，但大都针对公共交通行业的服务态度，与公共交通管理所涉及的内容紧密度还不够。而笔者在对公共交通管理进行评价时是以公众的满意度为出发点，充分考虑服务对象的感受度，建立一个以民为本的评价体系，同时又兼顾了公共管理本身与公众满意度之间的联系，用经济学和统计学的方法，结合公众满意度的要素，对城市公共交通管理水平进行评价。

本文未对松江区公交优先战略实施效果进行宏观评价，而是聚焦城市居民对公交出行的感受度以及如何通过改善居民的满意度来提高政府公共交通管理的有效性。主要有两个方面的原因：一是政府绩效评估最直接的判断就是服务对象的满意度，而公共交通的服务对象具有广泛性、普遍性，公共交通管理状况的好坏关系居民切身利益，受到公众的普遍关注，与公众满意度有密切联系，并且成正比例关系。二是评价体系的建立是提升政府管理效能的必要手段和途径。

本文旨在通过评价体系的建立，让政府能够全面地、直观地了解城市居民对公共交通的需求，填补松江区公共交通管理领域评价体系的空白，能够针对公众的实际需求，对症下药，通过实施有效的管理措施一方面提升公众满意度，另一方面提升政府的管理水平，提升政府的绩效管理能力，规避以往评价体系大而全的内容，导致政策过于空泛，流于形式，而没有真正的效果。

二、相关理论概述及文献综述

（一）基本概念

1. 城市公共交通的概念

1）城市公共交通的含义

城市公共交通是由公共汽车、电车、轨道交通、出租汽车、轮渡等交通方式组成的公共客运交通系统，是一个重要的城市基础设施，是关系民生的社会公益事业，属于公共产品范畴。

城市公共交通不仅仅是一种出行方式，也是一种政府管理方式。尤其是当下服务型政府的宗旨下，政府在履行管理职能的过程中，要给公众提供一个安全、舒适的乘车环境，一个便捷、快速的出行系统。正如《上海市交通发展白皮书（2013版）》中提出的城市公共交通问题是一个不可避免的问题，要构建一个安全、畅达、高效、绿色、文明的交通出行体系。因此，政府就要将城市公共交通资源集约化、科学合理地构建运行系统，安全高效地组织运营，给公众提供一个满意的出行环境，提高公共交通的吸引力。

2）城市公共交通属性

城市公共交通是城市公共服务体系的重要部分，城市公共服务的主体是政府部门，其行业的发展也在很大程度上受政府的主导。城市公共交通具有垄断的特征。垄断行业有明确的投资方向，投资巨大，投资收益回报长。一旦投资形成，难以撤离和中途转移。公交公司和出租车公司的投资反映在购买车辆及其能源消耗上，车辆的更新报废量大。轨道交通，特别是地下轨道的投资成本更为复杂，各种成本消耗使大部分民营资本难以进入城市公共交通行业。同时，城市公共交通需要网络化的规划，线路的设计需要根据公众出行需求的变化不断调整。

萨缪尔森认为公共产品的三个典型特征是非竞争性、非排他性和效用的不可分割性。非竞争性意味着边际消费公共物品的倾向为零；非排他性意味着任何满足一定条件的消费者都可以消费该产品，消费者在消费过程中不能转移该产品；效用的不可分割性意味着任何消费者的效用都是一个整体，不能分为单独的效用。

布坎南认为在公共物品和私人物品之间还应该存在“准公共物品”。任何一种公共产品的目的都是为了保护大多数人的利益，促进社会福利的提高。公共交通部门提供的产品是公共服务，享受服务的人需要通过支付来弥补公共交通服务的成本。车辆状况、站点状况等均会影响服务质量。当消费者数量达到一定数量时，新增消费者所得到的服务相对较低。另一方面，公众在享受公共交通服务的过程中，服务不能分配给每个个体。因此，城市公共交通属于准公共物品，具有公益性。

城市公共交通是准公共产品，其价格的制定需要政府进行必要管制。政府的管理不仅要符合社会的整体利益，还要保证公交公司的正常运转。因此，公共交通的定价相对低廉和亲民，可通过财政购买服务的形式补贴企业。公共交通的发展需要市场和政府的共同控制。政府调控反映在企业进入市场时有准入条件。政府行政许可行为是为了维护良好的市场秩序，保证公共交通服务的有效供给。

2. 公众满意度的概念

1）公众满意度的提出

公共管理的目标是让公众的生活更美好，以受众满意为导向，提倡受众广泛参与是现代公共管理模式的重要特征，反映了城市社会经济和文明开放的水平。越来越多的城市提出了各个领域的满意度指数，旨在通过满意度的评价及时评估政府的管理水平，包括政策实施的效果等。

2）公众满意度的内容

公众满意度是指在体验公共管理工作的过程中，受众的需求得到满足，受众的期望与实际感受相接近，从而使受众产生肯定、愉悦和满足的心理感受。

3）公众满意度的运用

“服务型政府”作为新的政府治理模式已是世界各国政府改革的主题。尤其党的十八大报告也明确提出了要以建设人民满意的服务型政府为改革的目标。公众满意度已经成为建设服务型政府的基础和必要条件。因此，衡量服务型政府建设的好坏，最终的评价标准是看公众是否满意。建立起以公众满意度为导向的公共服务评价体系对于构建服务型政府具有重要意义。

（二）相关理论

1. 公共产品的理论

公共产品是私人产品的对称，指每个人对这种产品的消费都不会导致其他人对该产品消费减少的产品。公共产品具有非排他性、非竞争性的基本特征，主要受以下两方面的因素共同影响：第一，社会全体成员的共同利益，特点是一些人对这一产品的消费不会影响另一些人对它的消费，社会的每个成员都可以消费此类产品，并从中获益；第二，有些人使用这种产品，不会排斥其他人使用，如城市道路，公共设施等。因此，公共产品也可以被描述为使整个社会成员整体受益的物品，而不管个人是否愿意购买它，一般由政府或社会团体提供。

2. 公共管理绩效评估理论

1）公共管理的含义

公共管理是以政府为核心的公共部门，运用管理学、经济学、法学、社会学、政治学、系统科学等多科学理论与方法，对公共组织和公共事物进行有效治理的管理活动。公共管理是对公共事物的管理，其目的是维护公共利益，为公众群体服务。

2）公共管理的绩效评估

公共管理的绩效反映的是政府绩效，包括各级公共部门在社会经济管理活动中的业绩、效果和效率。公共管理是一个综合性概念，其中既能通过政府治理带来经济增长，生产出更多更好的物质产品方面的经济效益，也可通过政府治理改善人们的居住条件，使人们生活得更加舒适的环境效益；还有通过政府治理，增加了文化福利设施，推动了教育、文化和体育事业的发展，这就是社会效益。

公共管理绩效评估指标包括两个方面，一是公共管理的客观性绩效指标，二是受一定价值取向指导的受众对公共部门客观工作的主观判断。对于公共部门而言，绩效评估可以从三个方面展开，一方面是客观硬件指标，另一方面是政府工作的服务对象，即受众（公众），最后还有工作人员。其中客观硬件指标重点考虑公共部门的基础条件，工作人员主要偏重于评价服务过程，受众（公众）重点评价公共部门的绩效。

（三）文献综述

1. 国内外公共交通管理发展动态

（1）新加坡服务质量管理。新加坡通过公共交通委员会邀请一部分公众通过互联网的直接反馈，民意调查等手段来确定公共交通企业的服务质量。对于服务质量不达标的公司，委员会有权处罚。对于连续两年反映突出的问题，例如早晚高峰时段等候时间过长或者车辆拥挤等情况，公司会受到一些处罚。

（2）伦敦城市服务质量管理。伦敦交通服务客户委员会通过调查客户投诉，开展公共交通系统的独立研究，与公共交通运营企业保持定期对话，评估公共交通站点调整(增加或关闭)的可行性和时间等,监督公共交通运营企业的运营服务情况。委员会的所有会议都向公众开放,市民可以在网站上发表评论,也可以了解项目的进展或结论。此外,每年还派出一批公交客运监督员。这些监督员将携带摄像头对公交服务态度,驾驶行为规范,车辆状况,事故处理和乘客反应进行现场检查。这已成为评估的重要依据。

(3) 上海交通行业公众意见征询委员会。征询委员会制度是上海市交通委征询民意制度的重要实现形式,是汇聚集体智慧、依靠公众力量,推动上海交通科学发展的重要抓手。其主要职责是通过讨论、调研等形式对公共政策的必要性、公正性和公众接受度提出意见和建议。征询委员会将就上海市交通领域的一些高度关注民生的公共政策事先征求征询委员会的意见。征询委员会由三种专业人员组成,行业专家、市民代表、人大代表和政协委员,每组约 30 人。相关业务管理部门今后将提交一些决策问题,并向征询委员会提交征询报告。征询委员会选取一些社会关注度高的问题进行研究和探讨,并且最终形成对行业管理部门的业务参考。

2. 国内外公共交通满意度评价研究

学者们在理论研究的基础上,将公交乘客满意度评价方法广泛应用于各个地区。周健根据厦门岛居住区尺度对公交满意度进行空间分析,综合评估了厦门岛的公交服务水平。王红梅提出了基于变异系数法确定指标权重的公共交通乘客满意度物元评价模型,对北京市公共交通满意度进行了评价。李文强根据公交乘客满意度的三层评价指标体系,从安全性、经济性、公交时效等六个维度对成都公交进行了调查分析对成都公交进行调查分析。张兆强根据对济南 114 路乘客满意度的问卷调查结果,运用层次分析法进行分析,得出 114 路的满意度指数。李怡构建了长沙市的城市公共交通服务满意度评价指标体系,以调查数据为样本,通过不同层次分析法,并结合权重,得出长沙市公交车及出租车服务满意度得分。张磊抽样选取乌鲁木齐市 40 条常规公交线路进行调查,使用模糊数学方法对结果进行分析,得到乘客对常规公交服务的满意度指数,并对乌鲁木齐常规公交服务水平进行合理定量评判。范辰卉构建了杭州市公交满意度的评价指标体系,以问卷调查为依据,运用线性回归分析法分析杭州市区公交满意度的各影响因素的重要程度。林川琪建立了烟台公交乘客满意度的模糊综合评价模型,分析了乘客满意度评价指标的层次性和综合性特征,得出每条线路的总的及每项影响因素的满意度值。黄厚波运用层次分析法确定长沙市公交乘客满意度评价指标,构建长沙市公交乘客满意度评价指标体系。最后,运用模糊综合评价方法对长沙公交乘客满意度调查进行评价,并提出改进建议。胡晓伟利用层次分析法建立寒冷城市的公交服务满意度评价指标体系,并对哈尔滨市冬季和夏季的公交服务满意度进行评价,提出改善建议。魏艳波选取北方气候比较寒冷地区,并针对该区域公交服务的特点,建立公交乘客满意度结构方程模型,选择影响客流满意度的主要因素,建立公交服务满意度评价指标体系,并用数据包络法进行综合评价。刘亚坤对乌鲁木齐市各区的公交乘客满意度采用模糊综合评价法进行了综合评价,得到服务态度、候车环境、车内卫生环境、方便换乘对评价结果都有不同程度的影响。陆子平结合杭州公共交通发展现状,通过对调查结果的统计,得到杭州市辖区的公交满意度结果分值,进而对杭州市公共交通服务提出改进建议。

陈明伟从公交线路、线路运营、客运安全、社会服务、经济效益、公交场站六个方面评价公交系统的满意度,并以深圳市为例验证评价方法。尹良等分析了公交系统的路线规划、网络优化、公交调度和服务质量。根据公交服务质量要素特征,提高乘客服务水平和公交企业的利益,建立了传统公交服务质量指标评价体系。徐国炯以“有形性”“可靠性”“关怀性”“反应性”“保证性”和“便利性”六大衡量维度,并结合 24 个具体测量项目,建立快速公交系统服务质量的衡量量表。黄婷提出了公交站点、公交线路和公交系统三类评价指标,建立服务质量综合评价体系。胡国兵从时间管理、线路规划、服务质量等方面进行评估,建立评价体系。席姣姣认为常规公交服务水平的主要影响因素是线网布局水平和客运能力水平,应用粗糙集理论对这两大影响因素进行分析,得出主要的影响因子,并建立指标体系。常风华等在乘客视角的公交服务评价体系中,增加绿色环保指标。董玉成建立速度、票价、服务态度、站台密度和硬件设施五个方面的满意度评价指标体系。谢云侠建立的评估指标体系从实际服务水平和乘客满意度两个方面入手。

国外学者对公交乘客满意度评价同时从多角度进行研究,主要研究方向有指标体系模型、满意评估模型、满意度影响因素等。Friman 等提出公共交通乘客满意度评估模型,得出总体满意度与累积满意度呈正相关。Hensher 等提出了基于乘客的公交车偏好模型,用于分析等车感觉、车体感觉、旅途感觉、信息感觉和舒适感。Alter 提出可达性、可靠性、出行时间、服务频率、直接系数和客流密度是吸引潜在乘客的主要因素,并由此建立公交乘客满意度水平评价指标体系。Tyler 等基于定量与定性相结合的方法对乘客使用各类公交的便捷程度进行评价。David A. Hensher 研究了公交乘客满意度中的潜在因素,并建立了可其特性与重要性的方法。Karen Thompson 等调查了公交性能与乘客满意度之间的关系。郑世锋从运营成本、运营效率、安全性和满意度等几个方面比较了公交,出租车和地铁等交通方式的差异,结论是满意度是最重要的因素。Botzow针对美国旧金山市快速公交系统的乘客出行满意度提出了对应的分析评价方法。Liu Rong Hui 等结合调查与相关案例建立基于乘客出行心理分析的评价可靠性的指标体系模型。

国内学者在公交乘客满意度指标体系评价方法中,利用 AHP、BP 神经网络、熵值法等确定指标权重,利用模糊评价法进行评价。钱晓贤将顾客满意度理论应用于公交服务评价模型中,基于乘客满意度,建立了公交服务质量评价体系,利用 BP 神经网络理论,得到各指标权重,并以西安市为例进行验证。彭金栓建立模糊评价模型,熵权与主观权重相结合的方法被用来确定每个评估指标的权重。于景飞采用层次分析法和模糊评价法对公交线路的满意度进行评价。缪立新提出了高峰时段公交乘客满意度评价模型,通过层次分析法得到各项指标,并采用层次分析法—模糊综合评判法得到评价指标的量化值。王田田建立了面向高品质服务的指标体系和指标体系为导向,运用多种评价方法进行研究。建立了快速公交服务质量差距分析模型,最后以济南市一条快速公交线路为案例进行实证研究。巩丽媛运用非集计模型理论,建立公共交通乘客满意度模型;建立城市公交服务评价指标体系,对济南公交服务采用模糊评价方法进行评价;运用经济弹性分析理论,分析公交客运满意度和公交出行需求对相关因素的灵活性。王玮采用多级模糊综合评价的方法评价城市快速公交系统。李勤欢根据可拓物元分析法,构造了基于可拓物元理论的公共交通服务质量评价模型。喻杰运用群组决策特征根法确定了各评价指标的权重,并构建了常规公交满意度评价的物元模型。彭晗等在乘客需求特征的基础上,构建了乘客满意度评价指标体系,应用 AHP - DEMATEL 法对指标赋权,建立基于 AHP - DEMATEL 的模糊评价模型,最后运用 MCEFUZZY 软件进行实例评价研究。刘占芳采用因子分析法和模糊数学法处理问卷结果,对乌鲁木齐快速公交服务质量进行评价。杨其鸣提出了能够同时进行定性和定量分析公交满意度的五元联系度方法,并采用熵值法来确定各项指标的权重。

3. 综合分析公共交通管理评价趋势

通过国内外学者对公共交通管理的评估和乘客满意度的研究,我们可以感受到公共交通的发展越来越受到重视和关注,市民对公共交通的依赖和要求也具有多样性,因此政府在实施公共交通管理职能的要求也越来越高。公共交通是市民衣食住行的民生问题,也是影响城市运行的重要方面。公众对公共交通的满意程度取决于政府实施的公共交通管理水平。人们越来越关注通过公共交通管理的改善对公共交通服务本身质量的变化程度，而判定管理成效以及服务质量水平最直观、最有效的依据便是乘客满意度的评价。国内外学者已经对很多城市的公共交通乘客满意度进行了研究，国外学者也同样如此。

近年来，各城市、各地区在探索城市公共交通管理水平评价的过程中，都有不同的尝试。最初比较多的是专门制定了城市公交服务水平评估体系，对公交公司设置运营任务和目标，考察企业完成情况，从而来反映城市公共交通的管理水平，同时也是公共监督和评估城市公共交通的服务标准。在建立公共交通服务水平评估体系的过程中，由于侧重点不同，存在着差异性。如新加坡公共交通服务标准包括线路规划，线路的曲线系数、线路通达、一次换乘便捷度、线路长度、与计划发车频率一致性、公共汽车载客量、空调公共交通车辆所占比例、提供线路相关信息、提供下一班车发车时间的相关信息等。韩国首尔市政府公交服务质量评估标准包括日常运行、服务质量和运营管理三个方面。其中，运营管理部分考核指标包中安全驾驶因素、车辆延误考核运行情况、员工收入水平、公交车辆管理系统作用等；服务质量评价指标的部分内容包括城市公交服务调查的满意度、市内公交车运行时刻表考核、柴油车辆污染度考核；经营改善部分考核指标包括引进天然气车辆数、驾驶员人工节能降耗程度、劳动争议和违规行为、CNG 和柴油费用改善评估，公司财务稳健性，现金收入管理和透明度以及诚信经营。对应每一项考核指标都制定了详细的可操作细则以及具体量化办法。香港地铁条例规定，公司必须按照政府制定的服务水平运营，衡量服务水平的主要指标有两个：一个列车服务供应水平，比较列车每月实际班次与计划班次；二是列车服务准时程度，对比每月准时的列车班次与实际列车班次。其他指标还包括车厢舒适度，自动售票机、出入闸机、手扶电梯等。香港运输署根据以上指标进行监管。到目前，越来越多的学者从单纯制定公共交通评价体系向关注乘客满意度为导向转变。他们更多地研究具体的等车感觉、车体感觉、旅途感觉、信息感觉和舒适感，或者是可达性、可靠性、出行时间、服务频率、直达系数和客流密度，这些指标恰恰就是乘客感受度最直接的要素。

在对此类问题的研究过程中，国内学者侧重公共交通服务的供给方，主要从公交的各个运行角度进行研究，比较关注围绕服务质量衍生的各个要素的相关内容，从而来判断政府的管理水平。国外学者则侧重公共交通服务的需求方，即乘客的体验感受和主观感受度，从而来评价政府的管理水平。

综上所述，针对公共交通的满意度评价已经逐渐从以关注公交运营主体的企业转移到直接享用这一公共服务的对象乘客身上。

三、松江区公共交通管理现状

（一）松江区公共交通现状

1. 公共交通线网

松江区稳步推进市郊铁路、轨道交通和地面公交三个层次的公共交通网络布局优化，各层次的公交网络融合情况良好（图 3－1）。

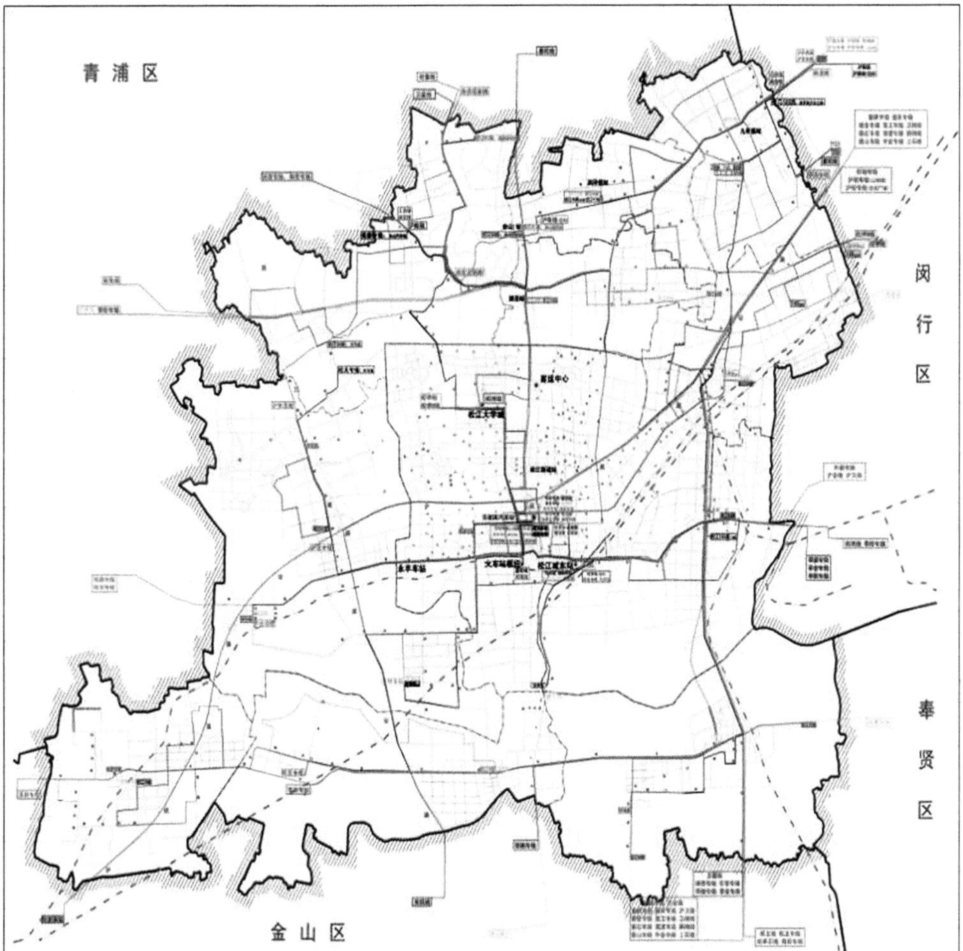

图 3－1　松江区现状公交线网布局图

(1) 市郊铁路及轨道交通[①]：金山铁路支线作为连接上海中心城和松江区的铁路“大动脉”，逐步成为松江区内一条重要的南北向客流通道，松江区内设置4站，运营长度约65公里。轨道交通9号线线路全长达49.7公里，其中在松江境内线路总长23.44公里，设站9座。

(2) 地面公交[②]：全区共有运营公交线路条数153条[③]（包括区间线路及松莘B线），线路总长度达2 821.5公里，线路在区内长度2 132.1公里，全区公交线网长度为649.6公里，进一步强化了“网格状+放射形”的多层次、多功能的公交线网形态。根据走向及服务区域可分为三类，区内公交、对外公交和过境公交。

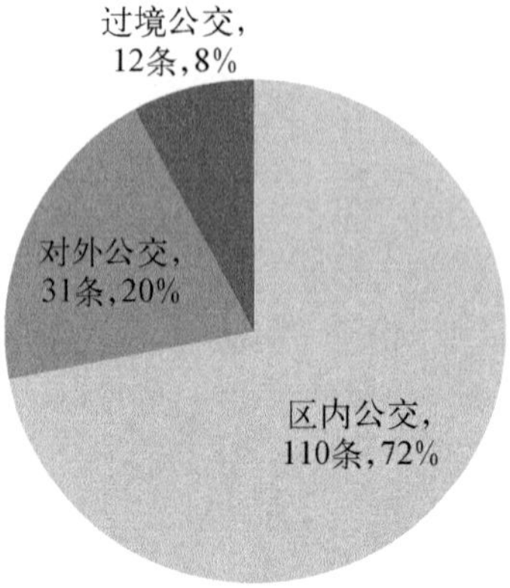

图3-2　松江区现状公交线路构成

(3) 区内公交[④]：共计110条，占到线路比重的72%。其中城区线路35条，镇间线路27条，镇域线路48条。对外公交：共计31条，占到线路比例的20%。其中市通郊线路16条，郊通郊15条。过境公交：共计12条线路，占线路比重的8%，（表3-2、图3-1、图3-3）。

表3-1　松江区各类公交线路分布

线路类型		线路数量(条)	线路小计	线路所占比例
区内公交	城区公交	35	110条 72%	23%
	镇间公交	27		18%
	镇域公交	48		31%
对外公交	市通郊	16	31条 20%	10%
	郊通郊	15		10%
过境公交	市通郊	9	12条 8%	6%
	郊通郊	3		2%
合计		153		

① 数据来源：《松江区十三五公共交通发展规划》2016，1-2。
② 数据来源：《松江区十三五公共交通发展规划》2016，1-2。
③ 其中松江区内线路110条，对外线路31条，另有非松江公交公司运营的市通郊、郊通郊线路12条。
④ 数据来源：行业管理部门的数据统计。

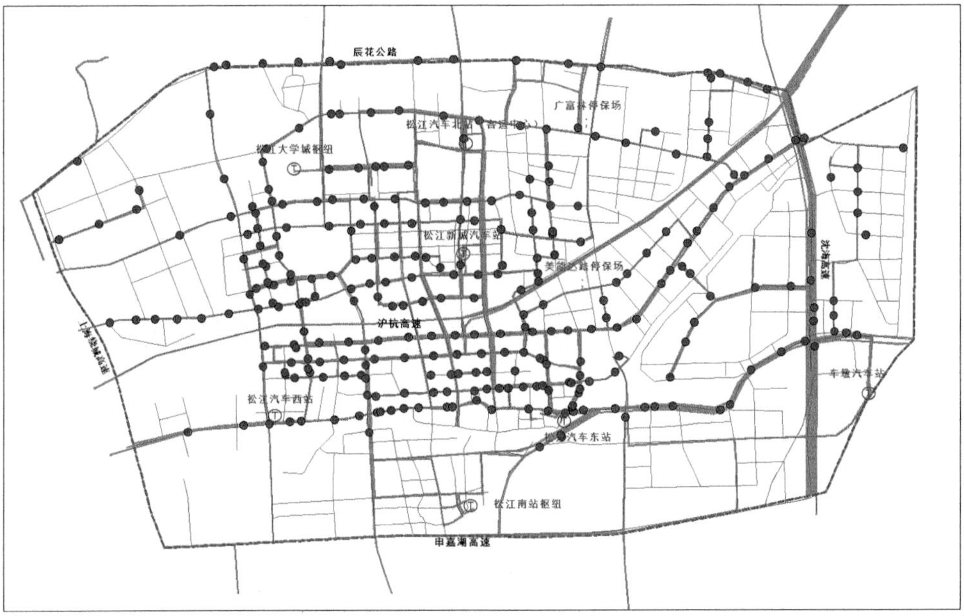

图 3－3　松江城区公交线网及站点

松江城区公共汽电车线路网长度为 287.4 公里，线路多集中于松江城区及松江城区通往中心城的主要连接道路上，松江城区东西两侧的工业区目前公交线路较少。松江城区目前线路公共汽电车线路网比率为 54.2%，公共汽电车线网密度为 2.82 公里/平方公里。[①]

2. 客流情况

2016 年全区公交日均客流总量达到了 80.4 万乘次，较 2015 年的 73.2 万乘次增加了 10.7%。其中轨道交通客流占客流总量的 44%，地面公交占客流总量的 56%（图 3－4）。[②]

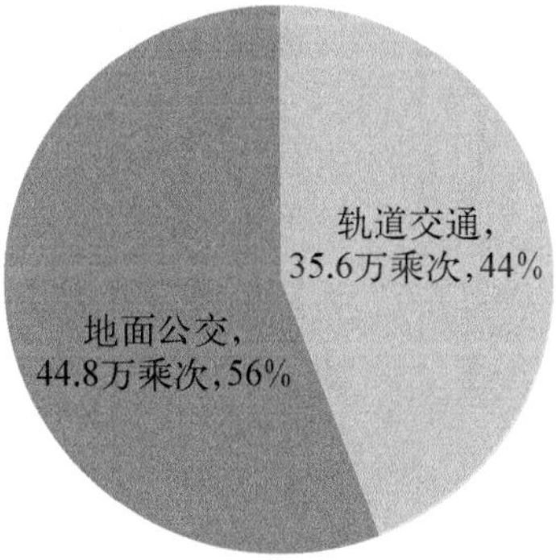

图 3－4　松江区现状公共交通客流组成

松江城区日均公共交通出行量约 35.08 万人次，公共交通机动化出行分担率为 40.8%，公共交通出行分担率（不含步行）为 25.4%，公共交通人均出行次数约 0.32 次/日。[③]

① 数据来源：《松江区十三五公共交通发展规划》2016，2。
② 数据来源：《松江区公交城区创建评估报告》，2016，7－8。
③ 数据来源：《松江区公交城区创建评估报告》，2016，10。

3. 基础设施情况

(1) 枢纽场站。至 2016 年，松江区全区有用地的公交停保场、公交枢纽及首末站共 35 处，[①]总用地面积达到了 17.0 万平方米。地面公交与轨道交通 9 号线、金山铁路之间的换乘衔接条件得到改善，公交首末站占路设置问题得到一定程度的缓解。

松江区现有公交枢纽/首末站 32 个，总面积为 11.27 万平方米。其中松江新城范围内(含新桥镇两处)共 15 处，共计 7.83 万平方米。

停保场 3 个，总面积为 5.71 万平方米，其中松江新城范围内有 2 处，共计 5.57 万平方米(图 3-5、表 3-2)。

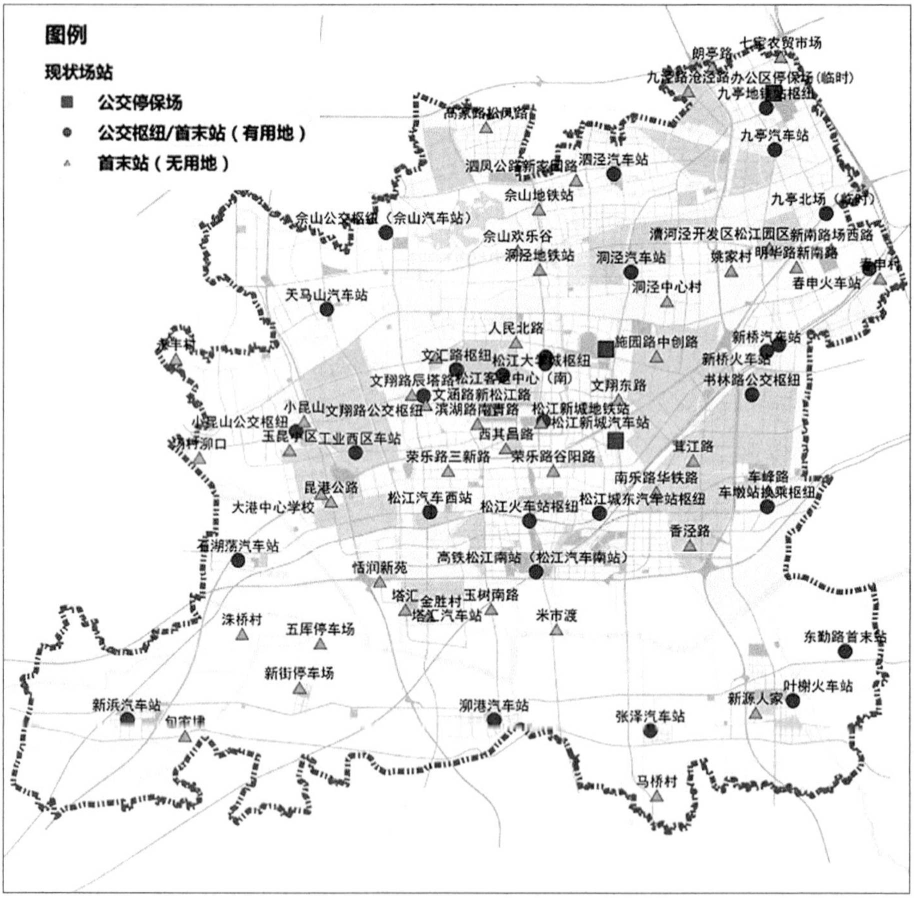

图 3-5　松江区公交枢纽布局图

① 数据来源：《松江区公共交通发展水平报告》，3-4。

表 3-2　松江区公交场站(有用地)一览表

	序号	公交场站名称	地　　址	占地面积（平方米）
停保场	1	广富林路公交停保场	茸惠路 558 号	47 000
	2	办公区停保车场(临时)	沪亭北路 138 号	1 436
	3	美能达路停车场	美能达路 302 号	8 700
枢纽站、首末站	1	松江城东汽车站	松汇路 25 号	24 800
	2	松江城西枢纽站	松蒸公路辰塔路口	13 680
	3	松江汽车南站	高铁南站西侧	3 000
	4	松江新城汽车站	通跃路—南青路	4 853
	5	客运中心(北)	松江大学城地铁站北侧	8 530
	6	客运中心(南)	松江大学城地铁站南侧	3 500
	7	大学城公交枢纽站	文汇路龙腾路	4 000
	8	文汇路枢纽	文汇路西首	3 000
	9	火车站枢纽	人民南路火车站	1 800
	10	工业西区车站	文合路鼎源路	4 000
	11	九亭地铁站枢纽	沪亭北路 1438 号	2 000
	12	九亭北场(临时)	沪亭南路	5 000
	13	九亭汽车站	淀浦河桥—亭中路	6 000
	14	春申火车站	金山铁路春申站	500
	15	新桥火车站	金山铁路新桥站	500
	16	新桥汽车站	新育路新站路	1 200
	17	泗泾汽车站	泗泾镇泗宝路	1 764
	18	洞泾汽车站	长兴路 528 号	600
	19	天马山汽车站	天马山镇公交蓄车点	400
	20	佘山公交枢纽站	桃源西路 627 号	10 000
	21	小昆山公交枢纽站	小昆山镇文翔路 5315 号	500
	22	新浜汽车站	新浜镇新颖路 1079 号	500
	23	泖港汽车站	泖港镇新乐路中兴路	1 000
	24	车墩火车站	金山铁路车墩站	500

续 表

	序号	公交场站名称	地　址	占地面积（平方米）
枢纽站、首末站	25	石湖荡汽车站(临时)	东栅路150号	450
	26	叶榭公交枢纽	轨道22号线叶榭站	250
	27	张泽汽车站	马桥村村委会	250
	28	书林路枢纽站	茜浦路书林路	2 965
	29	文翔枢纽站	文翔路文涵路	1 994
	30	东勤路首末站	大叶公路/东勤路	100
	31	横港路公交枢纽	横港公路/古楼公路	3 020
	32	纬二路公交枢纽	纬二路/古楼公路	2 040

(2) 中途站。2016 年度，松江城区建成区内(不含南部新城)公共交通站点 500 米半径覆盖率为 94%，300 米半径覆盖率为 56%，[①]其 500 米站点覆盖率已达到较高水平(图 3-6)。

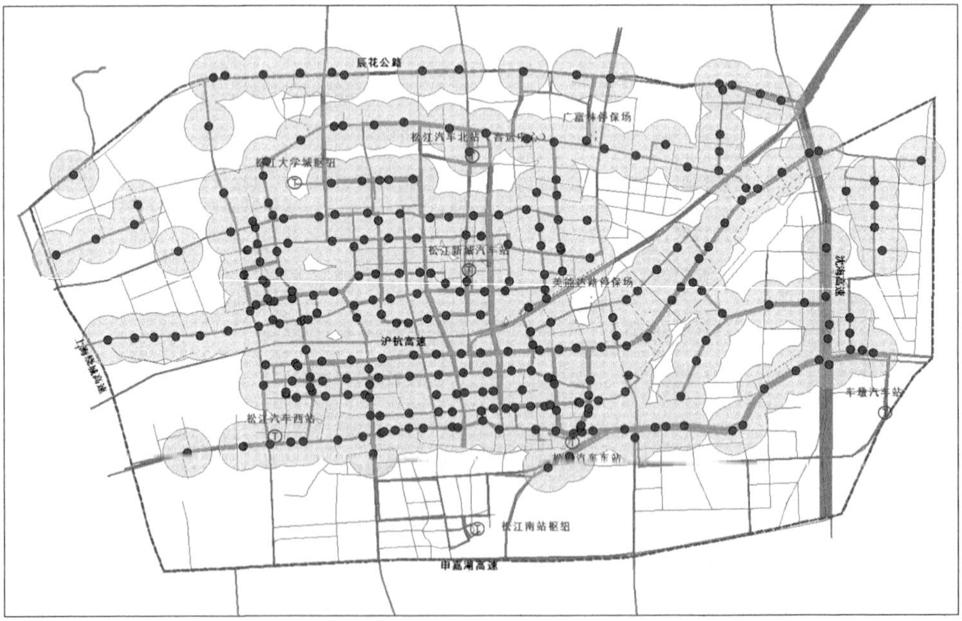

图 3-6　松江城区现有公交枢纽和中途站布局

① 数据来源：《松江区公共交通发展水平报告》。

松江城区内共设置有港湾车站 157 个，[①]其港湾式停靠站设置率为 51%，港湾车站设置率较高。

(3) 车辆设备。2016 年，松江全区共有公交车辆 854 辆，[②]万人公共交通车辆保有量(含轨道交通 9 号线车辆折算)为 14.06 标台/万人，而不含轨道交通 9 号线车辆折算的万人公交车保有量为 5.64 标台/万人，常规公交车的保有量仍有较大提升空间(表 3-3)。

表 3-3　松江区车辆车龄分布表

车龄(年)	0—1	1—2	2—3	3—4	4—5	5—6	6—7	7—8	合计
车辆数(辆)	225	17	63	130	74	143	46	156	854

松江区全区公交车辆的平均车龄为 3.2 年，其中车龄在 6 年以上的车辆占 24%，公交运营车辆平均车龄仍偏高(图 3-7)。

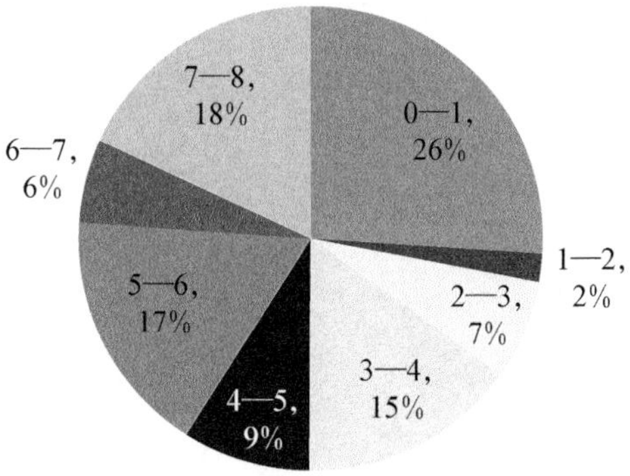

图 3-7　松江区公交运营车辆平均车龄分布

(4) 公交专用道。目前松江城区设置公交专用车道的道路长度合计为 12.9 公里，[③]分别为荣乐路(人民路—联阳路)、新松江路(辰塔路—通波路)、文诚路(辰塔路—玉树路)，占公共汽电车线路网总长度的 5%。设置公交专用道的道路均为东西向道路，尚未成系统，且松江区未设置公交优先通行交叉口，专用道的效益尚待进一步挖潜(图 3-8)。

(二) 松江区公共交通管理评价体系

1. 评价内容

目前评价体系主要实行百分制考核，总分设置为 100 分，由公交城区创建、安全生产、运营效率、服务质量及附加分五大类项目组成(表 3-4)。

① 数据来源：《松江区公共交通发展水平报告》，2016。
② 数据来源：《松江区公交城区创建评估报告》，2016。
③ 数据来源：《松江区公交城区创建评估报告》，2016。

图 3-8 松江区公交专用道分布图

表 3-4 松江区公共交通管理评价体系

类 别	项 目	指 标 值	分值	得分
公交城区创建（25 分）	公交车正点率	≥85%	5	
	报废更新公交车辆新能源占比	≥50%	5	
	年度线网新辟调整计划完成情况	计划完成率 100%	6	
	线路智能调度覆盖率	≥20%	4	
	公交人车比	≤3.5	5	
安全生产（25 分）	不发生重、特大道路交通事故	不发生	否决指标	

续　表

类　别	项　　目	指　标　值	分值	得分
安全生产（25 分）	不发生重大工伤事故、不发生一般以上火灾事故、不发生影响稳定的事件	不发生	否决指标	
	责任事故死亡率	≤0.05（人/百万车公里）	5	
	有责事故发生率	优秀 1 次/百万公里，良好 1.5 次、合格 2 次、不合格＞2 次	5	
	驾驶员违章率	较往年下降	5	
	安全设施配备率	检查时灭火器、逃生锤等安全设施按规定不低于 95%配备	5	
	安全教育普及率	每月一次以上安全教育台账及签到	5	
运营效率（20 分）	百公里营收	低于去年 10%扣 1 分；低于去年 20%扣 2 分	4	
	计划班次执行率	≥95%	4	
	运营车辆完好率	≥98%	4	
	重要节点交通保障任务完成率	100%	4	
	车辆返修率	≤4%	4	
服务质量（30 分）	公交乘客满意度测评	≥80%	否决指标	
	车容车貌、服务设施	检查数据≥90 分	5	
	公交站点、站容站貌	检查数据≥80 分	5	
	线路服务（设站、票价合理，首末班及班次间隔）	检查数据≥80 分	5	
	从业人员规范服务	运管检查，不规范率≤15%	5	
	万人次投诉率	同比下降	5	
	“百姓评公交”及两会代表委员意见答复整改率	答复整改情况	5	
附加分（10 分）	区级以上表彰与奖励	视情加分	3	
	企业文化建设	视情加分	2	

续 表

类 别	项 目	指 标 值	分值	得分
附加分（10分）	创新企业管理手段	视情加分	2	
	媒体报道	电台、报刊、网络等有负面报道的每次扣0.2分	3	
总 分			110	

(1) 公交城区。公交城区创建指标占25分，分5项考核项目，由“公交车正点率”“报废更新公交车辆新能源占比”“年度线网新辟调整计划完成情况”“线路智能调度覆盖率”“公交人车比”。考核将根据松江区公交城区创建方案要求，对相关指标达标情况进行评分。

(2) 安全生产。安全生产管理目标占25分，分7项考核项目，由“不发生重、特大道路交通事故”“不发生重大工伤事故、不发生一般以上火灾事故、不发生影响稳定的事件”“责任事故死亡率”“有责事故发生率”“驾驶员违章率”“安全设施配备率”“安全教育普及率”组成。其中“不发生重、特大道路交通事故”“不发生重大工伤事故、不发生一般以上火灾事故、不发生影响稳定的事件”两项作为否决指标，一旦发生该类安全生产考核项目不得分。

(3) 运营效率。运营效率方面占20分，分5项考核项目，由“百公里营收”“计划班次执行率”“运营车辆完好率”“重要节点交通保障任务完成率”“车辆返修率”组成，重点考核运营效率。

(4) 服务质量。服务质量管理目标占30分，分7项考核项目，由“公交乘客满意度测评”“车容车貌、服务设施”“公交站点、站容站貌”“线路服务(设站、票价合理，首末班及班次间隔)”“从业人员规范服务”“万人次投诉率”“‘百姓评公交’及两会代表委员意见答复整改率”组成。其中“公交乘客满意度测评”作为否决指标。

(5) 附加分。附加分为10分，分4项考核项目，由“区级以上表彰与奖励”“企业文化建设”“创新企业管理手段”“媒体报道”组成。其中“媒体报道”中产生的负面报道给予扣分。

2. 评价方法

采用“一听、二查、三评”的方式，职能部门听取公交公司汇报，现场抽查台账及有关情况，最终进行考核评分。

分数评定采取自评、行业管理相关部门评定和综合评估的方式，松江公交公司进行自评，区交通委相关部门进行评定，最终汇总由区交通委综合评估考核结果。

3. 存在的问题

（1）评价体系中指标的设立缺乏系统性、科学性。27项指标涵盖了五大方面的内容，这五个方面涉及公共交通管理的方方面面，但是没有形成一个比较系统和科学的体系，有些指标的设立只是对应了重点工作。

（2）评价体系中未对各指标设立权重及评价结果。对各个指标在体系中的权重关系没有理清楚，各项指标的分值比较平均，缺少轻重缓急的考虑。同时，缺少整体评价结果的评判。百分制考核的结果与公共交通管理水平的高低没有形成对应的关系。

（3）评价方法比较传统，缺少科学方法的判定支撑。采用打分考核的方式，主观因素干扰较大，影响客观评定。评价的持续性不够，往往采取年终一次评价的方式。

（4）缺少服务对象乘客的公众满意度导向的因素。目前提出的众多公共交通管理评价指标体系中，大多数是从管理者和管理对象之一的公交系统经营者角度出发，更多关注的是安全生产、公交系统的运营效果、公交运营的经济效益以及对应上级条线的重点工作。虽然也有服务质量的考核，但是更多的是关注企业单位人即司售人员的服务达标，乘客满意度的指标很模糊，完全借鉴市级部门的数据，针对性比较欠缺。乘客既是公共交通的服务主体，也是政府管理服务的主要对象，对公共满意度为导向的评价比较模糊，比例也不高，指标设立不清晰。

由此可见，对公共交通管理水平的考核大多停留在规划层面、财政投入的水平、实际运营的效率等，但由于各个城市、各个地区的经济水平发展不一、城市功能定位存在差异、对公交的重视程度也不一样，财政投入的力度不均衡，管理水平参差不齐。对于城市公共交通管理评价只是从主观出发，从政府管理者的角度出发，对比之前有了哪些改善和变化。而目前松江区对公共交通管理的评价缺少系统性的、合理的、科学的评价体系，可以说对于公共交通管理的评价没有聚焦性和针对性。为了更好地把握一个城市公共交通管理的发展状况，更好地打造服务型政府，以接受公共交通服务的最直接的受益者为导向，建立评价体系，以管理对象的最直接的感受和认知判断来评价对政府参与公共交通管理情况的评价，能够最直接、最有效地为政府履行好职能提供有利参考意见。

四、以公众满意度为导向的松江区公共交通管理评价指标体系建立

（一）建立以公众满意度导向评价体系的必要性

对城市公共交通管理水平进行正确、合理地研究，将有助于行业管理部门和交通规划者深入了解城市公共交通的优势和劣势，为进一步优化线网和制定政策提供科学依据，为今后城市公共交通综合系统的可持续发展提供有力的支持和帮助。

以公众满意度为导向的城市公共交通管理是指侧重公共交通服务对象的主体，以乘客的满意度和获得感为导向，并能满足城市社会经济发展要求和公共交通自身发展的一种科学合理、人性化的公共交通管理，体现了政府在公共事务管理中的一项重要职能就是服务。这种公共交通管理综合考虑了公共交通行业自身发展与公众对此行业的要求，以达到供需市场的平衡、协调。以公众满意度为导向的城市公共交通管理评价体系，可以向政府决策者、生产活动提供者提供信息，可以持续地、直接地反映阶段时间内城市公共交通的管理水平。这样的评价体系既考虑受众的心理需求特点，也兼顾技术设计的可能性和评价实施工作的经济性。

（二）指标建立原则

为科学、合理地建立该评价体系，需要有必要的前提和制约条件，特提出四个原则。

1. 评价体系的集中性原则

对城市公共交通的分析，主要以公众满意度为导向的聚焦，围绕乘客满意度这一目标，从乘客所能直观感受到的安全、便捷、可靠、快速、经济以及舒适六个方面进行综合考虑，设立六个方面的准则层，在本层次下又设立若干指标。在评价时首先计算每个指标对六要素的影响量，再综合六要素对目标系统的全面影响。

2. 评价体系的应用性原则

根据评估所得结论制定的公共交通管理的措施最后是要付诸于实践的，所以，在构建体系的构想中，力求做到使体系层次明晰，指标合理、定义明确、方法得当。使该评价体系结构在解决公共交通管理瓶颈，有效提高公共交通发展水平，提升公共交通服务水平方面具有实际运用的价值。

3. 评价体系的可比性原则

不同的城市，由于基础建设水平、信息化程度、政府扶持力度、公共交通的出行方式等方面都有不同程度的差异，因此在评价指标的选择上会有一些差异，为

此，本研究尽量挑选普适性指标。同时，对某些指标取其相对值，不取绝对值，便于比较。

4. 评价体系的系统性原则

考虑到公共交通发展随时间的推移而变化这一客观事实，相应的评价体系也需适应这一变化，需要对指标的取值和权重做调整。指标的取值在一段时间内有稳定的特性，但是公共交通的发展是不断向前的，影响指标体系的要素也可能发生阶段性的变化。权重是指评价要素（即准则层）或者评价指标之间的相对重要程度，但是这种程度也是会变化的，它会受到改善程度、发展水平、设施建设等多种因素变化的影响。为解决这一问题，在本次研究中，将评价体系的权重集做成一个可调整的文件，可根据需要修改。

（三）评价体系的构建和内容

1. 评价体系的构建

本文提出的公共交通管理评价指标体系直接面向公共交通系统的服务对象即乘客，充分考虑乘客的感受，从乘客完整的出行环境的角度对安全性、便捷性、可靠性、快速性、经济性和舒适性六个方面进行评估，从而更加准确，真实地反映城市公共交通的管理水平，更加精准地把握乘客对公共交通的需求。

在本次研究中，共划分了三个层次，即目标层（L 层）、准则层（M 层）、指标层（N 层）。准则层主要是由围绕公众满意度所涉及的六个主要要素组成，从众多指标中筛选出 17 个指标（图 3－9）。

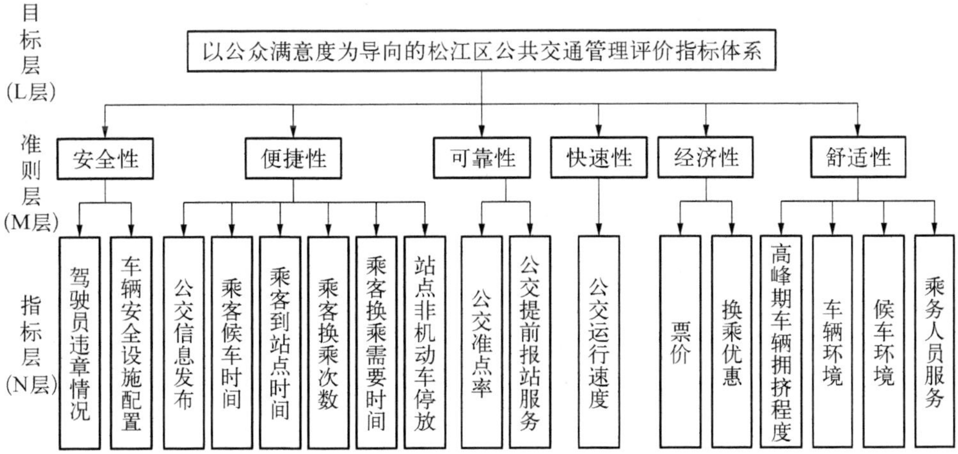

图 3－9　以公众满意度为导向的松江区公共交通管理评价指标体系

指标的筛选主要考虑以下几点：首先，指标要少而精，有针对性。摒弃那些意义不明确、重要性较低及高度相关的指标，主要从与乘客感受度高、获得感强的几个方面考虑。其次，各指标尽可能相互独立。避免重复性、重复计算而导致评价偏离。最后，所选指标能够量化。能够通过定量的方法客观评价。

通过对公共交通管理的相关部门、主要公交企业广泛调研，结合公交行业的相关工作趋势以及乘客群体的抽样调查，上述17项指标选取是恰当的。我们认为，所选用的这些指标意义明确，有针对性，具有一定独立性，能够进行定量分析并且都是评价一个城市公共交通管理状况以及评判政府管理部门是否履职、履职质量不可缺少的重要依据。

2. 评价指标体系的内容

1）安全性指标

该指标通过安全行驶间隔，即公共交通车辆总行驶里程与行车责任事故次数的比率（万公里/次），来反映公共交通的行车安全性。安全行驶间隔＝公共交通车辆总行驶里程/行车责任事故次数。该指标为正指标，标志值越大，说明公共交通行车安全性越高。

（1）驾驶员违章情况。该指标是指驾驶员有责违章的情况，主要是指在车辆运营过程中由于驾驶员的操作不当而发生的事故，且判定公交车驾驶员为主责的事故。该指标值越小，说明车辆安全性越高。

（2）车辆安全设施配置。该指标是指公交车上配置紧急逃生、消防灭火器等涉及公共安全的设施情况。每辆公交车上都应该遵循《上海市公共汽车和电车运营服务规范》的要求，配置安全设施。该项指标值越大，说明车辆的应急服务能力越高。

2）便捷性指标

（1）公交信息发布。该指标是指与公交运营相关的，有利于乘客出行的信息的发布，如车辆内线路的走向图、票价表、车站的信息，或者利用其他信息手段发布车辆的班次、到站时间等。该项指标值越大，说明信息获取越方面、出行便捷性越高。

（2）乘客候车时间。该项指标是指乘客在公交枢纽、候车站、候车亭等候车辆的时间。该项指标值越大，说明等候的时间越长，乘坐公交的便捷性优势将减弱。

（3）乘客到站点时间。该指标是指乘客的出行耗时，即乘车需要步行到公交站台的时间。与此同时，还应使用实地考察或调查数据来比较从现场到公交车站的平均时间，以检查公交车站是否应等距离建造。该指标以分钟计。

该指标的目的是定量研究公交车的便利程度。

(4) 乘客换乘次数。这个指标衡量的是在现场抽样调查中乘客平均换乘次数，以检查公交车的运营效率，一方面是否需要增加直达公交车的数量，另一方面是否需要减少曲线系数高的线路车辆。以所有路线上乘客的平均换乘次数为标准，增开高于标准以上的直达车辆，减少低于标准以下线路的车辆。

该指标是一个负面指标，值越小表示公交运营效率越高，乘客到达目的地越方便。

(5) 乘客换乘需要时间。该指标通过实地抽样调查取得的乘客换乘需要的时间，即乘客每发生一次出行的过程中，用于换乘的时间，换乘时间越长，说明线网之间的衔接还不够顺畅，便捷性就大大降低。

(6) 站点非机动车停放。该指标反映换乘枢纽周边非机动车停放的条件和实际使用的情况，主要考察针对公共交通主体的乘客，需要通过非机动车换乘公交的需求比较大，如果站点考虑此类设施的设置，将大大提高居民选择公共交通出行的意愿。

3) 可靠性指标

(1) 公交准点率。公交的准点率也是反映公交服务水平和管理水平的重要因素。公交是否按时运营受到公交调度管理、运营组织、道路状况和天气条件等诸多因素的影响。较高的准时率表明公交的发展水平和服务水平较高。

公交准点率＝公共交通车辆各站点准点车次数/
通过各站点的车辆总次数×100％

该指标是一个积极的指标，值越大，表明公交车辆越准时，公交运营效率越高。

(2) 公交提前报站服务。该指标是指车辆到站是否具有报站提示服务的功能，乘客在体验公共交通服务的过程中，如果能够及时掌握到站信息，可以帮助乘客提前做好下车准备，也是人性化服务的一方面。同时报站服务的内容也在不断更新扩充过程中，目前已经不仅仅实现了自动语音报站，而且是三种语言，甚至四种语言报站，满足了不同乘客群体的需求。

4) 快速性指标

该项指标主要是指公交运行速度，即早晚高峰时段公共汽电车平均运营时速，如果有公交专用道，则要求达到20公里/小时。计算方法如下：

$$早晚高峰时段公共汽电车平均运营时速=\frac{\sum 早晚高峰时段班次平均运营车速}{早晚高峰时段班次总数}$$

5）经济性指标

（1）票价。该项指标反映的是城市公共交通的票价体系是否科学、合理，直接影响公众的出行成本，出行成本的高低也直接影响公众选择公共交通出行的意愿。

（2）换乘优惠。该项指标反映的是城市公共交通体系中不同模式或者相同模式之间换乘优惠的情况，如果有换乘优惠，或者换乘优惠的幅度比较大，那么将有利于不同公共交通模式的资源，提高使用效率，同时公众也会获取一定的福利。

6）舒适性指标

（1）高峰期车辆拥挤程度。该指标反映了交通高峰期公交车辆出行的频率，以满足城市居民的需求，达到公交资源供给平衡。

高峰期公共交通行车拥挤度＝高峰期公交车上无座位乘客总数/公交车额定座位总数

$$=\frac{\sum\begin{pmatrix}早晚高峰时段公共汽\\电车最大断面乘客数\end{pmatrix}}{\sum\begin{pmatrix}早晚高峰时段公共汽电车最大\\客流断面班次的额定载客量\end{pmatrix}}\times 100\%$$

该指标是一个适度指标，与指标值越接近，资源分配的效率就越高。当大于标志值时，表示公交车拥挤高峰，标志值越大表明拥堵程度越高，居民的福利水平越低。当小于标志值时，表示公交车在高峰期发车过多，造成资源浪费，同时增加了道路交通压力，应适当减少线路车辆的发车量。

（2）车辆环境。该项指标是反映车辆内部环境是否舒适，是否能够给乘客带来整洁、舒适的感觉。指标值越高，说明越能够给乘客提供一个好的乘车环境，公众对公共交通的好感度也会提升，反之则说明车辆环境不尽如人意，会大大降低公众选择公共交通的意愿。

（3）候车环境。该项指标是指公交枢纽场站、候车亭等候车环境的情况，一般包括环境的整洁、候车秩序、硬件环境、应急服务、车辆信息等。

（4）乘务人员服务。该项指标是指乘务人员的服务态度、服务水平。指标值越高反映乘务人员的服务水平越高，说明乘客对公共交通的满意度也越高，该项指标将直接影响乘客对公共交通的满意程度。

（四）以公众满意度为导向的松江区公共交通管理评价方法

1. 层次分析法基本内容

层次分析法（AHP）是对一些复杂和含糊不清的问题做出决定的简单方法。它特别适用于难以完全定量分析的问题。这是一个简单、灵活和实用的多准则决策方法，由美国运筹学家萨蒂于20世纪70年代初提出。

运用层次分析法建模，大体上可按下面四个步骤进行：

（1）建立递阶层次结构模型；

（2）构造出各层次中各因素两两判断矩阵；

（3）层次单排序及一致性检验；

（4）层次总排序及一致性检验。

2. 评价指标权重的确定过程

本文运用层次分析法，构建同一层次指标的两两判断矩阵，并进行一致性检验，从而确定各指标的权重。分别向公共交通管理和满意度评估领域的专家发放了调查问卷（附录A），收集相关的标度值。

1）计算权重向量

（1）构造两两判断矩阵

a. 比例标度表

对各个指标进行两两比较，并根据指标的重要程度进行量化。两因素同等重要则赋值为1，因素A比因素B极端重要则赋值为9，重要程度从1至9逐次提高（表3-5）。

表3-5　Staay标度表

因　素	同等重要	次重要	较强重要	非常重要	极端重要
量化值	1	3	5	7	9

b. 两两判断矩阵M

根据专家赋值法，并结合Staay标度法，对公交评价体系指标各指标进行赋值。将某一指标与其他指标一一进行比较，赋值。指标与自身相比赋值为1，即同等重要。

以“便捷性”为例，“乘客候车时间”一一与“乘客到站点时间”“乘客候车时间”“乘客换乘次数”“换乘时间”“站点非机动车停放”“公交信息发布”比较，分别得到赋值为“1/2”“1”“2”“3”“5”“7”。即“乘客候车时间”比“乘客到站点时间”不重要，比其他指标都更重要(表 3 - 6)。

表 3 - 6 “便捷性”指标两两判断矩阵

	乘客到站点时间	乘客候车时间	乘客换乘次数	换乘时间	站点非机动车停放	公交信息发布
乘客到站点时间	1	2	3	4	6	8
乘客候车时间	1/2	1	2	3	5	7
乘客换乘次数	1/3	1/2	1	2	4	6
换乘时间	1/4	1/3	1/2	1	3	4
站点非机动车停放	1/6	1/5	1/4	1/3	1	3
公交信息发布	1/8	1/7	1/6	1/4	1/3	1

(2) 计算权重系数

对 M_i 的元素归一化，得到 M_i'

$$M_i = \begin{pmatrix} 1 & 2 & 3 & 4 & 6 & 8 \\ \frac{1}{2} & 1 & 2 & 3 & 5 & 7 \\ \frac{1}{3} & \frac{1}{2} & 1 & 2 & 4 & 6 \\ \frac{1}{4} & \frac{1}{3} & \frac{1}{2} & 1 & 3 & 4 \\ \frac{1}{6} & \frac{1}{5} & \frac{1}{4} & 1 & 3 & 4 \\ \frac{1}{8} & \frac{1}{7} & \frac{1}{6} & \frac{1}{4} & \frac{1}{3} & 1 \end{pmatrix}$$

对 M_i'按行相加，得到 X_i

$$\overline{M} = (\overline{M_{ij}}),\ \overline{M} = \frac{M_{ij}}{\sum_{i=1}^{n} m_{ij}},\ i,\ j = 1,\ 2,\ \cdots n$$

(3) 对 X_i'归一化，得到 X_i，

$$\overline{X} = (\overline{x_1},\ \overline{x_2},\ \cdots,\ \overline{x_n}),\ \overline{x_i} = \sum_{j=1}^{n} \overline{x_{ij}}$$

$$X_1 = (0.331\,6,\ 0.255\,6,\ 0.191\,1,\ 0.125\,5,\ 0.068\,4,\ 0.027\,9)$$

2）一致性检验

根据 Staay 标度法计算得到的权重值可能存在逻辑不一致的错误，需要进行一致性检验，验证其逻辑性。利用矩阵一致性指标 CI 和平均一致性 RI 计算得到 CR，当 $CR<0.1$ 时，此次权重计算前后逻辑一致性。

（1）平均一致性指数 RI（表 3－7）

表 3－7　平均一致性指数（RI）

1	2	3	4	5	6	7	8	9
0.00	0.00	0.58	0.90	1.12	1.24	1.32	1.41	1.44

（2）计算最大特征根

检验判断矩阵的一致性，需要先计算判断矩阵的最大特征根。

计算公式

$$\lambda_{\max} = \sum_{i=1}^{n} \frac{(MX)_i}{nX_i}$$

计算 MX 矩阵

$$MX = \begin{pmatrix} 2.551\,3 \\ 1.717\,1 \\ 1.121\,2 \\ 0.705\,8 \\ 0.348\,0 \\ 0.191\,9 \end{pmatrix}$$

代入相应数值，计算得到最大特征根 $\lambda_{\max} = 6.31$。

（3）计算一致性指标 CI 值

$$CI = \frac{\lambda_{\max} - n}{n - 1}$$

将计算得到的最大特征根代入 CI 的计算公式，得到“便捷性”的一致性指标 $CI = 0.06$。

（4）计算随机一致性比率

矩阵的 CI 与平均一致性指数的 RI 的比率称为随后的一致性比率，即 CR。

当 $CR<0.1$ 时，判断矩阵具有较好的一致性。否则，重新调整和计算判断矩阵。

$$CR=\frac{CI}{RI}$$

经计算后得到“便捷性”的随机一致性比率 $CR=0.05$，具有满意的一致性。

3）评价指标权重确定

综上，根据层次分析法，计算得到以公众满意度为导向的松江区公共交通管理评价体系各指标的权重（表 3-8）。

表 3-8 以公众满意度为导向的松江区公共交通管理评价体系各指标权重

	安全性	便捷性	可靠性	快速性	经济性	舒适性	N 层排序总权重值	重要程度排序
驾驶员违章情况	0.833 3	0	0	0	0	0	0.276 7	1
车辆安全设施配备	0.166 7	0	0	0	0	0	0.055 3	6
公交信息发布	0	0.027 9	0	0	0	0	0.007 1	15
乘客候车时间	0	0.255 6	0	0	0	0	0.065 4	5
乘客到站点时间	0	0.331 6	0	0	0	0	0.084 8	4
乘客换乘次数	0	0.191 1	0	0	0	0	0.048 9	8
乘客换乘需要时间	0	0.125 5	0	0	0	0	0.032 1	10
站点非机动车停放	0	0.068 4	0	0	0	0	0.017 5	11
公交准点率	0	0	0.75	0	0	0	0.143 5	2
公交提前报站服务	0	0	0.25	0	0	0	0.047 8	9
公交运行速度	0	0	0	1	0	0	0.124 9	3
票　价	0	0	0	0	0.75	0	0.051 1	7
换乘优惠	0	0	0	0	0.25	0	0.017 0	12
高峰期车辆拥挤程度	0	0	0	0	0	0.507 2	0.014 1	13
车辆环境	0	0	0	0	0	0.295 9	0.008 2	14
候车环境	0	0	0	0	0	0.143 7	0.004 0	16
乘务人员服务	0	0	0	0	0	0.053 1	0.001 5	17

五、基于松江区公共交通管理的实证研究

（一）数据分析

1. 数据来源

由于笔者本身长期从事区域公共交通的管理工作，因此数据主要来源于日常工作和针对居民进行问卷调查获得的数据。

2. 交通管理部门的综合分析

松江区城区公交车路网覆盖了整个区域，呈现良好的网状结构。2016 年公交车客运量约为 1 亿 2 700 万人次[①]（图 3－10、图 3－11）。

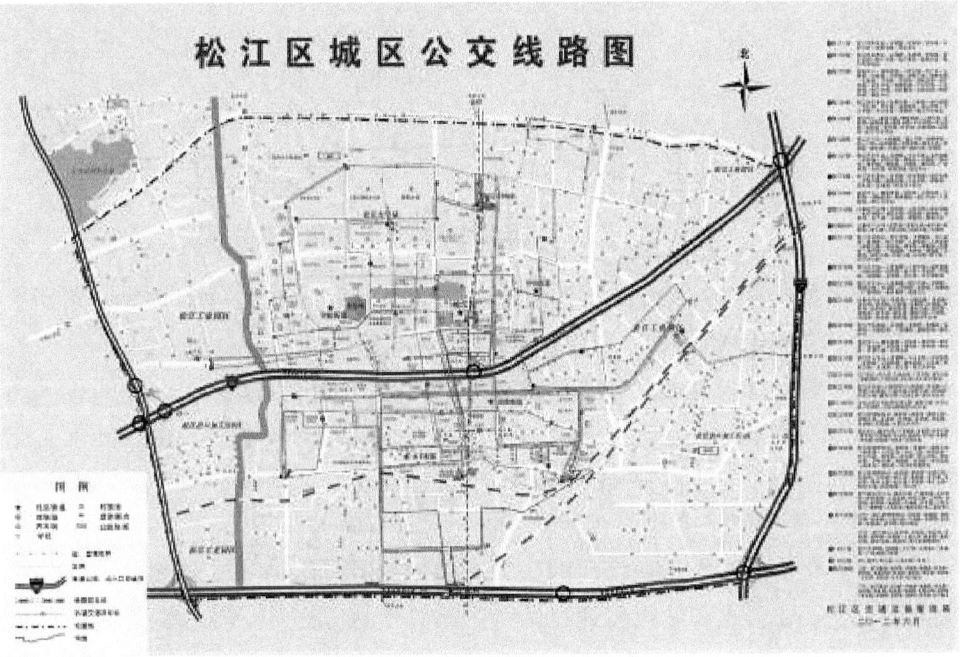

图 3－10　松江区城区公交路网图

1）关于安全性指标

（1）驾驶员违章情况。笔者从松江公交公司取得的数据显示，2016 年，公交公司共发生有责行车事故 465 起[②]，同比下降了 2.5％；其中交通死亡事故 2 起，

① 数据来源：区公交公司的年度统计。

② 数据来源：2016 年职能部门对公交公司的年度考核结果。

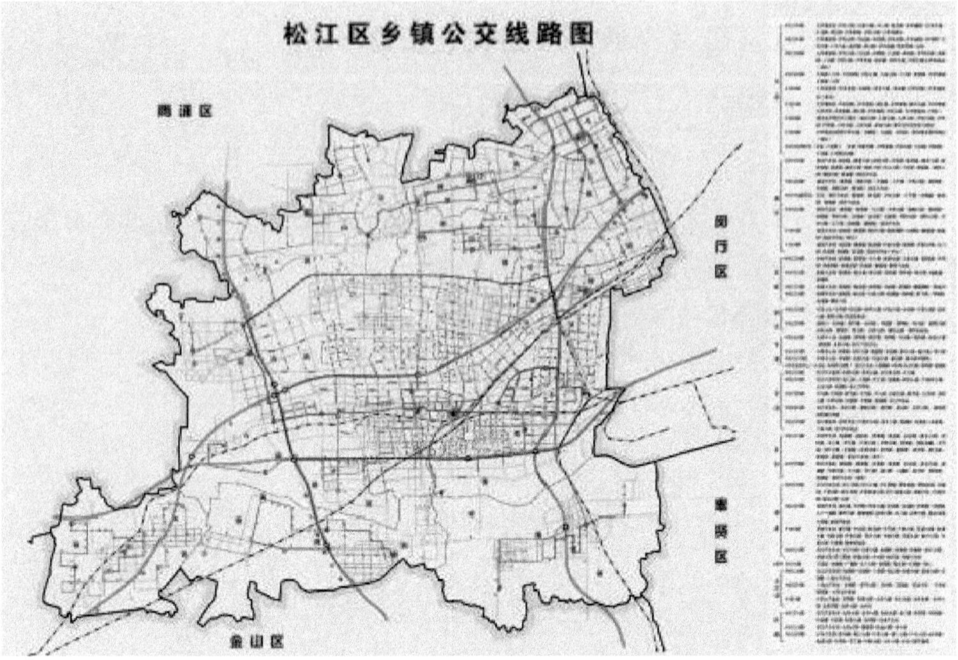

图 3 - 11　松江区乡镇公交线路图

安全行车事故与 2015 年相比明显下降。驾驶员违章 299 起，比 2015 年同期上升 27.33%，主要受交通综合大整治的影响。

(2) 车辆安全设施配置。笔者从松江城市交通运输管理所(以下简称区运管所)取得的数据显示，公交公司场站及车厢灭火器、消防锤等安全设施配备率为 100%[①]。

2) 关于便捷性指标

(1) 公交信息发布。松江区的公共交通使用者可以通过多种途径获取公交线路的信息：在公交车站可以通过传统的站牌信息，通过电子站牌，通过微信公众号，通过互联网网站，口耳相传。不过，可用的信息不足以让乘客方便地规划行程。公交车站里的信息可见性不够方便和清楚，也缺少图示。可见还存在一定的空间提升公交信息的发布效能(图 3 - 12、图 3 - 13)。

① 数据来源：2016 年职能部门对公交公司的年度考核结果。

图 3－12　松江公交交通有限公司官方网站

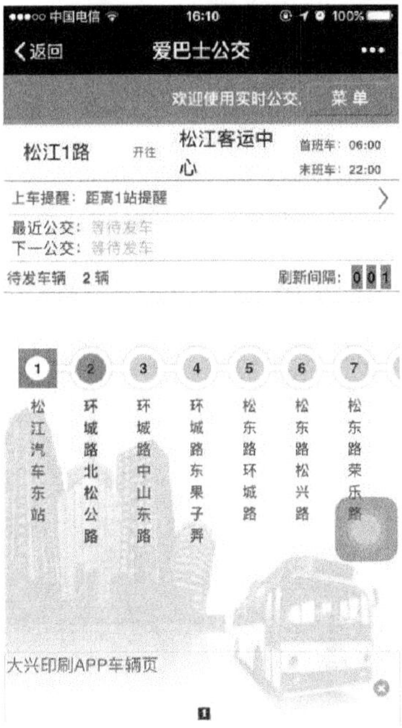

图 3－13　用松江微公交进行实时查询

(2) 乘客候车时间。区域内公交线路的距离大都过长：市通郊线路最长达39.3公里①，城区线路最长达27公里②，镇域线路最长达30.7公里③。在一定程度上导致大间隔，长时间的等候造成市民出行时的便捷性不够。乘客高峰小时平均候车时耗偏长(城区线路高峰发车间隔10分钟以上占比51%)。

(3) 乘客到站点时间。笔者从《松江新城地面公交服务水平调查报告》获取的数据显示：各类线路出行时耗分布差异性较为显著，全程出行时耗城区线路平均46分钟，镇间线路50分钟，市通郊和郊通郊线路分别为1小时和69分钟。其中各类线路乘客到站平均时耗在11～15分钟，等车时耗平均在6～14分钟，到达时耗在10～12分钟。其中，郊通郊线路车外时耗比重最低，约为55%，城区线路车外时耗比重高达59%(图3-14、图3-9)。

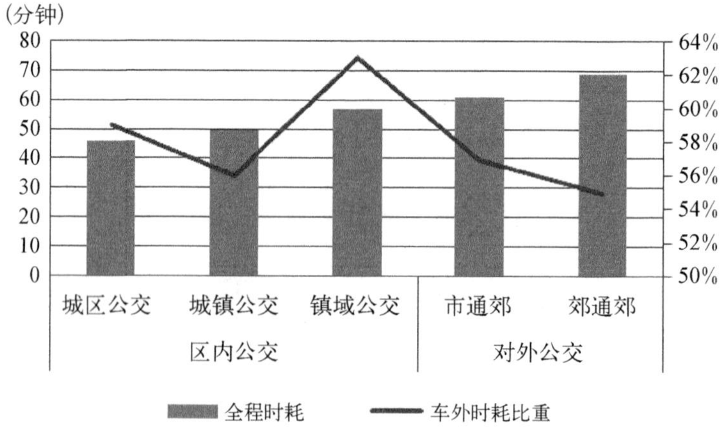

图3-14 不同类型线路出行时耗统计图

表3-9 不同类型线路出行链时耗表

线路性质		到站时耗(分钟)	等车时耗(分钟)	到达时耗(分钟)	全程时耗(分钟)	车外时耗比重
区内公交	城区公交	11	6	10	46	59%
	镇间公交	11	7	10	50	56%
	镇域公交	16	9	11	57	63%

① 沪佘昆：西区汽车站—小昆山
② 松江14路：西部工业园区
③ 松江71路：泖港(新乐路中南路)—新街停车场

续　表

线 路 性 质		到站时耗（分钟）	等车时耗（分钟）	到达时耗（分钟）	全程时耗（分钟）	车外时耗比重
对外公交	市通郊	15	10	10	61	57%
	郊通郊	12	14	12	69	55%

（数据来源：《松江新城地面公交服务水平调查报告》）

（4）乘客换乘次数。笔者从日常管理获取的数据显示：松江区平均乘距为4.9公里。城区公交线路的平均运距为3.6公里，城镇公交线路的平均运距为5.6公里，镇域公交线路的平均运距为1.8公里，市通郊公交线路的平均运距为7.2公里，郊通郊公交线路的平均运距为14.5公里。区内乘客平均换乘系数为1.39（图3-15、表3-10）。

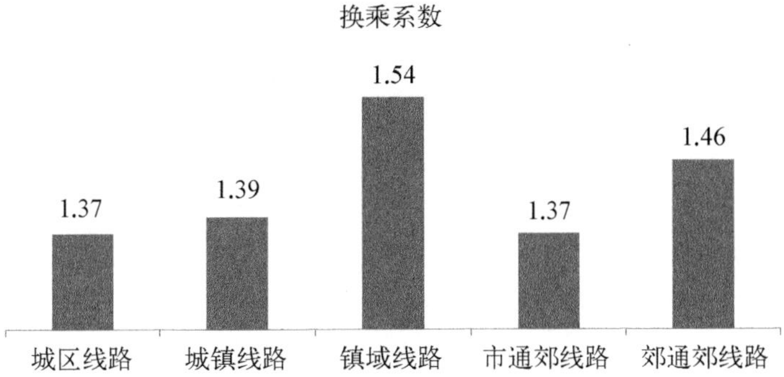

图3-15　换乘系数

表3-10　乘客换乘次数比例

	区 内 公 交			对 外 公 交	
换乘方式	城区线路	城镇线路	镇域线路	市通郊线路	郊通郊线路
两次换乘	3%	2%	1%	1%	4%
一次换乘	31%	35%	52%	35%	38%
零换乘	66%	63%	47%	64%	58%
合　计	100%	100%	100%	100%	100%

（5）站点非机动车停放。松江区目前公交枢纽场站的非机动车停放设施设置情况层次不齐，城区优于乡镇。新建枢纽场站对非机动车停放按照规范设置要求进行了配置，但是相对于一些老旧场站则预留不足。轨道9号线站点周边非机动车停放点缺乏，但近年来交通管理部门设置了多处非机动车临时停放点，

方便市民换乘。

3) 关于可靠性指标

(1) 公交准点率。笔者从《2016年度松江区创建公交城区评估报告》中获取的数据显示：松江公交公司车辆准点率为88.9%，距离目标值92%还有一定提升空间。

(2) 公交提前报站服务。笔者从松江公交公司获取的数据显示：目前全区公交车辆全部实现语音提前报站服务。

4) 关于快速性指标

笔者从《2016年度松江区创建公交城区评估报告》中获取的数据显示：松江区公交运行速度早晚高峰时段公共汽电车平均运营时速17.5公里/小时，松江新城的公交车运营速度为12公里/小时，人民路、中山东路等重要公共客运走廊高峰小时公交运营速度偏低，缺乏公交专用道的设置以确保此类重要公共客运走廊的运营效率。城区线路运行速度为14公里/小时，镇域公交运行速度为10公里/小时(表3-11)。

表3-11 公交运行速度快速性指标

线路性质		高峰平均运送速度(公里·小时$^{-1}$)
区内公交	城区公交	14
	城镇公交	21
	镇域公交	10
对外公交	市通郊	21
	郊通郊	31

5) 关于经济性指标

(1) 票价。笔者从松江公交公司获取的数据显示：2007年松江公共交通大发展之初，为吸引客流，鼓励百姓公共交通出行，在区政府的支持下，松江公交公司(以下简称"松江公交")采取了优惠票价措施。从2010年4月开始，对原核定多级制①的大部分线路实行公交车单一票价优惠价1元。由此，目前松江公交所辖105条线路中实行单一②票价的有87条，多级制18条。核定多级制执行单

① 郊区普通车1元起价，0.5元晋级，费率为0.12元一公里，空调车翻倍，1元起价，1元进给，费率为0.24元一公里；目前松江区100%已是空调车。

② 单一票价线路，空调车无论长短，季节一律2元。松江区由于企业让利，故城区内线路均为单一1元。

一票价的有 61 条，其中 59 条为单一票价 1 元，2 条为单一票价 2 元(松江 27 路、松江 56 路)。核定单一票价执行单一票价的有 26 条，其中单一票价 1 元的均为最后一公里线路 25 条，单一票价 2 元的有 1 条(松江 35 路)，具体详见表 3-12。

表 3-12　江区公交票价基本概况

	核定多级执行单一		核定单一执行单一			执行多级制
	1 元	2 元	1 元	2 元	最后一公里	
城区 57 条	30 条	1 条		1 条	13 条	12 条
镇域 48 条	29 条	1 条			12 条	6 条
合　计	59 条	2 条		1 条	25 条	18 条

(2) 换乘优惠。区域内公交同步中心城区，对持有交通卡的乘客实施换乘优惠。两小时内减 1 元。

6) 关于舒适性指标

(1) 高峰期车辆拥挤程度[①]。笔者从《2016 年度松江区创建公交城区评估报告》中获取的数据显示：松江区早晚高峰公共汽电车平均拥挤度为 73%，轨道交通 9 号线位于松江区段的平均拥挤度约 56.3%，因此早晚高峰时段公共交通(包括轨道交通)的平均拥挤度为 64.7%，其公共交通拥挤度远低于上海市区公共交通平均拥挤度目标上限值(81%)。

(2) 车辆环境。松江区全区公交车辆的平均车龄为 4.2 年，其中车龄在 6 年以上的车辆占 24%，公交运营车辆平均车龄仍偏高。万人公共交通车辆保有量有一定提高，随着大量新能源车辆购入，松江全区公交车辆平均车龄有了大幅下降，新能源车辆更新比例达 50%，目前区域共有新能源车辆 328 辆，其中纯电动车 178 辆、液化天然气车 73 辆、油电混合车 77 辆，占车辆总数的 40%。

(3) 候车环境。笔者从区运管所获取数据显示，500 米半径覆盖率为 94%，300 米半径覆盖率为 56%，其 500 米站点覆盖率已达到较高水平。松江城区内共设置有港湾车站 157 个，其港湾式停靠站设置率为 51%，港湾车站设置率较高。

(4) 乘务人员服务。笔者从市运管处获取的数据显示，松江区公共交通的

① 高峰期公共交通行车拥挤度反映的是公交车在交通高峰期的车次频率是否满足城市居民的需求，以实现公交车资源供给与需求的平衡。

服务质量有了明显的改进,公共交通乘客满意度为83%。[①]

3. 问卷数据分析

本文采用匿名问卷的形式,在松江区人流密集的公交站点进行问卷调查,包括松江汽车南站、松江汽车东站、松江客运中心、招商市场公交站、松江新城地铁站等。调查对象为松江区公交乘客。调查内容为松江区公共交通管理中与公众密切相关的各个方面,包括“安全性”“便捷性”“可靠性”“快速性”“经济性”“舒适性”。通过收集公众在体验公共交通过程中的主观感受的相关数据,从而来研究和分析松江区公共交通的管理水平。总计发放问卷230份,有效问卷210份。

1) 基本情况

(1) 自驾车与公交汽车是受访者在松江最常采用的交通出行方式。在日常交通方面,有38%的受访者选择自驾车;32%的受访者选择公交汽车出行;15%的受访者选择电瓶车、自行车等非机动车;14%的受访者选择轨道交通,1%的受访者选择其他交通方式(图3-16)。

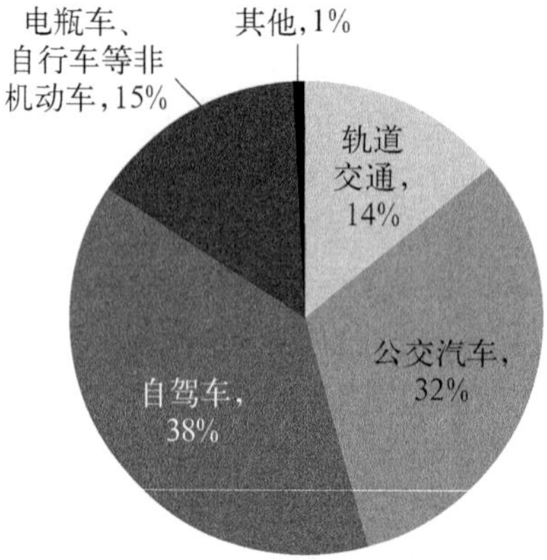

图3-16 松江最常采用的交通出行方式

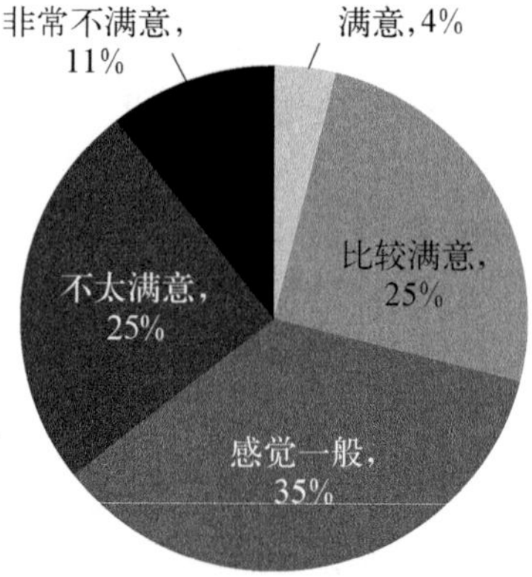

图3-17 松江公共交通状况的总体评价情况

(2) 受访者对松江公共交通状况的总体评价情况。35%的受访者对松江公共交通的总体评价是感觉一般,选择比较满意的受访者占25%,选择不太满意的受访者占25%,选择非常不满意的受访者占11%,表示满意的受访者占4%。有市民认为松江公交与市区公交脱轨,发展不在一个层次(图3-17)。

① 上海市公交行业协会每个季度组织第三方评估,对全市中心城区及各区公共交通乘客满意度进行调查。

(3) 等候时间长、路面拥堵坐车耗时长、到站不准点被认为是松江公交汽车存在的突出问题。在松江公交汽车存在的突出问题中，29%的受访者认为等候时间长，21%的受访者认为是路面拥堵，坐车耗时长；15%的受访者认为准点率不高，13%的受访者认为线路走向不合理，11%的受访者感到公交线路覆盖不到自己的住所范围，10%的受访者认为换乘不方便，2%的受访者认为是其他问题（图 3－18）。

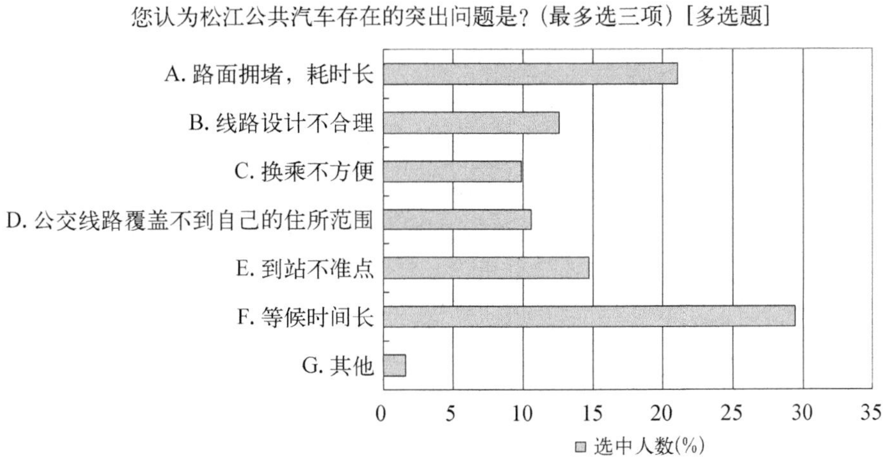

图 3－18　松江公共汽车存在的突出问题

调查中对松江公交工作人员素养提出了进一步提高的希望，有的很多车次发车随意，到站时间不稳定。如沪松线、大学城区域线路的公交工作人员工作态度有待改善；一些公交车司机和出租车司机为了赶时间，不文明驾车，忽视行车安全。

有受访者提出，手机客户端掌上公交经常刷新不了，看不见实时信息，且有时信息有误。

(4) 车厢过于拥挤被认为是乘坐公交线路或者地铁 9 号线存在的突出问题。在乘坐地铁 9 号线碰到的突出问题中，50%的受访者认为车厢过于拥挤，22%的受访者认为换乘不方便，17%的受访者认为出行成本高，1%的受访者认为故障多，9%的受访者认为是其他问题（图 3－19）。

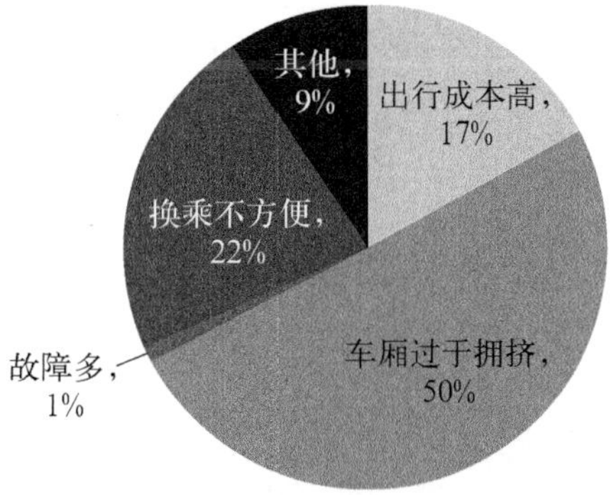

图 3－19　乘坐地铁 9 号线存在的突出问题

(5) 缩短车次间隔时间、公交信息化、改进公交线路设计被认为是改进公交车现存问题比较有效的方法。在改进松江公交现存问题有效方法中,31%受访者选择缩短车次间隔时间,23%的受访者选择促进公交信息化,及时了解公交信息;22%的受访者选择改进公交线路设计,8%的受访者选择提升服务质量、改善车容车貌;8%的受访者选择改进候车点设置;7%的受访者选择提升公交车舒适度。1%的受访者认为应采用其他方式。

在公交信息化方面,市民比较多的建议是,参照江苏南通市等地区,在公交站设电子屏,显示下一站车次到达时间;参照虹桥枢纽1路,公交站点能查询到准确的时间。开设微信调查平台了解市民意见建议。

在上下班高峰期间,市民建议增加公交车的班次,缩短间隔时间,如开往工业区的22路,间隔时间为20分钟,有时碰上堵车,差不多要半个多小时一班。开往镇上的车子也是如此,很多都是20分钟,甚至是30分钟一班,等候时间太长(图3-20)。

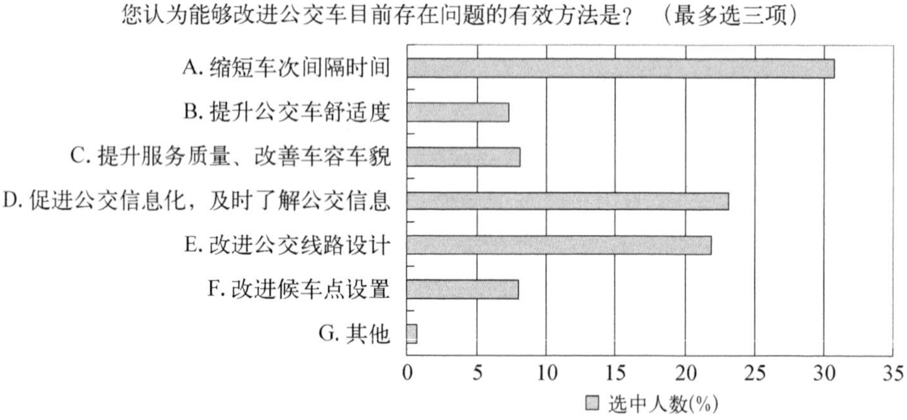

图3-20 改进公交车现存问题比较有效的方法

(二)评价模型计算

1. 确定因素集

因素集是影响评价对象取值的各因素组成的集合。在本研究中,以公众满意度为出发点的公共交通管理评价体系的六个主要因素建立因素集:

$$X=(\text{安全性 }X1,\text{便捷性 }X2,\text{可靠性 }X3,\text{快速性 }X4,\text{经济性 }X5,\text{舒适性 }X6)$$

2. 确定评语等级论域

本文对松江公交管理满意度的评价共分为五个等级："很满意""较满意""一般""较不满意""很不满意"。不同的评价等级对应着不同的评价分值，详见表 3-13。

表 3-13　评价等级分值表

指标程度	很满意	较满意	一　般	较不满意	很不满意
分　值	90	80	70	60	50

3. 构造权重集

使用层次分析法计算得到松江区公共交通管理评价各指标的权重，分别为：

安全性二级指标权重

$$X_1 = (0.833\,3,\ 0.166\,7)$$

便捷性二级指标权重

$$X_2 = (0.331\,6,\ 0.255\,6,\ 0.191\,1,\ 0.125\,5,\ 0.068\,4,\ 0.027\,9)$$

可靠性二级指标权重

$$X_3 = (0.75,\ 0.25)$$

快速性指标权重

$$X_4 = (1.0);$$

经济性二级指标权重

$$X_5 = (0.75,\ 0.25);$$

舒适性二级指标权重

$$X_6 = (0.507\,2,\ 0.295\,9,\ 0.143\,7,\ 0.053\,1);$$

公交一级指标权重

$$X = (0.332\,0,\ 0.255\,9,\ 0.191\,3,\ 0.124\,9,\ 0.068\,1,\ 0.027\,7)$$

4. 建立模糊关系矩阵

1）问卷调查结果

问卷调查结果详见表 3-14。

表 3-14 问卷调查结果

M层指标	M层指标	很满意	较满意	一般	较不满意	很不满意	合计
安全性	驾驶员违章情况	33	53	77	43	4	210
	车辆安全设施配备	53	73	81	3	0	210
便捷性	乘客到站点时间	11	32	52	74	41	210
	乘客候车时间	7	26	57	81	39	210
	乘客换乘次数	18	32	67	52	41	210
	换乘时间	18	28	66	54	44	210
	站点非机动车停放	5	18	28	72	87	210
	公交信息发布	12	26	45	74	53	210
可靠性	公交准点率	13	51	75	50	21	210
	公交提前报站服务	20	41	74	46	29	210
快速性	公交运行速度	18	34	60	66	32	210
经济性	票　价	36	60	81	28	5	210
	换乘优惠	41	58	86	25	0	210
舒适性	高峰期车辆拥挤程度	3	18	35	61	93	210
	车辆环境	28	49	66	35	32	210
	候车环境	22	41	78	49	20	210
	乘务人员服务	33	54	78	39	6	210

2）问卷评价结果

问卷评价结果详见表 3-15。

表 3-15 问卷评价结果

M层指标	N层指标	很满意	较满意	一般	较不满意	很不满意
安全性	驾驶员违章情况	0.157 1	0.252 4	0.366 7	0.204 8	0.019 0
	车辆安全设施配备	0.252 4	0.347 6	0.385 7	0.014 3	0.000 0

续　表

M层指标	N层指标	很满意	较满意	一般	较不满意	很不满意
便捷性	乘客到站点时间	0.052 4	0.152 4	0.247 6	0.352 4	0.195 2
	乘客候车时间	0.033 3	0.123 8	0.271 4	0.385 7	0.185 7
	乘客换乘次数	0.085 7	0.152 4	0.319 0	0.247 6	0.195 2
	换乘时间	0.085 7	0.133 3	0.314 3	0.257 1	0.209 5
	站点非机动车停放	0.023 8	0.085 7	0.133 3	0.342 9	0.414 3
	公交信息发布	0.057 1	0.123 8	0.214 3	0.352 4	0.252 4
可靠性	公交准点率	0.061 9	0.242 9	0.357 1	0.238 1	0.100 0
	公交提前报站服务	0.095 2	0.195 2	0.352 4	0.219 0	0.138 1
快速性	公交运行速度	0.085 7	0.161 9	0.285 7	0.314 3	0.152 4
经济性	票　价	0.171 4	0.285 7	0.385 7	0.133 3	0.023 8
	换乘优惠	0.195 2	0.276 2	0.409 5	0.119 0	0.000 0
舒适性	高峰期车辆拥挤程度	0.014 3	0.085 7	0.166 7	0.290 5	0.442 9
	车辆环境	0.133 3	0.233 3	0.314 3	0.166 7	0.152 4
	候车环境	0.104 8	0.195 2	0.371 4	0.233 3	0.095 2
	乘务人员服务	0.157 1	0.257 1	0.371 4	0.185 7	0.028 6

3. 计算模糊综合评价结果向量

1）准则指标满意度情况

（1）“便捷性”的模糊矩阵

$$Y_k = (y_{ij})k,\ i,\ j = 1,\ 2 \cdots n$$

$$Y_2 = \begin{pmatrix} 0.052\,4 & 0.152\,4 & 0.247\,6 & 0.352\,4 & 0.195\,2 \\ 0.033\,3 & 0.123\,8 & 0.271\,4 & 0.385\,7 & 0.185\,7 \\ 0.085\,7 & 0.152\,4 & 0.319\,0 & 0.247\,6 & 0.195\,2 \\ 0.085\,7 & 0.133\,3 & 0.314\,3 & 0.257\,1 & 0.209\,5 \\ 0.023\,8 & 0.085\,7 & 0.133\,3 & 0.342\,9 & 0.414\,3 \\ 0.057\,1 & 0.123\,8 & 0.214\,3 & 0.352\,4 & 0.252\,4 \end{pmatrix}$$

（2）“便捷性”的权重矩阵

$$X_k = (x_j),\ i,\ j = 1,\ 2 \cdots n$$

$$X_2 = (0.331\,6,\ 0.255\,6,\ 0.191\,1,\ 0.125\,5,\ 0.068\,4,\ 0.027\,9)$$

(3)“便捷性”模糊矩阵的复合运算

$$Z_k = X_k Y_k,\ k = 1,\ 2 \cdots n$$

$$Z_2 = X_2 Y_2 = \begin{pmatrix} 0.331\,6,\ 0.255\,6, \\ 0.191\,1,\ 0.125\,5, \\ 0.068\,4,\ 0.027\,9 \end{pmatrix} \begin{pmatrix} 0.052\,4 & 0.152\,4 & 0.247\,6 & 0.352\,4 & 0.195\,2 \\ 0.033\,3 & 0.123\,8 & 0.271\,4 & 0.385\,7 & 0.185\,7 \\ 0.085\,7 & 0.152\,4 & 0.319\,0 & 0.247\,6 & 0.195\,2 \\ 0.085\,7 & 0.133\,3 & 0.314\,3 & 0.257\,1 & 0.209\,5 \\ 0.023\,8 & 0.085\,7 & 0.133\,3 & 0.342\,9 & 0.414\,3 \\ 0.057\,1 & 0.123\,8 & 0.214\,3 & 0.352\,4 & 0.252\,4 \end{pmatrix}$$

“便捷性”乘客满意度评价

$$Z_2 = (5.62\%,\ 13.73\%,\ 26.70\%,\ 32.83\%,\ 32.83\%,\ 21.12\%)$$

(4)以公众满意度为导向的公共交通管理评价指标

松江区公交乘客满意度一级指标满意度(表 3-16)。

表 3-16　松江区公交乘客满意度一级指标满意度

	很满意	较满意	一　般	较不满意	很不满意
安全性	17.30%	26.83%	36.98%	17.30%	1.59%
便捷性	5.62%	13.73%	26.70%	32.83%	21.12%
可靠性	7.02%	23.10%	35.60%	23.33%	10.95%
快速性	8.57%	16.19%	28.57%	31.43%	15.24%
经济性	17.74%	28.33%	39.17%	12.98%	1.79%
舒适性	7.01%	15.42%	25.07%	24.01%	28.49%

2)公交总体满意度情况

(1)松江区公交总体的模糊矩阵

$$Z = \begin{pmatrix} 17.30\%, & 26.83\%, & 36.98\%, & 17.30\%, & 1.59\% \\ 5.62\%, & 13.73\%, & 26.70\%, & 32.83\%, & 21.12\% \\ 7.02\%, & 23.10\%, & 35.60\%, & 23.33\%, & 10.95\% \\ 8.57\%, & 16.19\%, & 28.57\%, & 31.43\%, & 15.24\% \\ 17.74\%, & 28.33\%, & 39.17\%, & 12.98\%, & 1.79\% \\ 7.01\%, & 15.42\%, & 25.07\%, & 24.01\%, & 28.49\% \end{pmatrix}$$

（2）松江区总体的权重矩阵

公交一级指标权重

$$X=(0.3320,\ 0.2559,\ 0.1913,\ 0.1249,\ 0.0681,\ 0.0277)$$

（3）松江区公交总体满意度评价

$$Z=(10.94\%,\ 21.24\%,\ 32.75\%,\ 24.29\%,\ 10.78\%)$$

（三）评价结果综合分析

1. 评价结果

1）准则指标得分评价

$$V=(90,\ 80,\ 70,\ 60,\ 50)^{T}$$

2）准则指标分值

（1）安全性指标分值

$$S_1=Z_1\cdot V_1=(17.30\%,\ 26.83\%,\ 36.98\%,\ 17.30\%,\ 1.59\%)\begin{pmatrix}90\\80\\70\\60\\50\end{pmatrix}=74.1$$

（2）便捷性指标分值

$$S_2=Z_2\cdot V_2=(5.62\%,\ 13.73\%,\ 26.70\%,\ 32.83\%,\ 21.12\%)\begin{pmatrix}90\\80\\70\\60\\50\end{pmatrix}=64.99$$

（3）可靠性指标分值

$$S_3=Z_3\cdot V_3=(7.02\%,\ 23.10\%,\ 35.60\%,\ 23.33\%,\ 10.95\%)\begin{pmatrix}90\\80\\70\\60\\50\end{pmatrix}=69.19$$

(4) 快速性指标分值

$$S_4=Z_4\cdot V_4=(8.57\%, 16.19\%, 28.57\%, 31.43\%, 15.24\%)\begin{pmatrix}90\\80\\70\\60\\50\end{pmatrix}=67.14$$

(5) 经济性指标分值

$$S_5=Z_5\cdot V_5=(17.74\%, 28.33\%, 39.17\%, 12.98\%, 1.79\%)\begin{pmatrix}90\\80\\70\\60\\50\end{pmatrix}=74.73$$

(6) 舒适性指标分值

$$S_6=Z_6\cdot V_6=(7.01\%, 15.42\%, 25.07\%, 24.01\%, 28.49\%)\begin{pmatrix}90\\80\\70\\60\\50\end{pmatrix}=64.85$$

2. 公交总体情况分值

$$S=Z\cdot V=(10.94\%, 21.24\%, 32.75\%, 24.29\%, 10.78\%)\begin{pmatrix}90\\80\\70\\60\\50\end{pmatrix}=69.73$$

松江区整体公交得分,详见表 3-17。

表 3-17　松江区公交一级指标得分表

指　标	得　分
安全性	74.10
便捷性	64.99

续　表

指　　标	得　分
可靠性	69.19
快速性	67.14
经济性	74.73
舒适性	64.85
总体情况	69.73

因此，根据评价原则可得知，松江区居民对区域内公共交通管理水平安全性方面评价趋于“较满意”，便捷性趋于“一般”，可靠性趋于“一般”，快速性趋于“一般”，经济性趋于“较满意”，舒适性趋于为“一般”。松江区公共交通管理水平综合评价结果是趋于“一般”。

2. 存在的问题及原因分析

1）存在的问题

通过本次研究，发现松江区公共交通的便捷性、快速性、舒适性方面的指标得分均低于 70 分，分析调查的结果发现主要存在以下几个方面的问题。

（1）公交线网布局不合理导致便捷性不够。从现有的公交线网设置来看，存在绕行严重、重复系数偏高、服务盲区等，因此造成了换乘次数比较多，且换乘时间比较长。现状松江新城内平均线网密度仅为 2.6 公里/平方公里，仅达到规范中城市边缘地的指标要求（2～2.5 公里/平方公里）。新城内部仍存在公交服务盲区。而全区和新城的公交线路重复系数偏高，均达到 3 以上，公交资源存在一定的浪费，不利于乘客出行效率及公交运营效率的提高，公交线网有待进一步优化调整。公交运营管理信息化水平仍然偏低，智能公交系统建设有待完善。公众对公交信息的系统性、持续性掌握有间断或者不及时，导致信息不对称，出行不方便。

（2）路权优先滞后导致快速性不明显。公交出行时耗偏长，公交出行效率偏低。现状全区公交专用道仅有三条，共 12.9 公里，但是从实际使用来看，并未起到应有的作用，公共交通的运行时速为 14 公里/小时左右。重要公交走廊的路权优先有待完善，公交运营车速难以保障。加之乘客高峰小时平均候车时耗偏长（城区线路高峰发车间隔 10 分钟以上占比 51%），公交出行效率整体偏低降低了公共交通的吸引力。

(3) 车况环境参差不齐导致舒适性的感受度不佳。公交车的平均车龄为3.2年左右，整体的车辆使用情况有差异，中心城区的比较好，但是镇域公交的车容车貌明显比较欠缺。由于部分车辆的维修保养不当，因此在乘坐体验的舒适度方面往往成为诟病。高峰期由于潮汐现象明显，因此车内拥挤度比较严重，满载率大于70%，车辆虽然有更新，但是由于受部分道路条件限制，有些地区还是小车型。虽然近年来通过一系列创先争优等活动提高服务质量，但是司售人员的服务态度方面还有进一步提升的空间。

2) 存在问题的原因分析

影响松江区公共交通便捷性、快速性、舒适性的主要原因有以下几个方面。

(1) 规划方面缺乏有效的顶层设计。公共交通的发展离不开规划的引领，虽然区内已经编制了许多专项规划，但是真正落地的寥寥无几，可操作性不强。同时，规划编制的时效性比较落后，很多新情况、新要素没有很好地融合进去。松江正面临重大项目齐头并进的建设期，公共交通的顶层设计尤为重要，以引领和指导公共交通发展的方向，并且需要从法律层面加以保障。

(2) 公交用地的限制制约了线网布局的科学合理。目前公交用地的匮乏严重影响线网的合理布局。对公交用地缺乏重视和保障，有些地区只着眼土地的经济利益，却忽视了公共服务设施的重要性。土地的密集开发势必会带来大量的人口导入，出行需求也会随之增强。由于公交用地的匮乏，使线路的重复系数越来越大，主要客运走廊的线网密集，从而导致线路的曲线系数高、线网布局不均衡的现象。

(3) 信息化的发展给传统行业带来了挑战和机遇。松江区在公共交通信息化方面起步较晚，从业者对信息化的接受程度不一。特别是公交公司司售调人员受传统工作方式的影响比较大，需要一定的时间来适应和改变工作方式。因此，目前的融合度还不够。

(4) 各部门之间缺乏有效的沟通协作。公共交通涉及如交通、公安、规土等多部门，但是在实际工作中发现，各部门还缺乏有效的配合，还存在相互推诿扯皮的现象。以公交专用道设而不用为例，正是由于缺乏有效的沟通，因此即便是设置了公交专用道，最终因为没有公安交警部门的处罚措施和监控设备的有效跟进，导致公交专用道没有发挥应有的作用。

(5) 缺乏有效的淘汰机制导致服务质量提升积极性不够。目前松江公共交通发展主要是一区一骨干的现状，即所有的区内线路全部委托一家国有公交企业进行运营和管理。国有企业大锅饭的思想和工作机制的固有化，使职工缺乏危机感和紧迫感，缺乏一个良性的淘汰机制或者奖惩机制与服务质量挂钩，对于车辆和车站的管理意识比较薄弱。

六、改善松江公共交通管理的对策与建议

根据上述从松江区交通管理部门及公交运营企业获取的数据分析，以及实地问卷调查数据分析，结合评价体系的综合评价法得出的结论，可见大多数市民对松江区公共交通的现状表示认可，但是认可的程度还不够，还有很大的提升空间。安全性及经济性方面做得比较好，说明行业主管部门在实施行业监管以及票价体系方面都做出了积极努力，特别是票价政策上充分反映了惠民利民的管理理念，城区公交线路单一票价 1 元，低廉的出行成本在远郊区中也是独具优势的。但是与此同时我们也发现，公共交通管理水平还有很多方面亟待提升，公共交通现状水平已经无法满足居民的需求，特别是在便捷性、快捷性和舒适性等方面需要加大管理力度，需要对症下药，多措并举。

建立服务型政府，必然要求以公众满意为根本出发点和落脚点。为了进一步提高松江区公共交通管理水平，切实地为百姓提供舒适、便捷的公共出行服务体系，增加老百姓的获得感，提高公共交通的吸引力，让老百姓愿意乘坐公共交通出行，促进城市发展的绿色、经济，本文根据以公众满意度为导向的松江区公共交通管理评价体系的研究结果，提出提高松江区公交管理水平的方法和政策建议，为构建服务型政府提供政策参考。

（一）明确公众与管理部门的关系

1. 政府管理部门的“顾客”——公众

就如在市场行为中非常明确企业与顾客的关系，政府在实施管理行为的过程中同样也存在着这样的关系，提供服务的管理主体是政府，以及服务对象是公众。市场行为中，企业的市场地位及经济效益与顾客满意度有着密切的关系，因此，“顾客是上帝”的意义不言而喻。然而在政府公共服务过程中，这样的利益关系并不是非常明显，但是从打造服务型政府理念的实施来看，公众满意度越来越受到重视，也是政府绩效水平的直接反应。公共交通作为公共服务领域受众面最广的内容，服务对象就是广大老百姓，因此，政府管理部门在实施管理行为的时候，必须明确公众和自身的关系和定位。

2. 松江区公众参与公共交通管理的主要问题

强调公众参与公共管理，事实上就是将公众视为公共管理的积极参与者，而非被动的接受者。尽管近年来松江区越来越关注公众对公共交通的满意程度，开辟了很多沟通途径，但是依然还有许多问题，首先是公众的参与途径。目前的沟通途径主要依靠信访投诉热线，或者是两会代表、党代表进社区，参与途径比较少，良好的沟通氛围还没很好地形成。两会代表和党代表的大量意见和建议都来自基层，代表本身坐公交的很少，政府部门很少能直接面对老百姓反馈他们的诉求。其次是公众的自身素质。公共交通的服务主体以中老年群体为主，总体文化水平较低，主动议事的能力比较欠缺，反映的问题大多是以个体为出发点，缺乏宏观性。

（二）改善松江区公共交通管理应采取科学的策略和步骤

通过对以公众满意度为导向的公共交通管理评价体系的研究，已经很清晰地了解到公众对松江区目前公共交通现状及管理水平的认知程度为"一般"。说明松江区的公共交通管理还存在许多问题，公众对政府的管理不十分满意。与此同时，公众对政府效能满意度的提高对政府总体满意度的提高具有重要的意义。换言之，公众满意度与政府施政的管理水平以及政府绩效有着密切的联系。我们要改善公共交通管理现状，就要从管理服务对象——公众满意度着手，通过评价体系的建立和运用，及时掌握公众的满意程度和不满意之处，这样才能有的放矢。总之改善松江区目前公共交通管理应该有一个优先次序的策略，即首先是建立和巩固以公众满意度为导向的公共交通管理评价体系；其次是政府效能的提高；再次是信息公开和公众参与的改善；最后是针对评价体系的综合分析，跟踪指标数据，对公众反映突出，指标数据反映不佳的内容进一步完善。

1. 认识公众满意管理的积极作用

（1）认识与评价。在公共交通管理工作中引入公众满意理念，可以对政府管理部门有较为全面和客观地认识。围绕公众满意度开展公共交通管理评价，可以了解公众对该项公共服务的满意程度，对政府绩效水平高低作出判断。

（2）挖掘与改进。以公众满意度为导向所做的公共交通管理评价，可以帮助政府管理部门找到管理和服务过程中存在的问题和薄弱之处，并且能够及时调整。政府部门可以通过定期对评价体系的研究，从而掌握公众的需求变化，从而能够挖掘工作中的潜能，主动跨前，进一步提高政府的管理效能。

（3）激励与预警。公众的满意度是对公共交通管理工作最直接的反映，评价水平高说明公众满意度高，工作成效好，对管理部门而言是一种荣誉和鼓励；评价水平低说明公众满意度低，对管理部门是一种鞭策。通过以公众满意度为导向的公共交通管理评价，对问题进行诊断，从而能够避免问题的严重化。

(4) 沟通与回应。以公众满意度为中心的公共交通管理评价体系，让公众能更加理解公共交通的具体工作，提高了政府管理部门的应急处置能力和社会反映能力。因为政府通过评价体系，与公众的实际需求响应度很高，沟通渠道的畅通能够促成工作的事半功倍。

2. 开展以公众满意度为导向的公共交通管理评价

对于政府管理部门，尤其是提供公共服务的政府管理部门，开展以公众满意度为导向的公共管理评价是很重要的。公共交通服务和公众的接触最多，也最直接。然而公众很少能够直接参与公共交通的决策，往往都是被动接受线网调整、基础设施建设、新政实施等情况。以公众满意度为导向的公共交通管理评价意味着公众的感受对政府的管理评价有着直接的关系，公众至少能够参与公共交通管理，并且有一定话语权。公共交通领域近年来在不同的专业领域都推出了乘客满意度调查，并定期对社会公布，如上海市公交乘客满意度指数、上海市出租汽车乘客满意度指数等。

结合松江区的实际情况，目前亟待建立以公众满意度为导向的公共交通管理评价体系，通过公众满意度督促政府管理部门不断提升政府效能，为公众提供更好的服务，反之，通过评价体系的建立能够有针对性地改进，不断提升公众满意度，让公众有获得感。因此，两者是相辅相成，相互协调互补的。

3. 提高政府自身的管理效能

政府管理部门在提供公共交通服务的过程中，应该首先注重自身管理效能的提高，唯有如此，才能从主观上加强服务的意识，管理的深度，最终落脚点就是反映在公众对公共交通的满意度上。

提高政府效能的改善主要在于工作态度、效率和公正廉洁方面，从而才能打造服务型政府，对于公共交通管理部门而言，应该从制定行业服务规范、建立对公交运营企业的考核机制等方面努力。

(1) 制定和完善公共交通行业运营管理、服务规范等标准。为公共交通行业的规范、有序发展提供指引，但更为重要的是通过服务规范的建立，重塑公众和管理部门之间的信任，增加公众对管理部门做好公共交通工作的信心。

(2) 建立对公交企业的科学考核机制。对公共交通企业的监管力度，将服务质量、成本控制、竞争机制、安全运营等列入主要考核指标，考核结果作为财政扶持、线路招投标、市场退出的重要依据，形成一种倒逼机制，改变国有企业大锅饭的安逸心态。

（3）督促公交企业建立司售调人员岗位星级评定奖励考核机制。从问卷的调查结果可知，公众对公共交通司售人员服务满意度仅为一般水平，很多被访者对乘务人员的态度都不太满意。司售人员是公交公司的窗口形象，所以要提高一线人员的素质，提升服务水平，改善人们对公交的固有观念。提高公交服务人员的素质并建立科学的考评制度势在必行。企业实行驾驶员、乘务员、调度员星级评定制度，可以进一步激发司乘人员的工作热情，提升公交行业文明程度和市民满意度。

4. 提高公众参与的积极性

公共交通的服务对象就是管理行为的“顾客”，只有让更多的公众参与公共交通的管理，表达自己的诉求，提供真知灼见，使公众体会到他们是主角，才能使公共交通的服务水平精准到位。与此同时公共交通的服务水平也取决于政府管理水平的高低。

（1）树立公众的“主人翁”意识，组建交通行业公众意见征询委员会，聘请公共交通、公共政策、相关专业领域的专家、人大代表和政协委员、市民代表作为委员会成员。征询委员会制度作为征询公众意见的重要实现形式，依靠公众力量，为松江公共交通发展出谋划策。凡涉及重大公交线网调整、民生的公共政策以及社会热点等必须事先听取委员会意见。委员会对这些问题进行研究，分析和讨论，最后形成咨询报告，提供给行业主管单位作为决策参考。

（2）发挥公众参与，开展百姓评公交活动。聘请乘客担任社会监督员，组建测评员队伍。定期对公交线路、公交站点、乘务人员进行服务评价，让他们参与到实践活动中，也使政府能够直面公众，获取第一手信息，从而能够更加有针对性地解决问题和改善公交管理现状。

5. 扩大信息公开的程度

政府管理部门针对自身，应进一步完善政府信息公开和拓宽公众对公共交通管理的参与渠道。利用好网站、微信、报纸等不同媒介的宣传阵地，把公共交通相关工作和信息及时向公众发布，同时配套建立投诉反馈机制，使信息沟通畅通无阻，通过意见收集、信息处理、结果反馈等流程使公众对信息处理的体验有良好的感受。

政府管理部门针对服务对象公众，应进一步完善便民出行发布系统。使公众能够及时查询到所需的信息。利用好信息化手段，做好线路、站点、班次的信息发布，满足不同人群的查询需求。开发不同的查询系统，如适合年轻人的手机App查询、适合老年人的电子站牌显示功能，使市民能够及时掌握到车辆的到站时间和班次，能够提前做好出行规划。

（三）具体改善性建议

针对松江区公共交通管理评价体系研究过程中，通过实地调研及问卷调研所反映的公众普遍满意程度不高或者偏低的几个突出问题，笔者建议可在以下几个方面进行积极改进和实施。

1. 改进公众出行便捷性的建议

（1）加强规划编制，构建四网融合的综合交通体系。以“西南门户、节点城市、公交示范、特色交通”为定位，开展《松江区综合交通“四网融合”专项规划》，形成“国家铁路、轨道交通、有轨电车、地面交通”为一体的四网体系格局规划。加紧完善和编制《松江区公共客运交通规划（修编）》、《松江静态交通专项规划》等规范性文件。完成《松江区客运交通枢纽布局专项规划》的编制和评审，形成全区“1-6-28”公交枢纽布局规划，这35个公交枢纽未来将辐射带动G60科创走廊沿线各街镇的发展。

（2）优化调整线路设置，减少曲线系数。地面公交的功能定位和线网布局应随着轨道交通、有轨电车系统的发展而做出调整。松江地面公交目前以直达型线路服务占绝大多数，线路普遍偏长，线路非直线系数偏高（绕行现象严重），且重要走廊线路重复系数较高（线路过度集中），导致乘客出行时耗的增加、运营效率的下降、司乘人员工作强度加大进而影响运营安全。松江未来公交层级体系的建立和地面公交线网重构的重大支撑是以换乘枢纽为中心的公共交通系统换乘模式，这意味着松江将逐步转向以换乘枢纽为中心，以换乘型服务为主、直达型为辅的多层次公共交通网络运行模式。留优汰劣、抽密补疏、截弯取直、填补空白、完善衔接，降低非系数直线，逐步降低线路重复系数，合理分配线路资源，提高站点覆盖率，尽可能使线网特征及线路属性达到规范要求。

（3）合理设置站点，控制换乘次数。借有轨电车建设的过程，合理设置公交站点，尽量能够和有轨电车实现无缝衔接，尽量能够归并原先不合理的站点，为转乘创造良好的条件。避免让乘客进行两次及以上换乘，因为这样会严重影响出行体验。让乘客转乘大运量交通方式（地铁或有轨电车）必须能够节省乘客的时间。转乘点设置必须优先考虑与不同运量的连接。

2. 提升公共交通快速性的建议

(1) 建设公交专用道。作为公共性交通资源，公交专用道建成后，其他车辆对公交车辆的干扰明显减少，是提高公交客车运行效率和服务水平的重要手段。松江城区机动化出行方式处于迅速增长阶段，松江城区交通环境复杂，为引导居民采取公共交通出行，松江区应加强公交专用道建设，提高专用道的利用效率。

(2) 缩短发车间隔。一方面增加公交车辆的运能，来缩短发车间隔；另一方面，通过信息智能化的技术手段，实现集群调度，并及时判断车辆运行中的突发情况，根据客流及道路拥堵情况，采取运能调配，减少大间隔的发生。

3. 改善公共交通舒适性的建议

(1) 发展中运量的交通工具。为了丰富公交层次，可以补充建设中运量的交通体系。如现代有轨电车、中运量无轨电车、BRT 等都是有益的尝试。城市公共交通出行的群体范围更广泛了，出行目的和出行需求更加多源化和多样性，根据不同的客流特征和客流量，应建立立体的、层次多样的公交网络体系，有满足大运量的轨道交通，有满足中运量的公共交通，有满足低运量的地面常规公交。

(2) 大力发展新能源公交车。新投放和更新的公交车辆中 60%以上采用新能源公交车。完善公交车型结构，适应不同区域类型、不同时段的公交线路客流特征，投放相应规格的公交车辆。

(3) 改善车辆和车站管理。居民是否会被交通网吸引，也取决于交通网的外观、现代性以及设施提供的舒适度。乘客候车时的舒适度(包括有座位)是乘客候车良好体验的重要因素。为了让乘客满意地搭乘公共交通工具，车辆和基础设施必须满足乘客的要求。对于候车时候的环境和乘坐时车内的环境将很大程度上影响乘客的感受度，因此一定要从外部环境上提升乘坐的好感度。在细节上也可以尽量考虑人性化细节，如低地板、软包等，方便有特殊需求的乘客。

七、结论与展望

城市公共交通是城市居民生活的重要组成部分，近年来，区政府建立了公共交通专项扶持资金，投入了大量的人力、物力、财力，公共交通的硬件服务水平得到了很大提升，但是随着国家新型城镇化的发展，人口的不断导入以及产城的功能定位，使公共交通出行问题成为热点、焦点和难点。为解决城市交通问题，国家一贯倡导公交优先，并开展公交都市的创建。市级政府提出各区积极创建公交城区的目标要求。由此可见，优先发展并且大力发展城市公共交通是大势所趋，并且也是直接影响老百姓"获得感"的领域。

目前，各种反映公共交通运营服务水平的评价体系已屡见不鲜，各种乘客满意度指数也层出不穷，但是站在行业管理角度的聚焦公众满意度为出发点的公共交通管理水平评价体系还非常少。一些衡量公共交通服务水平的指标体系仅仅局限于政策本身或者从企业运营效率来看待这个问题，很少关注乘客。然而我们不能忽视公共服务对象本身的利益，并且对公共交通管理水平评价的重要影响，应该建立一个以公众满意度为导向的评价体系。

基于上述的情况，根据公共管理学基本原理，并且以松江区公共交通管理现状为研究对象，建立了一套以公众满意度为导向的松江区公共交通管理评价体系，从乘客体验角度的不同方面衡量城市公共交通管理水平。以公众满意度为导向的松江区公共交通管理评价指标主要反映本区居民公共交通的出行状况，以公众为出发点，一方面评价地区公共交通的管理水平，另一方面通过一些指标来评价公交公司经营状况的效率和成本控制。由此可见，该评价体系相对比较完善。

为验证笔者建立的评价指标体系，同时为了研究松江区公交管理水平的实际情况，笔者从行业主管部门、公交公司获取了一些基础数据和资料，对数据进行了分析，得出了已经建立的一些指标的实际价值，但这部分数据并不完整。因此，补充设计了调查问卷，对松江居民进行了抽样调查，详细分析了松江区乘客在实际体验中所反映的松江区公交管理水平。调查所得结果可以辅助建立松江区公共交通管理评价体系以及帮助松江区提高公共交通管理水平，希望能够为我国其他城市建立类似的评价指标体系提供一些参考。

参考文献

[1] ALLSOP R. University of London Centre for Transport Studies report for 1996, part 2[J]. Traffic Engineering & Control, 1997, 38(2): 78 - 91.

[2] ALTER C H. Evaluation of public transit services: The level-of-service concept (Abridgment)[J]. Bus Transportation Strategies, 1976, 606: 37 - 40.

[3] BOTZOW H. Level-of-service concept for evaluating public transport[J]. Transportation Research Record, 1974, 519: 73 - 84.

[4] DAVID A HENSHER, PETER STOPHER, PHILIP BULLOCK. Service quality developing a service quality index in the provision of commercial bus contracts[J].

Transportation Research of Part A，2003，37(5)：499 - 517.
[5] FRIMAN M，GÄRLING T. Frequency of negative critical incidents and satisfaction with public transport services.I[J]. Journal of Retailing & Consumer Services，2001，8(2)：95 - 104.
[6] HENSHER D A. Hierarchial stated response designs — An application to bus user preferences[J]. Logistics & Transportation Review，1990，26(4)：299 - 321.
[7] LIU R，SINHA S. Modelling Urban Bus Service and Passenger Reliability. [J]. Published，2007.
[8] SAMUELSON. The pure theory of public expenditure[J]. Review of Economics and Statistics，1954(36)：387 - 389.
[9] THOMPSON K，SCHOFIELD P. An investigation of the relationship between public transport performance and destination satisfaction[J]. Journal of Transport Geography，2007，15(2)：136 - 144.
[10] 布坎南.公共财政[M].北京：中国财政经济出版社，1991.
[11] 常风华，范莉莉.乘客视角下绿色公交服务质量的模糊综合评价——基于平顶山市的问卷调查[J].西南交通大学学报(社会科学版)，2014，15(2)：57 - 63.
[12] 陈浚柳.重庆绕城高速公路近郊公交客运发展模式研究[D].重庆：重庆交通大学，2013.
[13] 陈明伟.城市公交系统满意度模糊多目标综合评价研究[D].成都：西南交通大学，2006.
[14] 陈其林，韩晓婷.准公共产品的性质：定义、分类依据及其类别[J].经济学家，2010(7)：13 - 21.
[15] 董玉成.快速公交满意度实证研究——以连云港市为例[J].江苏科技信息，2015(2)：73 - 75.
[16] 范辰卉.城市公共交通满意度的影响因素调查——以杭州为例[J].投资与合作.2013(4)：395 - 396.
[17] 巩丽媛.基于乘客满意度模型的城市公交服务评价与改进系统研究[D].济南：山东大学，2011.
[18] 胡国兵，孙倩，毛瑞婷，等.公交乘客满意度评价体系的探讨[J].江苏商论，2011(18)：96 - 98.
[19] 胡晓伟，魏艳波.基于 AHP—DEMATEL 的寒区城市冬季公交服务满意度模糊评价研究[J].公路与汽运 2015(6)：21 - 26.
[20] 黄厚波.基于模糊综合评价法的长沙市公交乘客满意度评价研究[D].长江：中南林业科技大学，2014.
[21] 黄婷.基于人性化理念的公交服务质量综合评价模型研究[D].重庆：重庆交通大学，2009.
[22] 李勤欢.深圳城市公共交通服务质量评价研究[D].武汉：武汉理工大学，2012.
[23] 李文强.对成都公交车的乘客满意度调查分析[J].知识经济；2011，16：132.
[24] 李延涛.城市公共交通财政补贴模式探索[D].济南：山东大学，2014.
[25] 林川琪，凌海燕，贾浩章.基于乘客满意度视角探究提高烟台公交服务质量的途径[J].城城市建设理论研究，2014(31)：720 - 721.

[26] 刘杰，于礼.土地用途管制及其绩效评价思路浅析[J].科技资讯，2007(18)：151－152.
[27] 刘思阳.城市公共交通服务水平评价体系研究[D].成都：西南财经大学，2011.
[28] 刘亚坤.乌鲁木齐市常规公交乘客满意度评价模型[J].交通科技与经济，2015，1：32－34.
[29] 刘占芳.基于模糊数学的乌鲁木齐快速公交服务质量评价研究[J].北京城市学院学报，2016(2)：1－6.
[30] 陆子平，刘云.杭州市公共交通满意度评价研[J].西部交通科技，2016(3)：86－90.
[31] 缪立新，李强，张占武，曲小波.基于可靠性的城市公交乘客满意度评价模型[J].中国市场，2009(36)：8－11.
[32] 彭晗，吴金妹，姚林晓.基于 AHP－DEMATEL 法的公交换乘系统乘客满意度模糊评价[J].重庆交通大学学报(社会科学版)社会科学版，2014，14(1)：19－22.
[33] 彭金栓，邵毅明，彭丽芳.基于熵权的公交满意度模糊综合评价[J].山西建筑，2007(36)：15－16.
[34] 钱晓贤.基于乘客满意度的常规公共交通服务质量评价研究与仿真[D].西安：长安大学，2006.
[35] 孙久文，张伯端.城市可持续发展[M].北京：中国人民大学出版社，2006.137.
[36] 佟媛.多中心治理角度下的城市公共交通研究[D].沈阳：辽宁大学，2013.
[37] 王红梅，贾玲玉.北京市公共交通满意度物元评价[J].管理科学，2011，25(7)：42－44.
[38] 王田田.面向乘客需求的高品质快速公交服务质量评价方法研究[D].济南：山东大学，2011.
[39] 王玮.基于模糊综合评价法的快速公共交通系统评价研究[D].西安：长安大学，2012.
[40] 魏艳波.寒冷地区城市公交服务满意度评价研究[D].黑龙江：哈尔滨工业大学，2015.
[41] 席姣姣.常规公交服务水平指标体系与评价方法研究[D].长春：吉林大学，2013.
[42] 谢云侠.快速公交运行服务水平与乘客满意度研究[D].济南：山东大学，2015.
[43] 徐国炯.快速公交系统服务质量、乘客满意度与行为意愿研究[D].杭州：浙江工商大学，2008.
[44] 杨其鸣，贾元华.基于五元联系度的公交服务满意度评价模型[J].山东科学，2016，29(2)：76－81.
[45] 尹良，杨伟，刘丹.公交服务质量评估体系研究[J].科学决策，2008(12)：180－182.
[46] 尤建新，朱德米，陈强.公共管理研究[M].上海：同济大学出版社，2006.
[47] 尤建新，朱德米，陈强.公共管理研究[M].上海：同济大学出版社，2006.
[48] 于景飞.基于 AHP 的公交线路满意度 Fuzzy 评价[J].科技信息(学术研究)，2008(34)：113－114.
[49] 喻杰.中小型城市常规公共交通服务满意度评价[J].湖南城市学院学报(自然科学版)，2013(3)：6－9.
[50] 张磊.基于模糊数学的城市公交服务满意度评价研究[J]；交通与运输(学术版)，2014(2)：98－102.
[51] 张丽花.基于乘客出行链的城市公共交通服务质量综合评价研究[D].北京：北京交通大学，2011.

[52] 张兆强.城市公交线路服务乘客满意度研究——以济南 114 路公交线路为例[D].济南：山东大学，2012.

[53] 张兆强.城市公交线路服务乘客满意度研究——以济南 114 路公交线路为例[D].济南：山东大学，2012.

[54] 赵大海，胡伟.中国城市公共服务公众满意度蓝皮书[M].上海：上海人民出版社，2015.

[55] 赵大海，胡伟.中国大城市公共服务公众满意度的测评与政策建议[J].上海行政学院学报，2014，15(1)：23-29.

[56] 郑世锋.城市公交乘客出行等车满意度影响因素的实证研究[D].成都：西南交通大学，2012.

[57] 周健，崔胜辉，刘勇.城市公共交通满意度分析——以厦门岛为例[J].城市发展研究，2011，18(1)：74-80.

[58] 庄少勤.迈向卓越的全球城市——上海新一轮城市总体规划的创新探索[J].上海城市规划，2016(4)：1-8.

附录 A　专家调查问卷

尊敬的老师：

您好！感谢您接受我们的问卷调查。此卷采用 staay 标度法，列出以公众满意度为导向的松江区公共交通管理评价指标，方便老师通过打分的方式，确定评价指标间的相对关系。

标　度　数　值	定　　义
1	同等重要
3	次重要
5	较强重要
7	非常重要
9	极端重要
2,4,6,8	两个相邻标度的中间值
倒　数	标度数值互为倒数

一级指标相对关系的确定

管理评价	安全性	便捷性	可靠性	快速性	经济性	舒适性
安全性						
便捷性						
可靠性						
快速性						
经济性						
舒适性						

二级指标相对关系的确定：

安全性指标：

	驾驶员违章情况	车辆安全设施配置
驾驶员违章情况		
车辆安全设施配置		

便捷性指标：

	公交信息发布	乘客候车时间	乘客到站点时间	换乘次数	换乘时间	非机动车停放
公交信息发布						
乘客候车时间						
乘客到站点时间						
换乘次数						
换乘时间						
非机动车停放						

可靠性指标：

	公交准点率	公交提前报站服务
公交准点率		
公交提前报站服务		

经济性指标：

	票　　价	换乘优惠
票　　价		
换乘优惠		

舒适性指标：

	高峰期拥挤度	车辆环境	候车环境	乘务人员服务
高峰期拥挤度				
车辆环境				
候车环境				
乘务人员服务				

附录 B　松江区公共交通乘客满意度调查问卷

各位受访者：

您好！感谢您接受我们的问卷调查。此卷是为了解松江区的公交乘客满意度情况而设计的。请您仔细阅读此调查问卷，在您认可项目前的“□”内打“√”。您在此问卷中填写的详细信息仅对本问卷发布者公开。

性别：□男　□女

年龄：□18 岁以下　□18～25 岁　□26～35 岁

□36～50 岁　□50 岁以上

职业：□学生　□工人　□普通职员　□干部　□私有个体经营

□政法人员　□其他

1. 您在松江最常采用的交通出行方式是？

A. 轨道交通　B. 公交汽车　C. 自驾车

D. 电瓶车、自行车等非机动车　E. 其他

2. 您对松江公共交通状况的总体评价？

A. 满意　B. 比较满意　C. 感觉一般

D. 不太满意　E. 非常不满意

3. 您认为松江公共汽车存在的最大问题是？（最多选三项）[多选题]

A. 路面拥堵，耗时长　B. 线路设计不合理

C. 换乘不方便　D. 公交线路覆盖不到自己的住所范围

E. 到站不准点　F. 等候时间长

G. 其他

4. 您认为乘坐公交或地铁 9 号线存在的最大问题是？

A. 出行成本高　B. 车厢过于拥挤

C. 故障多　D. 换乘不方便

E. 其他

5. 您认为能够改进公交车目前存在问题的有效方法是？（最多选三项）[多选题]

A. 缩短车次间隔时间

B. 提升公交车舒适度

C. 提升服务质量、改善车容车貌

D. 促进公交信息化，及时了解公交信息

E. 改进公交线路设计

F. 改进候车点设置

G. 其他

6. 您对您经常乘坐的公交车司乘人员服务及态度的满意程度是

A. 较满意　B. 比较不满意　C. 很不满意

7. 您对松江区公交车的安全设施配备情况满意吗？

A. 较满意　B. 比较不满意　C. 很不满意

8. 请问您的住处或工作地点距离最近的公交站需要步行多少分钟？

A. 小于 5 分钟　B. 5～10 分钟　C. 11～15 分钟　D. 16～30 分钟

E. 30 分钟以上

9. 通常您乘坐公交车的候车时间是

A. 小于 5 分钟　B. 5～10 分钟　C. 11～15 分钟　D. 16～30 分钟

E. 30 分钟以上

10. 您对到达目的地需要换乘公交的次数？

A. 0 换乘　B. 1 次　C. 2 次　D. 大于 2 次

11. 您对公交车到达站点的准时情况满意吗？

A. 较满意　B. 比较不满意　C. 很不满意

12. 您对公交车提前报站的服务是否满意？

A. 较满意　B. 比较不满意　C. 很不满意

13. 您对公交车运行的速度满意吗？

A. 较满意　B. 比较不满意　C. 很不满意

14. 您对公交现行的票价满意吗？

A. 较满意　B. 比较不满意　C. 很不满意

15. 您对公交车及候车环境的环境满意吗？

A. 较满意　B. 比较不满意　C. 很不满意

第四篇

基于公众认知与行动的上海市共享单车治理机制研究

鲍俊杰

一、引言

（一）研究背景、研究目的和意义

近年来，随着互联网技术以及信息产业的不断发展，以爱彼迎（Airbnb）为代表的房屋短租平台以及以优步、滴滴出行为代表的租车、拼车平台纷纷崛起，这一系列共享平台的兴起使得分享经济这一名词再一次进入了人们的视野。而在国家“十三五”规划建议以及十八届五中全会公报中，分享经济首次在国家政策层面被提出，使得一时间分享经济成为经济学界和实业界的一个热词。发展分享经济在我国既有得天独厚的优势条件又有着迫切而强大的现实需求，其适应了“十三五”规划“创新、协调、绿色、开放、共享”五大发展理念的新要求。分享经济对于闲置资源的发现以及对于过剩产能的最大化利用，是当下中国走出发展困境、消除发展障碍的突破口，同时也是实现创新驱动、推进供给侧改革的重要试验区域。

根据《中国分享经济发展报告 2016》提供的数据，2015 年中国分享经济的市场规模约为 19 560 亿元，保守估计参与分享经济的总人数已经超过 5 亿人。分享经济的发展将会对形成国家竞争新优势产生深远的影响，在这样的背景之下，研究分享经济的发展模式以及相应的治理制度，对于国家顺利进行相关鼓励和支持政策的制定以及如何实施有着重要的理论和实践意义。

伴随着 2016 年 4 月 22 日摩拜单车（Mobike）在上海的上线，各类共享单车开始在上海疯狂扩张。根据上海市自行车行业协会数据，2017 年上半年上海市共享单车的数量达到 50 万辆，新兴“共享单车”的风生水起使得城市公共自行车的发展难题有了利用市场力量来解决的方案，但是在不到一年时间里，共享单车数量的不断上涨也给上海市的城市管理带来了巨大的挑战，大量涌入的共享单车使得非机动车停车位捉襟见肘，车辆的乱停乱放对市容市貌也产生了负面的影响……而在这些问题的治理当中，政府应该如何进行制度的设计和模式的创新？作为城市一份子的每一名公众又该在共享单车的治理当中充当什么样的角色？这是公共服务供给和治理的重要内容，同时也是本研究的重点。

通过对共享单车发展模式以及治理制度优化的研究，理解并探寻政府在类似城市公共服务领域的产品供给以及治理的理论与方法，无论是从政府对公共产品与服务的提供方式以及治理制度优化来看，还是从为分享经济治理模式提供中国的发展案例来说，都有着非常重要的意义。通过简单地文献梳理以后发现，目前对于分享经济理论以及公众参与治理相关领域的研究已经非常丰富，但是对于共享单车这一新兴的中国分享经济的发展模式以及治理问题的研究还不够充分，因此我们希望能够对共享单车的管理进行深入研究，探讨政府在其在治理过程中的制度设计与优化，以及公众参与在这一过程中所能发挥的作用，以期为政府对类似领域公共产品和服务治理制度方案提供参考和借鉴。

（二）研究内容与框架结构安排

本文针对上海市共享单车这一新兴的共享经济模式在政府治理过程中出现的众多问题进行研究，并期望从公众认知与行动的角度来进行治理制度优化。拟通过文献综述、问卷调查与数据统计分析等方法对这一问题进行分析，从而给出相应的治理优化建议。

具体框架安排如下。

第一部分为引言。主要说明选题背景及研究的目的和意义，并介绍本文的研究框架。

第二部分为文献综述和基本理论。对国外分享经济以及公众参与理论及其发展以及国内已有相关研究成果做评述，对文章中出现的相关概念和基本理论进行界定。

第三部分为现状及问题。探讨共享单车这一新兴分享经济模式的发展现状及其带来的城市治理问题。

第四部分为研究设计与数据分析。通过设计问卷调查的方式收集数据，并尝试从公众参与认知和行动的视角对问题进行分析。

第五部分为实证结论与原因分析。根据分析结果指出共享单车目前治理中的问题所在，并分析其产生的原因。

第六部分为制度优化建议。根据实证结论以及原因分析提出相应的制度优化建议。

第七部分为结论与展望。总结本研究的主要观点，并提出本研究尚存不足的地方以及对于后续研究的期望。

二、文献综述和基本理论

（一）文献综述

本文对于有关分享经济及其公众参与的理论研究，以及案例研究的文献都进行了检索，在百度学术以及谷歌学术中首先检索了 Felson、Botsman 和 Belk 等有关分享经济的经典文献，随后又以“collaborative consumption”“sharing economy”“peer-to-peer economy”“public participation”“participatory governance”“分享经济”“协作消费”“公众参与”等为关键词搜索了近十年的国内外的理论及案例研究文献，并对检索到的文献进行梳理。

1. 国外相关研究情况

1）国外分享经济理论及其发展研究

分享经济的思想最早来自 Felson 和 Spaeth，他们在 1978 年首次提出了“协作消费”这一概念，指出一个或者多个人在与另一个或多个其他人进行联合活动的过程中消费经济产品或者服务均属于协作消费行为，认为协作消费不仅仅是对于个人资源的分配，同时也是对个人倾向的表达，而且也反映了人们努力与他人进行联合活动的意向。他们按照协作消费过程中协作双方是否存在直接的身体接触将协作消费分为“直接联系协作”和“系统连接协作”，并将人们在不同时间和地点协作消费的行为称之为“隔离消费”。

随着循环经济、可持续发展等理论和实践的发展，分享经济的理论逐渐被扩展应用到生产、消费等领域。Botsman 和 Rogers 在其作品中对分享经济进行了系统的介绍，他们认为参与分享经济有两种不同的方式，一类角色是“消费提供者”，这类人会把自己的财产拿出来出租或者分享；另一类角色是“消费体验者”，这类人会争相体验提供的共享产品和服务。当然更多的人是同时扮演着这两种角色。同时他们还将分享经济主要分为三种类型：第一类是产品服务系统(product service systems)，其核心是要对闲置资源进行合理利用，重视资源的使用权而非所有权，其最明显的社会效益就是将物品的使用价值发挥到最大；第二类是再分配市场(redistribution markets)，其主要是针对旧资源和旧商品的再循环以及再利用，将二手物品从一些不需要的人手中重新分配到另一些需要的人手中，其中包含着对于合理消费的理念以及绿色环保的追求；第三类是协作生活方式(collaborative lifestyles)，其重点关注的是对于时间、空间技能和资金一类虚拟资产的共同分享，这类分享对于参与人的诚信有着很高的要求。

对于分享的定义，Benk 提供了一个简洁的表达，他认为分享是“不可逆的亲社会行为”(nonreciprocal pro-social behavior)。Belk 认为共享涉及“将我们拥有的物品等分配给他人以供其使用或是从其他人处接收或获取我们所需要使用物品或服务的行为和过程”。同时 Belk 认为 Felson 以及 Botsman 对于协作消费以及共享经济概念的描述太过宽泛。他指出 Felson 对于协同消费的定义着重涉及消费的联合活动，没有侧重资源的获取和分配，从而提出协作消费是指“协调资源获取和分配的费用或其他补偿”。Botsman 在随后对于协同消费进行了定义，认为协同消费是“使得参与者能够获得使用权而非所有权的基于共享、交换、交易或租赁产品和服务的经济模式”。

在对于公众参与分享经济动机的实证研究中，Hamari 等通过对来自 254 个协同消费平台的访问映射以及使用官方 ShareTribe 电子邮件进行问卷调查得到的数据进行分析，发现好玩、享受是人们参与分享经济的最大动机，对可持续发展的环保意义有认同感但不是参与分享经济的行动出发点，经济效益(省钱)对于分享经济参与者有正向的影响但是不是参与的主要动力。Meelen 等在荷兰阿姆斯特丹的 1 330 名受访者中进行了一项调查，通过聚焦汽车、乘车、住宿、工具和膳食共享五个方面获得的数据分析经济、社会和环境动机对参与分享经济的相对重要性。通过针对共享经济部门、社会人口群体和用户及提供者之间的数据分析，结果显示分享昂贵的资产住宿主要是经济动机，环境动机次要，社会动机也在住宿分享中发挥作用；在参与汽车共享的决策中，环境动机是相对重要的。总体来看，对于共享经济形式的住宿共享和汽车共享，外在的经济动机是主导的；然而，对于膳食、工具和乘坐共享更内在的社会和环境动机发挥了重要作用。Bardhi 和 Eckhardt 通过对于汽车共享平台 Zipcar 的研究，发现经济动机在这一平台的参与中占主导地位。Bellotti 等在研究了一系列对等平台的用户以后，也得出了经济动机在分享经济参与中起主要作用的结论。Gansky 认为环境动机是分享经济参与的基础，Botsman 和 Rogers 持有同样的观点，他们同时还建议利用社会动机驱动分享经济的参与。

在分享经济过程影响因素的研究中，Piscicelli 等对英国 Ecomodo 平台上的用户数据进行分析，结果显示价值观在共享经济中也起到广泛的作用：一方面，对变化、兴奋、刺激和创造力有积极倾向的 Ecomodo 用户可能更愿意参与新的和具有挑战性的体验；另一方面，一般用户更倾向保持现状，遵守社会期望和规范，寻求社会和关系的稳定。Eyal 通过对共享平台爱彼迎上卖家照片以及在线评论的数据进行实验，统一实证分析的结果表明：来自卖家的照片越可信，其列表价格以及被选择的概率越高；通过在线评论的分数分析，发现卖家的声誉对于上市价格或者消费者预订的可能性没有影响。分开实验的结果则显示评论得分也影响客人的决定，但是卖家照片的可信度对于顾客的影响更为显著，最终得出：感知的可信程度直接影响了消费者的选择，且这一影响力大于房东的个人影响，在线评分的分数过高导致其可信度下降。

对于分享经济与可持续发展的研究，Heinrichs 认为分享经济是一种社会创新，有助于解决市场经济的不公正和不公平等问题，指出跨学科的可持续发展理论应开始研究共享经济体系，作为可持续发展的潜在新途径。Cohen 和 Kietzmann 则认为分享经济使得创新破坏了已建立的商业模式而产生经济活动，并且偶然性地为社会和环境带来了好处，他们还表示向基于绩效的商业模式的转变可以提供服务提供商和地方政府目标之间更好的一致性，促进可持续发展的分享经济未来的发展。

综合来看，国外学者对于分享经济的研究主要分为三个方面：第一是分享经济的性质及其模式分类；第二是分享经济中公众参与的动机以及影响因素研究；第三是探讨分享经济对可持续发展研究的促进作用。

2）国外公众参与治理理论相关研究

国外关于公众参与治理的研究主要从三个方面展开，第一是与公众参与有关的定义和概念界定；第二是公众参与所需要的基础条件和途径；第三是公众参与所带来的作用以及影响。

在对公众参与相关概念的研究中，Barnes 等对于公共部门如何定义公众参与中的参与主体即公众进行了研究，认为公众的定义不能够仅仅从个人动机来解释，同时还需要考虑公众的代表性，即在性别、种族等各方面都应当有所涉及，需要在权力、差异化等方面来对参与主体进行界定，以确保公众参与的代表性以及有效性。Gustafson 和 Hertting 对于公众参与合作治理的动机进行了研究，利用调查数据探讨了参与者在瑞典斯德哥尔摩参与大规模城市更新计划的动机，发现参与者存在着不同的三种类型的动机：一是共同的涉及改善整个社区和提供知识与能力的良好动机；二是反映了改善自己的政治效能和促进自己的群体或家庭的兴趣或愿望的自利动机；三是一种基本上非政治化的动机，即通常基于专业作用的专业能力动机。

在对公众参与的前提以及实现途径的研究中，Choi 和 Robertson 通过采用循证和科学设计的方法，对于收集到的伏案与迭代创建、管理和评估公众参与的建议进行了分析，从而得出有效的公众参与过程的基础是与相关文件的密切联系，对参与机会以及目的的确定性。Aulich 重点关注了过去 20 年间澳大利亚政府重点改革的部分，考虑了参与性治理在地方政府层面的深入程度。结果发现，尽管当地政府为了使当地公民更多地参与地方政府的活动进行了众多改革，但是公众参与尚未大幅度发展达到参与性治理。他认为要想进一步达到参与性治理的水平，通常必须需要来自地方政府之外的组织。King 和 Feltey 通过焦点访谈和小组讨论的方式来探寻如何改善公众参与的过程，结果发现，改善公众参与需要改变公民和管理者的角色、关系和行政流程。Wang 和 Wart 通过模型验证了公众参与能够加强公众信任，但是研究发现只有道德行为和服务能力能够显著有助于信任，所以要想提高公众信任，主要需要关注的是行政诚信和绩效结果。

Heijden 和 Heuvelhof 介绍了公众在荷兰实施欧洲水框架指令的参与方式，并从中得出以下两个结论。第一，公众参与在很大程度上被认为是一个策略，它制定了多元化的利益表示系统，在社团主义环境中实施这一战略可能会导致严重的困难。一方面，它可以为已经参与利益集团的人提供一个表达他们声音的额外机会；另一方面，机构的能力或知识可能无法充分利用公众参与的可能性。第二，荷兰在法律上已经成功地满足了对公众参与的要求。事实上，利益相关者自己认为他们的意见被排除在执行过程产生的政策文件之外。第三，公众参与过程在实施高度技术性政策中的实际价值有待提高。他们质疑了强迫公众参与的价值及其改善决策过程和政策的民主及合法性的能力。

在对于公众参与所带来的作用及其影响的研究中，Halvorsen 对于公众参与会议的质量高低的影响进行了评估，发现参与的质量对公众参与者会产生短期和长期影响，高质量的参与一方面会使得公众看到公共部门的反应能力显著提高，另一方面参与高质量的会议会使得参与者对于会议中不同人的观念分歧更加包容，但同时高质量的参与也会对于一些参与者的信念产生负面的影响。Turnhout 等则对公众参与提出了批判性的意见，对于参与者的限制及谈判空间、关注的问题以及参与的结果和参与者的期望行为几个方面进行了探讨。通过对荷兰自然区域进行了案例研究，发现参与所代表的不仅仅是公民的中立地位，而是不同群体的自身利益，因而认为公众参与可能会有加强公众支持与参与的潜力，但同时也会导致未能实现最终目标的意外后果。Neshkova 等学者对于公众参与对政府机构的绩效影响进行了研究，通过对美国交通机构的数据进行了分析，发现公众参与对于公共部门管理人员提供宝贵的地点、时间等信息，有助于更有效地进行公共计划的决策，而且民众和官僚的价值观并不一定需要进行权衡。Herian 等通过调查实验测试公众参与地方政府的行政是否会增加公众对程序公平性的认识，结果显示政府采纳公众参与的意见确实增加了公众对于政府公平性的认识，这也从侧面说明对政府公平的看法与那些对政府机构相对不了解不参与的人对政府的整体评估有更强的关系。文章同时还发现政府程序，特别是使用公众意见来为政府决策提供信息，可以推动对公共政策的支持，因为它可能提供了政府工作方式的重要信息。Woods 关注的是促进公众参与行政规则制定的机制是否影响美国国家环境法规的严格性，他的研究结果表明，提供公共机构规则制定通知的要求对施加于工业的法规遵守成本没有显著影响，但是提供直接访问规则制定过程的机制可用于降低这些成本。这种效果对于接触颁布环境法规的机构和审查这些法规的外部实体来说是显而易见的；对于发布机构，这种效果不取决于社会利益的相对权力，更广泛的公众参与途径会导致获得更多的监管制度。

2. 国内相关研究情况

1）国内分享经济相关理论研究

国内对于分享经济的研究大都是在近年众多共享平台的兴起后才开始进行的，且对于分享经济和共享经济学者们并没有严格区分，众多文献中分享经济和共享经济均有提及，实际只是对“sharing economy”的不同中文翻译，只有李文明、吕福玉在研究中明确指出分享与共享是不同的概念，认为共享表达的是产权共有，指拥有者各占整体的一部分；分享则是不涉及所有权转让，只是在一定条件下将使用权让渡给他人。所以他们认为当下兴起的共享平台等商业模式，在没有出现产权共有的情况下，均应该称为分享经济。在接下来的综述中，我们对表达“sharing economy”这一涵义的不同中文翻译（分享经济和共享经济）不作严格区分。综合来看国内分享经济相关研究大概可以分为几类：第一是分享经济的发展及其所遇困境；第二是分享经济的核心特征及影响因素；第三类是分析分享经济对于中国经济增长的作用。

在对分享经济的核心特征的研究中，卢现祥认为共享经济的本质是通过制度和经济形式的改变降低了交易成本，使得原本不可交易的资源进入可交易的范畴，实现资源的最佳配置，其产生的前提是产能过剩以及认知盈余，而形成的关键则是制度供给。董成惠认为分享经济的理念在于共享使用权、实现对于闲置资源的再配置，这样既满足人们的物质需求，同时又克服了人们对于保护环境的忧虑，最终改变的是人们的消费观念。他表示分享经济的类型除了 Botsman 和 Rogers 提出的三种外，还应当包括技能或服务共享系统，用以对特殊技能以及个体劳动力的服务分享。张传洲通过对分享经济的概念理论历史演进的分析，认为现代分享经济的概念与传统分享经济存在一定区别，是依托互联网平台突破单个经济主体视角的对于社会生产各环节的优化配置的新模式。郑志来通过对目前发展最快、营利能力最佳的两个共享平台——优步和爱彼迎进行案例分析，得出共享经济的核心是“闲置＋价值＋回报”，产品或者服务的提供方拥有闲置的资源或者碎片化的时间，通过在一定时间内让渡资源的使用权使得需求方能在不拥有资源所有权的情况下使用物品，在为需求方带来价值的同时也给供给方带来一定的物质或非物质的回报。

对分享经济的兴起原因以及影响因素的研究中，李文明、吕福玉认为便利、参与感和信任是推动分享经济发展的主要原因。谢志刚在梳理了哈耶克知识与自发秩序理论相关要点的基础上，对于 Nooteboom 所提出的企业认知聚焦组织模型进行了扩展，从而创造性地提出了一个区分显性知识和隐性知识的、建立在个体和社会知识结构基础之上的、结合社会经济交往过程中合作与创新的认知分析框架。并且在这一框架下对于共享经济模式的基本逻辑以及基本特征进行了分析，结果表明共享经济的核心特征并非共享，而是对于人类社会经济中“合作”的扩展；共享经济的本质是一般经济或者知识经济发展的必然阶段，强化了个体隐性知识显性化的过程，从而改善了社会知识结构，是哈耶克“自发秩序”理论的具体体现。谢雪梅、石娇娇通过构建共享信任机制框架，对房屋共享平台小猪短租上的 104 个样本进行分析，研究“共享主体个人特征”对信任形成机制的影响，最终得出结论：第一，在线评分不能有效影响消费者的选择，即不能有效决定共享信任；第二，预订历史和房客点评通过可信度影响共享信任的建立；第三，短租日记通过诚意间接影响可信度，进而影响共享信任的建立。杨晓燕和邓珏坤从产品处置的角度通过两个实验对情感依恋对消费者参与协同消费的影响方式进行了实证研究，结果表明情感依恋越强，消费者选择符合协同消费的处置方式的意愿越低，即在产品情感依恋的情景下，消费者感知到更高的保留倾向性，进而倾向选择保留，提供的意愿低，因此参与分享经济的意愿也随之变低。

在分享经济的发展及问题的研究中，张传洲从生产、分配、交换和消费四个基本环节对分享经济进行了全面阐释，表明分享经济未来的商业模式创新仍存在巨大的潜在空间，同时他也指出分享经济未来发展还需要探寻合理、有效、适度的制度约束以及政府监管方式和管理模式，也要推进自律监管机制建设。李真从经济学和法律的视角对共享经济进行思考，认为分享经济在我国面临着法律监管缺位、存在不公平竞争等各方面的挑战和困境，需要政府加强相关的监管制度体系的完善力度来为共享经济的发展提供基础。还有学者对共享经济的理论以及相关政策进行分析，发现共享经济在我国的发展还存在着政府政策限制、市场诚信系统缺失、消费者共享意识不够、既得利益集团阻挠等各方面问题，因而需要政府出台相应的政策措施来促进共享经济在我国健康发展。徐新鹏等学者则从劳动保护的角度指出共享经济打破了传统的终身雇佣制以及基于忠诚和员工满意度的组织管理模式，形成了一种更富灵活性和轻便化的新型劳动关系，可能会对劳动者造成变相剥削和劳动权益侵害，从而提出提高劳动权益自我保护意识、优化社会保障制度体系、修改劳动法律法规等建议来进行共享经济模式下的劳动保护。

对于分享经济对经济发展影响的研究中，李真认为共享经济在我国符合五大发展理念以及供给侧改革这一趋势，能够释放新的制度红利。王亚丽从供给侧改革的角度进行研究，认为共享经济能够为供给侧改革提供正面的助力作用，通过资源的重新配置来扩大有效供给，并促进农业现代化、制造业转型升级以及服务业的优化和提升，称共享经济是一种新路径的资源革命。孙宇认为分享经济的主要交易模式是接入所有权，会对供给、资源配置成本以及产业组织产生冲击。唐纯认为共享经济会从增强供给能力、提高资源利用率、降低交易成本、创造就业机会、拉动经济增长、转变消费观念和建设和谐社会七个方面作用于经济结构，从而促进经济结构的调整。杨帅对共享经济这一新型商业模式带来的体制变革以及产业影响十分关注，他认为共享经济短期内会因为“替代效应”对传统产业市场需求形成冲击，但其是在中长期加速推动产业绿色环保低碳发展的重要途径，政府需要顺应时代潮流进行职能转变，这样才能够更好地引导共享经济的可持续发展。

2）国内公众参与治理相关理论研究

目前国内针对公众参与的相关研究主要分为以下三类：一是对公众参与行政过程途径的研究；二是有关公众参与的必要性以及作用的讨论；三是对当前公众参与存在的问题以及改善模式的建议。

在对公众参与途径的研究方面，王谦、代佳欣通过对国内外政府提高现代化治理水平的过程中有关公共政策制定的案例进行研究，通过归纳演绎的方式提出：网络众包模式是信息化时代下大众参与的一种常态化模式，是协商民主、公民参与治理和决策的新模式和新途径，能够为国家决策民主和提高治理能力现代化协同推进提供实现的新途径。也有学者从组织的角度进行思考，孟天广、马全军通过对社会资本与公民参与意识的关系进行实证研究，得出参加志愿组织可以促进公民政治参与和社区参与的意识，因而推动公众参与的进步需要促进志愿组织的发展。吴结兵和沈台凤通过对 2005 年中国综合社会调查的城镇居民样本进行实证分析，发现社会组织对于居民主动投票和被动投票行为均有着正向显著的影响，且对于主动投票的影响大于被动投票，社会组织能够更好地发挥增强政治意识的功能。陈鹏、臧雷振通过模型对全国代表性的农村数据进行了分析，结果发现不同模式的信息传播媒介对于农民温和型政治参与行为有着积极的差异化影响，但是对于抗争型的参与则无显著作用，整体而言大众媒介对于动员农民有序参与政治行为发挥着积极的作用。

在针对行政决策、公共服务供给等过程中公众参与的必要性以及作用的研究中，吕富媛认为在城市公共服务提供过程中，有效提供与民生问题密切相关的公共服务需要构建强调公众参与的协作机制，通过"多中心"治理模式保障公众的行政参与，同时要掌握公众参与的限度来逐步提高公众参与的素质。范逢春、李晓梅构建了农村公共服务多元主体"动态协同治理模型"，通过对于治理主体的重新定位，利用公民—自治组织—政府之间的"合作""竞争""制衡"三大机制来保证农村公共服务的效率和公平。王雅琴认为虽然公众参与存在着不完善性、局限性以及存在自身悖论，但是公众参与能够加强政府民主决策能力，决策者需要积极探索改进公众参与的技能和策略，从而实现有效的公众参与和有效的公共决策。刘小康认为政府信息公开是行政决策公众参与的基础，是推进公众参与行政决策的必然要求。

范柏乃、金洁对公共服务供给及绩效进行了实证研究，结果发现公共服务供给对于感知绩效有着显著的正向影响，政府形象在其中起着中介的作用，公众参与的程度越高，公共服务供给对感知绩效和政府形象的正向影响增强。因此他们认为在提供公共服务的过程中，应当注意改善政府形象同时要深化公众参与。赵永亮和杨子晖通过对 1998—2008 年公众支出样本进行的实证分析，结果发现公众民主参与可以削弱因基础设施建设扩张而带来的公共支出结构扭曲，特别是在"人大"和"政协"的民主参与机制下，地方政府的支出行为更趋近于关联民主的公共物品供给。吴建南等通过对 2004—2011 年省级面板数据进行分析研究环保考核、公众参与对环境污染治理效果的影响，结果发现公众参与对于环境治理有着日益凸显的重要作用。

在对目前国内公众参与存在的问题以及改善方式的探讨中，李春梅首先对影响公众参与的因素进行了研究，她通过对成都市主城区进行问卷调查，对收集到的数据进行了分析，得出在公众参与过程中，认知对行为有正向的影响作用，但是是通过公众态度这一中介来传导的，即公众参与认知对公众参与态度具有正向影响，公众参与态度对公众参与行为也有显著的正向影响，从而得出在公共事务的公众参与过程中，应该更多地关注公众的参与态度，进而更好地促进公众参与行动。张延君通过对福州市便民呼叫中心 2013 年公开的 134 610 项公众参与记录进行研究，发现公众参与大多是被动诉求，参与的层次很低，公共部门存在着回复率高但是回复质量无法保证的问题，公众参与的效果未得到有效的发挥。漆国生对于公共事务公众参与不足的原因进行了剖析，认为意识淡薄、行为被动、理性不足、基础知识、专业技能欠缺以及全民参与文化的缺失是公众参与动力不足的重要原因。

刘淑妍、朱德米通过对我国公共政策领域公众参与相关内容以及相关规定进行梳理，评估了公众参与制度绩效，认为目前关于公众参与的研究与实践忽略了宏观因素对公众参与的影响，需要通过政府治理变革以及公众主动参与意识的双轮驱动来促进公众的参与。王旭指出公众参与会受到市民社会和国家政治的双重逻辑影响，存在着很多的风险，会给公共利益和私人利益带来损害，因而他认为要有效防范公众与过程中的风险，需要以建立公共领域的协商民主逻辑为前提，同时构建包括正当程序、透明度和问责制等为核心的规则体系，以避免“劣质的参与”。王雁红通过对杭州市开放式政府决策的过程、特点及效果进行了研究，借鉴其中经验，指出在构建公共政策制定过程中公民参与机制的时候，需要对参与代表进行界定，对公众参与的范围和边界进行界定，同时拓展公众参与公共政策制定的途径，最终提高公众参与的质量和效果。白维军、郭喜认为公众参与作为治理主体多元化的一种形式，在国家治理体系现代化以及社会保障治理中有着重要的作用，而目前的社会保障治理中还存在着明显的公众参与不足等问题，需要政府从健全机制、通畅渠道、提高公民参与意识等几个方面来构建政府与公民相互协作的社会保障治理框架，从而提高公众参与治理的水平。

3. 文献评述

从国内外相关理论综述来看，学者们对于分享经济对资源配置、经济增长等各方面的积极作用均持有一致的看法，认为分享经济能够更有效地进行社会资源的合理配置，促进经济的增长。在公众参与对行政过程的作用以及影响的研究中，学者们多数认为其对于提高政府的决策水平和治理水平都有着积极的作用。但是在对于分享经济发展过程中出现的问题以及解决方案和治理模式的研究并没有很深入，特别是对共享单车这一中国兴起的新兴分享经济模式的治理方面存在问题以及治理制度优化的研究非常少,并且没有进行深入的探讨。因此,在笔者后续的研究中,将会重点关注从公众参与的视角对分享经济下共享单车的政府治理过程中的问题进行探讨,并努力思考研究其可行的制度优化方案,以期为政府对于类似城市公共服务的供给模式及治理模式提供一定的借鉴。

（二）基本理论

1. 分享经济理论

分享经济思想最早由 Felson 和 Spaeth 在提出,他们将人们与他人共同活动中进行经济产品或者服务的消费过程定义为协作消费,认为协作消费是在对个人资源分配的同时对个人意向的一种表达,反映了人们与他人进行联合活动的意向。随后 Botsman 和 Rogers 针对分享经济理论的扩展应用进行了系统的介绍,将分享经济的参与模式分为两种模式：一是将自己财产拿出来出租和分享的"消费体验者";二是对他人提供的共享产品和服务进行体验的"消费体验者"。他们同时将分享经济分为三种类型：产品服务系统、再分配市场以及协作生活方式。产品服务系统主要指的是对资源进行合理利用,重视资源使用权而不是所有权来提高物品使用价值的方式;再分配市场则是针对旧产品和旧资源的再循环再利用,对二手物品的重新分配;协作生活方式则是对时间、技能等虚拟产品的共同分享。

本文中所指的分享经济模式主要以 Botsman 和 Rogers 的定义为指导,所涉及的共享单车则属于他们划分的第一种分享经济类型——产品服务系统,即企业提供自身的资源供公众租用来提高资源的利用效率。

2. 公众参与治理理论

"治理"(Governance)最早出现在 1989 年的世界银行报告中,以"治理危机"(Crisis in Governance)的形式在描述非洲国家公共管理发展情况时提及,而后由于西方国家出现政府管理危机以及市场机制的问题频发,治理理论逐渐兴起并被引入公共管理等领域。目前关于治理的理论主要存在以下三个方面的解读：一是从公民社会的视角对于其进行分析,将其定义为官方或民间公共管理组织为满足公众需求在既定范围内运用公共权威维持秩序的方式,认为其核心是公民社会组织对于社会公共事务的独立治理或是与政府的合作治理;二是从新公共管理的视角将治理的重点聚焦政府的管理,将政府内部的框架改革作为推进治理的重要方式;三是将两者结合,强调通过政府与社会力量之间的合作形成相应的合作网络,从而达到共同管理。

公众参与理论是西方国家探索的“新公共管理”的管理模式的核心内容，这种理念使得公民可以通过各种渠道参加到政府的治理过程中，表达自身的利益诉求并通过参与的行为来对政策制定结果产生一定影响。公众参与其实是包含在治理理论当中的，好的治理就要求公民能够参与公共事务治理的各个流程。

本文中所涉及的公众参与治理就是从新公共管理的角度通过公众参与与政府合作治理的方式，针对当下的分享经济存在的问题进行分析探究，并寻求相应的解决方案及政策建议。

三、现状及问题

（一）过度投放与乱停乱放

自 2016 年 4 月 22 日摩拜单车在上海推出以来，各类品牌共享单车争相涌入上海这座城市，在资本的推动之下，单车的投放量此消彼长，上演了一出“群雄争霸”的戏。各大品牌共享单车企业为了扩大顾客数量，增大覆盖面，在上海市内特别是中心城区大量投放共享单车，截至 2017 年 4 月，单车的投放数量已达到 45 万辆，使得中心城区的停放点容量趋近饱和。

中心城区本就由于建筑密度过大导致空间不足，过量投放的共享单车带来的直接结果就是各类乱停乱放现象的屡禁不止，白线内部停满，白线之外乱放，影响市容市貌的同时对于公共交通也带来了安全隐患。

目前上海市已经叫停共享单车企业在中心城区的单车投放，而对于乱停乱放的现象目前还没有良好的治理手段。各区域还是通过城管扣留违停车辆的方式来治理这一现状，但是车辆被扣的后续工作并不能够有效地进行，相应的单车企业并不会积极配合处理这些情况，同时从资源利用的角度来看，城管扣留车辆的方式是一个“三输”的局面：政府部门损耗人力物力；单车企业损失单车资产；公众则丧失对这些车辆的使用权。这一共享单车面临的监管尴尬亟需合理的制度安排来进行规范和管理。

（二）恶意破坏与安全问题

共享单车自推出以来，车辆被恶意破坏的现象就屡见不鲜，各类车辆被焚烧、拆解、上私锁等行为层出不穷，对其正常运营产生了不良影响，而由于共享单车投放的范围过于广泛，这类违法行为也很难被监管部门彻底查处，追责更是难上加难。

共享单车运用过程中另一个不能被忽略的问题就是安全,一方面是车辆本身硬件的安全性,制动系统、车胎等主要部分的安全性,这一部分的安全性基本可以通过产商提高硬件质量水平来解决;另一方面的安全即在骑行过程中的安全问题,这个问题还亟待解决,因为自行车在交通中国处于绝对弱势地位,一旦发生事故,伤亡的绝大多数都是骑行者,因而骑行者的人身安全以及在使用单车过程中的安全保险也是目前单车运营过程中的一大突出问题。

(三)投放不均与制度匮乏

共享单车企业在中心城区的竞相投放导致区域单车数量过多带来了一系列的治理问题,而与之形成鲜明对比的是在城郊地区一车难求的局面,中心城区与非中心城区投放严重不均造成了资源分配不合理的现象,造成了资源的浪费。

目前上海市针对共享单车的治理规范仅仅是联合自行车协会完成了《共享自行车服务规范》,并且发布了征求意见稿,内容主要是针对单车企业提供服务层面,包括单车硬件质量要求、运营管理等,而对于单车运营过程中来自其消费者的问题并没有进行制约,因而这样的制度规范对于共享单车出现的众多问题并不能够起到治理作用。

四、研究设计与数据分析

(一)问卷设计

1. 设计原则

作为一项依靠问卷调查数据进行分析的研究,问卷优劣在整个调研过程的质量中所占的比重不言而喻,是数据是否准确以及能否合理解释所研究问题的关键。本研究问卷在设计过程中主要参照有关文献中定义的系统性原则、方便性原则以及科学性原则。系统性原则主要指的是问卷设计过程中需要在总体结构既定的基础上进行问题的设定,问题的设定要能够返回到总体的结构,也就是能够遵从总体到局部,再从局部到总体的思路;方便性原则指的是要能够从填写问卷的被调查者角度着手,使得他们在同意配合的情况下能方便流畅地回答这些问题;科学性原则则是指在问卷设计过程中需要考虑到如何进行科学解析问题的方式,对于要研究的不同问题需要采用不同的计算解析。

在遵循以上问卷设计要求的前提下,本研究将总体问卷结构划分为四个部分:第一部分是被调查者的基本信息;第二部分是公众对于共享单车消费者行为的认知与行动；第三部分是公众对政府相关管理行为的认知和看法；最后一部分是公众对共享单车企业行为的认知态度。问卷问题主要以选择题为主，方便被调查者填写，且在设计过程中将相同类别和性质的问题集中在一起，以便填写者能够思路清晰地回答所有问题，使得问卷调查能够获得更多正确性的信息。

综合多方意见，本研究形成了调查问卷初稿，并进行了预调研，针对预调研反馈回来的意见进行了问卷修正，最终形成了正式问卷。

2. 变量的操作性定义及测量题项

(1) 个人基本属性。个人基本属性是对被调查者在人口学意义上差异的解释。本研究中的个人基本属性包括：性别、年龄、教育程度、职业、是否使用过共享单车、手机中共享单车 App 数量以及对哪个品牌认可度最高共七项。其在问卷中主要在第一部分进行设定。

(2) 公众自身认知与行动。这一部分在研究中主要是对公众作为消费者在使用共享单车过程中对于其存在的问题以及参与处理意愿的研究。主要考察的变量有：共享单车受损、违停现象、信用体系、安全、保险制度等五个方面的内容。在问卷中相应问题主要设定在第二部分。

(3) 公众对政府对应管理行为的认知。本文所采用的认知仅限于问卷测量所包含的范围，具体是指公众对于公共事务的认知以及评判能力，对于政府相关行为的观点，主要考察的变量包括：制定政策法规规范用车行为必要性、规划停车区域和车道的重要程度等三个方面内容。问卷中对应的问题在第三部分中进行设定。

(4) 公众对于共享单车企业行为的认知。主要调查公众对于企业目前的市场投放量、押金金额、恶性竞争等三个方面的看法，通过公众的认知以及态度为政府治理提供参考。相应问题设置在问卷最后一部分。

（二）数据分析

1. 调查过程与样本概况

本研究正式调研于 2017 年 4 月开始，历时 20 天。问卷主要采取网页制作电子问卷进行线上发放的形式。正式调查最终共获得答卷数量 1 450 份，经过对于所收集答卷按照以下标准进行了无效答卷剔除：第一，答卷存在大量未答项者；第二，填写问卷时间过短者，整个问卷填写时间明显过短者，答案存在明显应付的答卷；第三，问卷存在前后矛盾以及大量选择“其他”选项者。最终获得有效问卷 1 416 份，有效率为 97.66%，由于最终用于分析的要求样本使用过共享单车，剔除未使用共享单车的问卷数量 205 份，最终获得的有效问卷为 1 211 份，最终有效率为 83.52%。参与调查的样本基本情况见表 4-1。

表 4-1 样本的基本属性统计结果

统计内容	类　别	人　数	所占百分比
性　别	男	513	42.36%
	女	698	57.64%
年　龄	0～19 岁	337	27.83%
	20～29 岁	687	56.73%
	30～39 岁	113	9.33%
	40～49 岁	47	3.88%
	50～59 岁	19	1.57%
	60 岁及以上	8	0.66%
教育程度	高中及以下	31	2.56%
	本　科	884	73.00%
	研究生及以上	286	23.62%
	其　他	10	0.83%
职　业	政府机关	28	2.31%
	事业单位	88	7.27%
	企　业	106	8.75%
	自由职业者	19	1.57%
	学　生	951	78.53%
	其　他	19	1.57%
手机中共享单车 APP 数量	1 个	713	58.88%
	2 个	449	37.08%
	3 个	40	3.30%
	4 个	5	0.41%
	5 个	1	0.08%
	5 个以上	3	0.25%

续　表

统计内容	类　别	人　数	所占百分比
认可度最高的共享单车品牌	摩拜单车	546	45.09%
	ofo	621	51.28%
	小鸣单车	2	0.17%
	优拜单车	4	0.33%
	永安行	10	0.83%
	其　他	28	2.31%

2. 信度、效度检验

问卷的信度和效度指标是衡量一份问卷可靠性与有效性的重要标准，信度指的是测量量表的一致性及稳定性的程度，主要衡量的是调查问卷的精准性及正确性；效度指的是测量量表能够准确反映所需测量事物的程度。

一般情况下信度检验有以下四种方法。

(1) 重测信度法：即用同一份问卷对于同一组被调查者进行一定时间间隔的重复调研，计算出两次问卷结果的相关系数。这一信度属于稳定系数，实际操作中易受时间间隔以及外在因素的影响，实施较为困难。

(2) 复本信度法：这一方法需要在同一时间让被调查者一次性填写两份调查问卷复本，然后计算两个复本的相关系数。这一信度系数属于等值系数，要求问卷复本在表述方式意外的各个方面都要完全一致，实际调查中很难实现，故使用这种方法者较少。

(3) 折半信度法：将调查项目分为两个部分，计算两个部分得分的相关系数，进而估计整个量表的信度。这一信度系数属于内部一致性系数，实际使用中适合态度、意见式问卷，对于问卷中存在的反意题项得分需要进行逆向处理，保证各题得分方向的一致性。

(4) α 信度系数法：Cronbach α 信度系数是目前最常用的信度系数，其评价的是问卷中各题项得分间的一致性。这一系数属于内在一致性系数，实际操作中适合调查态度、意见式问卷的信度分析。

效度分析主要有以下三种方法。

(1) 单项与总和相关效度分析：用于测量问卷的内容效度，即问卷题项是否能够代表所要测量的主题或内容，通常通过逻辑分析和统计分析相结合的方式进行评价，对于反意题项需要逆向处理后再计算。

(2) 准则效度分析：这一方法需要选择一种指标或者测量工具作为标准，分析问卷题项与准则的关系，若二者显著相关则认为是有效题项，但是由于实际操作中选择合适的准则十分困难，所以这种方法在实际操作中的应用很受限制。

(3) 结构效度分析：这一效度指的是测量结果体现出来的某中介结构与测值之间的对应程度，主要采用的因子分析的方法，通常通过累计贡献率、共同度以及因子负荷三个指标进行反映。

本文拟采用 α 信度系数法和结构效度分析对问卷进行信度效度检验，由于在进行相应检验过程中要求问卷题项同一维度的选项数目一致且需要有相同的量表计分体系，根据这些要求，本研究主要对问卷中符合要求的 11 个题项进行信度、效度检验，利用 SPSS 21.0 进行相应处理后其对应检验结果如表 4 - 2 和表 4 - 3 所示。

表 4 - 2　信度检验结果

Cronbach's Alpha	项　数
0.639	11

Yockcy 认为 α 信度系数在 0.9 以上为优秀，0.80～0.89 为好，0.70～0.79 为良好，0.60～0.69 为较好，0.50～0.59 尚可，0.50 以下则表示信度较差。由表 2 得出，本研究问卷的信度系数为 0.639，按照 Yockcy 的标准属于较好的级别，证明问卷具有一定程度的可靠性。

表 4 - 3　效度检验结果

KMO 和 Bartlett 的检验		
Kaiser-Meyer-Olkin(KMO 值)	0.701	
Bartlett 的球形度检验	近似卡方	2 081.987
	dt	55.000
	Sig.	0.000

通常认为 KMO 值大于 0.7 表示问卷的效度很好，低于这一值则表示不适合做因子分析，问卷效度有待提高。马庆国认为应该根据 KMO 值大小来判断是否适合做因子分析，大于 0.7 的 KMO 适合做因子分析，低于则不适合。由表 3 可得，问卷的 KMO 值为 0.701，Bartlett 球形检验结果为 2 081.987，$p=0.000$，

说明可以显著的拒绝零假设，对问卷进行因子分析，证明问卷的效度很好，调查是有效的。

3. 描述性统计

问卷针对共享单车运营过程中诟病较多的损坏以及乱停放等问题进行调查，从公众自身认知以及对待他人行为的行动两个方面加以考量，具体调查结果如下。

如表 4-4 所示，在接受调查的 1 211 人中，遇到过单车受损的人数比例达到了 88.77%，同时这类样本中遇到单车受损的频率达到了 29.28%，说明目前市场上共享单车的损坏率较高，过高损坏率会给消费者体验带来负面影响。

表 4-4　是否遇到过共享单车受损的情况

	数量(辆)	比　例	频率
是	1 075	88.77%	29.28%
否	136	11.23%	
总　计	1 211	100.00%	

而在对受损单车报修意愿的调研中，我们发现：公众对于自身使用过程中单车损坏会积极地向平台报修，但是涉及路边停放的损坏单车的报修，公众的报修意愿则显著降低。表 4-5 显示，对使用过程中受损单车公众的报修意愿达到了 71.18%，而当这一问题转到对于停放着的共享单车时，公众的报修意愿则下降到了 27.75%，说明在报修意愿中，公众更多的是关注与自身利益直接相关的事。

表 4-5　公众对受损单车的报修意愿

	使用过程中单车受损是否会报修		发现停放着的单车受损是否会报修	
	数量(辆)	比　例	数量(辆)	比　例
是	862	71.18%	336	27.75%
否	349	28.82%	875	72.25%
总计	1 211	100%	1 211	100%

对于共享单车另一个饱受关注的乱停乱放的问题的调查中，问卷调查的结果显示(表 4-6)：会将共享单车停放在规定位置的人数占到了样本的 82.08%，随意停放的比例为 15.19%。

表 4－6　如何停放共享单车

	数量(辆)	比　例
非机动车停车处	994	82.08%
随便停放	184	15.19%
其　　他	33	2.73%
总　　计	1 211	100%

对比表 4－6 中共享单车随意停放的比例，我们发现违停现象的出现比例达到了 82.25%，且遇到违停的频率达到了 34.10%(表 4－7)，说明从公众角度来看，共享单车的违停现象还是非常严重，需要进行相应的停放治理，以改善这种现状。

表 4－7　是否遇到过共享单车违停的情况

	数量(辆)	比　例	频　率
是	996	82.25%	34.10%
否	215	17.75%	
总　计	1 211	100.00%	

对于严重的违停现象，共享单车的平台都会有对应的反映渠道，公众对于这种现象的主动反映的态度如表 4－8 所示，可以看出无论是对于违停现象的反映还是对于正在违停的行为的规劝，公众愿意主动去做的所占的比例都很低，前者为 27.58%，后者为 20.15%，这也一定程度上反映了公众自身行动与影响他人之间的巨大差异性。

表 4－8　公众对违停行为的态度

	对违停现象是否会反映		对正在违停是否会规劝	
	数量(辆)	比　例	数量(辆)	比　例
是	334	27.58%	244	20.15%
否	877	72.42%	967	79.85%
总计	1 211	100%	1 211	100%

在对于共享单车信用体系建立以及购买保险的调查中，接近 89.76%的被调查者认为需要将其纳入居民信用体系，说明公众对于共享单车使用过程中的信用约束制度是非常支持的；同时支持为使用共享单车的消费者购买保险的被调

查者本比例达到了 60.86%(表 4-9),说明公众对于使用共享单车的安全性问题有很高的关注度;而当涉及保险费用的承担方时,认为企业、消费者个人承担的受调查者所占比例分别为 34.68%和 35.51%,认为应由政府承担的受调查者比例为 25.91%,综合来看在这一问题上公众的观点各不相同,差异较大(表 4-10)。

表 4-9　公众对共享单车纳入居民信用体系和购买保险的态度

	支持纳入居民信用体系		支持购买保险	
	数量(辆)	比　例	数量(辆)	比　例
是	1 087	89.76%	737	60.86%
否	124	10.24%	474	39.14%
总计	1 211	100%	1 211	100%

表 4-10　公众关于保险费用由谁承担的观点

	数量(辆)	比　例
政　府	314	25.91%
企　业	420	34.68%
消费者自身	431	35.61%
其　他	46	3.79%
总　计	1 211	100.00%

在对公众关于共享单车押金接受区间的调查中,我们发现公众的接受区间在 200 元以下的比例达到了 93.97%(表 4-11),相比于目前上海市面上不同共享单车的实际押金价格(摩拜单车 299 元,ofo 99 元,优拜单车 298 元,小鸣单车 199 元),公众的押金价格接受程度远低于大部分共享单车押金的实际定价。

表 4-11　公众对于共享单车押金的接受区间

共享单车押金接受区间			
	数量(辆)	比　例	累计比例
可取消押金	287	23.70%	23.70%
1～50(元)	204	16.85%	40.55%
51～100(元)	391	32.29%	72.83%
101～150(元)	162	13.38%	86.21%

续 表

	数量(辆)	比 例	累计比例
151～200(元)	94	7.76%	93.97%
200 元以上	73	6.03%	100.00%
总 计	1 211	100%	

4. 相关性分析

在对于调查数据结果进行简单的描述性统计以后，为了探究样本个人基本属性对于认知和行动的影响，我们对样本个人基本属性以及公众认知和行动的问题进行了二元 logistics 回归分析，具体结果见表 4－12 和表 4－13。

表 4－12 个人基本属性与主动报修的二元 logistics 回归分析

		B	S.E.	Wals	df	Sig.	Exp(B)
步骤 1[a]	性 别	−0.128	0.129	0.998	1	0.318	0.880
	年 龄	−0.063	0.077	0.677	1	0.411	0.939
	教育程度	0.098	0.134	0.538	1	0.463	1.103
	常 量	−0.798	0.357	4.986	1	0.026	0.450

a. 在步骤 1 中输入的变量：性别、年龄、教育程度。

表 4－13 个人基本属性与反映违停行为的二元 logistics 回归分析

		B	S.E.	Wals	df	Sig.	Exp(B)
步骤 1[a]	性 别	0.299	0.130	5.290	1	0.121	1.349
	年 龄	0.093	0.079	1.404	1	0.236	1.098
	教育程度	0.130	0.139	0.878	1	0.349	1.139
	常 量	0.029	0.365	0.006	1	0.937	1.029

a. 在步骤 1 中输入的变量：性别、年龄、教育程度。

从表 4－12 和表 4－13 可以得到，样本的个人基本属性(性别、年龄、教育程度)对于公众的行动(主动报修、主动反映违停行为)相关性的显著水平的值都大于 0.05，说明个人基本属性对于公众的主动行动没有显著的相关性，不能够对于公众行动与否进行有效解释。

为了探究公众在不同情况下的行动是否存在联系，我们对相应问题进行了交叉表分析，具体结果如表 4－14～表 4－17 所示。

表 4-14 不同情况下的报修行动意愿交叉表分析

			看到停放的共享单车受损是否会报修?		合 计
			是	否	
使用共享单车过程中车辆受损是否主动报修?	是	计数	316	546	862
		比例	36.7%	63.3%	100.0%
	否	计数	20	329	349
		比例	5.7%	94.3%	100.0%
合 计		计数	336	875	1 211
		比例	27.7%	72.3%	100.0%

表 4-15 不同情况下的报修行动意愿交叉表分析卡方检验

	值	Df	渐进 Sig.(双侧)	精确 Sig.(双侧)	精确 Sig.(单侧)
Pearson 卡方	118.533[a]	1	0.000		
连续校正[b]	116.996	1	0.000		
似然比	144.204	1	0.000		
Fisher 的精确检验				0.000	0.000
线性和线性组合	118.436	1	0.000		
有效案例中的 N	1 211				

a. 0 单元格(0.0%)的期望计数少于 5。最小期望计数为 96.83。
b. 仅对 2×2 表计算。

表 4-16 不同情况下的对违停行为采取行动意愿的交叉表分析

			遇人正在违停是否会劝其停到合规位置		合 计
			是	否	
是否会在单车平台对违停进行反映	是	计数	152	182	334
		比例	45.5%	54.5%	100.0%
	否	计数	92	785	877
		比例	10.5%	89.5%	100.0%
合 计		计数	244	967	1 211
		比例	20.1%	79.9%	100.0%

表 4-17 不同情况下的对违停行为采取行动意愿的交叉表分析卡方检验

	值	df	渐进 Sig.（双侧）	精确 Sig.（双侧）	精确 Sig.（单侧）
Pearson 卡方	184.363[a]	1	0.000		
连续校正[b]	182.193	1	0.000		
似然比	167.764	1	0.000		
Fisher 的精确检验				0.000	0.000
线性和线性组合	184.211	1	0.000		
有效案例中的 N	1 211				

a. 0 单元格(0.0%)的期望计数少于 5。最小期望计数为 67.30。
b. 仅对 2×2 表计算。

如表 4-14 所示，在使用共享单车过程中遇到单车受损会主动报修的 862 个样本中，只有 316 个会在看到停放的受损单车后进行报修，仅占到 36.7%，说明公众在不同情况下的行动意愿存在差异性，同时根据表 15 中的卡方检验结果，Pearson 卡方检验的双侧显著性水平为 0.000，远小于 0.05，说明公众在两种情况下的行动意愿存在着显著的相关性。

根据表 16 的结果，会在共享单车平台进行违停情况反映的 334 个样本中，有 183 个不会在遇到别人正在违停时采取劝服别人的行为，所占比例为 54.5%，同时根据表 17 中的卡方检验结果，Pearson 卡方＝184.363，显著性水平为 0.000，远小于 0.05，说明在这两种不同情况下公众采取行动的意愿也存在着显著的差异性。

为了探究公众认知在政府行为和企业行为不同变量之间的相关性，我们对于相应的变量进行了相关性分析，分析结果见表 4-18。

表 4-18 中各英文字母指代含义如下。

A：公众认为共享单车的可持续发展程度；

B：公众对共享单车安全性的担心程度；

C：公众共享单车需要制定用车规范的政策法规的程度；

D：公众认为政府部门划定共享单车停车区域的必要性；

E：公众政府规划针对共享单车的非机动车道的必要性；

F：公众对政府管理共享单车的满意程度；

G：公众认为共享单车在中心城区投放量的饱和程度；

表 4-18　相关性分析

		A	B	C	D	E	F	G	H	I	J	K
A	Pearson Correlation	1										
	Sig.(2-tailed)											
B	Pearson Correlation	−0.128**	1									
	Sig.(2-tailed)	0.000										
C	Pearson Correlation	−0.184**	0.206**	1								
	Sig.(2-tailed)	0.000	0.000									
D	Pearson Correlation	−0.049	0.212**	0.427**	1							
	Sig.(2-tailed)	0.086	0.000	0.000								
E	Pearson Correlation	−0.110**	0.167**	0.288**	0.508**	1						
	Sig.(2-tailed)	0.000	0.000	0.000	0.000							
F	Pearson Correlation	0.101**	0.056	−0.051	0.011	0.075**	1					
	Sig.(2-tailed)	0.000	0.050	0.077	0.695	0.009						
G	Pearson Correlation	−0.026	0.052	0.168**	0.190**	0.109**	0.051	1				
	Sig.(2-tailed)	0.371	0.068	0.000	0.000	0.000	0.079					

续 表

		A	B	C	D	E	F	G	H	I	J	K
H	Pearson Correlation	−0.003	0.099**	−0.024	0.099**	0.090**	0.227**	0.078**	1			
	Sig.(2 - tailed)	0.914	0.001	0.401	0.001	0.002	0.000	0.007				
I	Pearson Correlation	−0.074*	0.165**	0.060*	0.158**	0.125**	−0.016	0.128**	0.141**	1		
	Sig.(2 - tailed)	0.010	0.000	0.038	0.000	0.000	0.572	0.000	0.000			
J	Pearson Correlation	−0.173**	0.167**	0.073*	0.167**	0.116**	−0.048	0.144**	0.126**	0.422**	1	
	Sig.(2 - tailed)	0.000	0.000	0.011	0.000	0.000	0.097	0.000	0.000	0.000		
K	Pearson Correlation	−0.129**	0.199**	0.088**	0.226**	0.141**	−0.001	0.229**	0.130**	0.496**	0.584**	1
	Sig.(2 - tailed)	0.000	0.000	0.002	0.000	0.000	0.976	0.000	0.000	0.000	0.000	
	N	1 211	1 211	1 211	1 211	1 211	1 211	1 211	1 211	1 211	1 211	1 211

**. 在 0.01 水平(双侧)上显著相关

*. 在 0.05 水平(双侧)上显著相关

H：公众认为共享单车在非中心城区投放量的饱和程度；

I：公众对共享单车企业恶性竞争的厌恶程度；

J：公众对共享单车过度投放是“自寻死路”的认同程度；

K：公众对共享单车过度投放的厌恶程度。

从表4-18中可以看出以下几个方面。

在公众认知层面，公众认为共享单车的可持续发展程度与其对于共享单车安全性的担心程度存在显著(0.01水平上)的负相关关系，相关系数为－0.128，说明从公众视角看待共享单车的发展问题，对共享单车安全性的担心程度越大会使得对其可持续发展程度的认同度越小，即在共享单车的发展过程中，安全性是影响共享单车可持续发展的因素，且共享单车的安全性越高其可持续发展程度越大。

从公众认知层面看待政府行为对于共享单车发展情况的影响，公众认为共享单车需要制定用车规范的政策法规的程度、政府部门划定共享单车停车区域的必要性以及政府规划针对共享单车的非机动车道的必要性三个因素均与公众对于共享单车安全性的担心程度有着显著(0.01水平上)的正相关关系，相关系数分别为0.206、0.212和0.167，由于必要性和需要程度越高代表的是当前相关领域的现实水平较低，因而制定用车规范、划定停车区域以及规划针对共享单车的非机动车道对于共享单车的安全性有正向影响，会提高共享单车的安全性。

公众认为共享单车需要制定用车规范的政策法规的程度、政府规划针对共享单车的非机动车道的必要性两个因素与公众对于共享单车安全性的担心程度有着显著(0.01水平上)的负相关关系，相关系数分别为－0.184、－0.110，必要性和需要程度是对现实情况的负面反映，说明用车规范提高和规划对应的非机动车道对于共享打车的可持续发展程度有着正向的影响。

从公众认知层面看待企业行为对于共享单车发展情况的影响，共享单车企业在区域投放共享单车的饱和程度与公众对于共享单车的安全性担心程度是显著(0.01水平上)的正相关关系，相关系数为0.099，说明共享单车投放过度饱和对于其安全性是有着负面影响的。共享单车企业的恶性竞争和过度投放都会增加公众对共享单车安全性的担心程度，即过度投放和恶性竞争对于共享单车的安全性是存在负面影响的。

同时共享单车的过度投放和恶性竞争对于其可持续发展程度在公众认知视角是显著(0.01水平上)的负向相关的关系，即过度投放和恶性竞争是不利于共享单车的可持续发展的。

企业过度投放与公众认为政府需要划定共享单车停车区域的必要性，以及规划针对共享单车的非机动车道的必要性呈正相关关系，说明企业的共享单车投放数量会影响到公众对于政府治理效果的评价及企业行为也是政府治理行为的一个重要影响因素。

五、实证结论与原因分析

（一）实证结论

根据以上的数据分析结果，可以得出来以下五个结论。

1. 公众行动意愿与个人基本属性的无关性

根据表 12 和表 13 对于样本基本属性和主动报修以及反映违停行为两种行动意愿的二元 logistics 回归分析，样本的性别、年龄和受教育程度三个基本属性与样本的行动意愿没有显著的相关性，不能够对样本采取行动的意愿进行解释，说明公众的基本属性不属于公众行动的主导因素。因而在后期考虑公众参与共享单车的治理时，不需要过多考虑参与公众的性别、年龄和受教育程度这些最基本的属性。

2. 个人积极行动与消极影响他人的显著差异性

根据表 14 到表 17 的交叉表相关性分析和卡方检验，我们发现在不同情况下公众采取行动的意愿存在显著的相关性，在面对与自身密切相关的事件前，公众的参与积极性较强，但是当这一场景转换为用自身行为去影响他人行为时，公众行动的积极性骤减，即使是先前有着积极态度行动的也会在这一种场景显现消极的态度，也从侧面反映了公众普遍存在的一种“事不关已，高高挂起”的心态。这一发现表明，在后续需要公众参与的共享单车治理过程中，可以将与公众自身密切相关的部分交予公众参与治理，从而提高效率，达到更好的效果。

3. 共享单车安全性与其可持续发展程度的正相关性

从相关性分析表 4 - 18 中可以得到，共享单车的安全性与其可持续发展程度有着正向的相关性，即共享单车的安全性越高，其可持续的发展程度越高。共享单车的安全性主要分为两个部分：一是车辆自身的硬件安全性，包括车身结构、制动系统、警示装置等的安全性能；二是相应非机动车道的设计规划对于共享单车使用者安全性的提高，为消费者购买保险等。说明要通过提高共享单车的安全性从而提高其可持续发展程度，一方面需要企业进行单车硬件的技术升级，提高单车的硬件安全性，另一方面需要政府提高对非机动车道的规划力度，更多地将路权让给非机动车，提高非机动车行车的安全性。综合来看，在提高共享单车可持续发展的过程中，需要政府和企业共同参与治理，才能最终达到良好的治理效果。

4. 政府行为对共享单车安全性和可持续发展程度的正向作用性

根据表 4－18 显示的结果，从公众认知层面来看，政府制定共享单车使用规范、规划共享单车停车区域以及特定非机动车道对于共享单车的安全性以及可持续发展具有显著的正向相关性，说明在共享单车的发展过程中，政府治理充当着一个不可或缺的角色，在企业提供了相应的标准硬件以后，政府需要为其制定相应的政策措施加以辅助，从而维持其健康、稳定的发展。

5. 企业行为对政府治理及共享单车可持续发展的负面影响

同样是来自表 18 相关性分析的结果，企业共享单车的过度投放、恶性竞争等问题对政府治理效果及行为存在负面的影响，不利于政府对共享单车的治理，同时对自身产品及服务的可持续性也存在负面的而影响，这也从侧面说明在共享单车的治理过程中，需要政府企业的相互合作，共同治理，否则一方的不利行为会为另一方带来负面的影响，从而降低整体的治理效果，最终会造成对各方都不利的局面。

（二）原因分析

根据实证分析得出的结论，我们对导致这些结果的原因进行了分析。

1. 政府、企业和公众三方利益存在对立性

在共享单车这一新兴事物的运营及发展过程中，政府、企业和公众扮演着不同的角色，且有着各自不同的利益指向。对于公众而言，共享单车为其提供了良好的短距离出行选择，对其自身利益产生积极影响的主要是车辆的便捷性、安全性等与其使用直接相关的特性，相比而言，单车乱停乱放以及未上锁等现象对其自身利益产生的负面影响更小，因而在公众角度对这些现象的关注以及主动反映的意愿更弱。对于企业而言，其最终目标是追求利益最大化，因而对其而言首要任务是降低成本和扩大市场份额，大量投放和尽可能少的运营成本也就成了其努力的方向，降低成本就有可能导致硬件质量的下降，大量投放则间接导致了乱停乱放行为的发生。对于政府而言，单车企业提供共享单车实际上是帮助其解决了城市公共交通的“最后一公里”问题，解决了其提供这类公共物品所遭遇的困难，但是同时共享单车大量投放导致的各种违规行为则对市容市貌产生了影响，所以政府对于这类服务的提供要进行支持，同时对其违规行为要进行遏制。

2. 未明确公众使用过程中的责任义务

在共享单车的使用过程中，企业作为服务提供者，公众作为服务的接受者，二者之间存在利益关系，政府对于企业的行为已经进行了相应的规范，但是对于公众使用过程中的行为，目前只有企业单方面不具有权威性的信用评分，对于公众未能形成硬性约束，因而公众在使用过程中的不良行为不会受到严格的惩罚，以及对其不会产生过度的影响，这就直接导致了公众在使用共享单车过程中所受约束小，易出现各种违规行为。

3. 未设置权威的信用评价机制

政府未对共享单车提供者和使用者双方进行信用评级，未进行严格的制度安排，最终导致企业在单车硬件提供和运营管理上由于没有严格限制而存在降低标准的行为，对于公众则会使得其对于自身的违规行为无动于衷，因为对其自身没有实质性的负面影响，这从侧面助长了公众使用过程中违规行为的发生。

六、制度优化建议

本研究根据实证分析得出的结论以及原因分析，并结合现实情况，提出以下三点制度优化建议。

（一）政府、企业和公众三方联动进行共享单车治理

数据分析的结果显示，在共享单车可持续发展的影响因素中，政府、企业和公众均占据重要的位置，且三者之间一者的不良行为可能会给另一者的治理效果带来负面的影响，因而在共享单车的后续治理过程中，若仅仅依靠某一方的管理是很难达到理想的效果的，且会因为其他两方的行为对其管理的方式和效果产生不利的影响。三方联动共同治理的模式是对共享单车管理的有效方式，即公众向政府反映在使用共享单车遇到的有关公共服务方面的需求和问题，再由政府根据从公众处收集的意见建议进行相应的改进；公众向企业反馈共享单车使用过程中单车硬件以及软件等方面的问题供企业进行单车升级的参考；政府制定相应的政策制度对企业的过度行为进行限制，引导共享单车企业健康合理地发展，同时也需要针对共享单车进行战略规划，提供路权和空间资源。三者形成一个管理的闭环，这样既有利于信息的互通有无，同时也可以充分发挥每一方的优势，提高治理的效果。

（二）正负面清单交叉管理

从调查的结果来看，共享单车的安全性、违停、投放量等从公众角度考虑均是影响其发展的因素，针对这些问题，政府、企业应当采取正负面清单交叉管理的方式来进行制度优化。首先，对于企业而言，需要限定投放的单车的安全性能和耐用性，及硬件要符合可持续发展的要求的单车才能投放；其次，对于共享单车的用户要进行负面清单的限制，损坏过单车的、信用级别低的人不能使用，有过违停等不按照单车使用规则行为的人不能使用；对于停放位置，既要在一些拥挤区域划出相应的可停区域，同时也要在重要的通道设立违停区域，通过两方面的限制来提高共享单车使用者的停车规范，最终通过这种方式来提高对于共享单车的治理效果。

（三）对企业和公众采取信用评级制度

政府可以通过信用评级制度对企业和公众采取软约束，对于公众，通过不同企业提供的用户信用数据建立相应的公众信用评级制度，并进行评分。对于得分过低的公众采取不同时间长度禁止使用所有共享单车的惩罚；对于共享单车企业，则可以开辟面向公众对于不同品牌共享单车涉及各类公共问题的反馈渠道，然后对于被反映次数超限的企业进行约谈，并加强后续的监管，从而提高治理共享单车的效果。

七、研究结论与展望

（一）研究结论

共享单车作为 2016 年“站在风口中的猪”，自推出以来迅速火爆席卷了国内主要城市，成为资本市场中一枝独秀的新兴分享经济模式，但是随着其飞速的发展，各种与其相关的公共治理问题接踵而来，亟需通过合理的治理方式来进行解决优化。本文通过问卷调查的方式收集了 1 211 份有效问卷，主要针对公众自身认知与行动、公众对于企业及政府行为的认知进行了调查，通过对调查结果进行实证研究，得出了以下结论。

(1) 公众参与意愿不受个人属性影响，解决自身遇到问题的积极性大于影响他人行为的积极性。本文通过个人属性和参与意愿的相关性分析，并对比受调查者在面对自身使用时遇到的共享单车问题以及面对他人对待共享单车的违规行为时的不同表现，得出这一结论。说明在共享单车的治理过程中，公众参与是一个很好的方式，但是更多的是要利用其关注自身利益的特性进行引导。

(2) 企业提供单车硬件的安全性以及政府规划相应空间和提供相应资源的程度对于共享单车发展有积极作用。本文通过调查公众对于企业和政府行为的认知，通过对数据的相关性分析得出这一结论。说明在共享单车的发展过程中，注重空间资源的合理配置以及单车硬件质量的可靠安全性对于其可持续性有很大的助推作用。

(3) 企业过度行为对政府治理效果存在负面影响。本文对企业行为中过度投放、恶性竞争等指标与政府治理中的公众满意程度进行了相关性分析，发现二者存在显著的负相关性，从而得出这一结论。说明在共享单车的治理过程中，企业行为与政府行为的方向一致性才是提高治理效果的主要方式，否则会出现事倍功半的结果。

（二）不足与展望

本研究尚存在一些不足和待改进之处，主要有以下几个方面。

(1) 研究样本的局限性。由于受到人力、物力等因素的影响，本研究收集问卷的样本未能够以随机的形式取样，同时未能按照企业、政府和公众三个方面收集三类样本对象的观点。

(2) 选择研究角度的限制。研究治理的视角众多，由于收集样本的困难，本文仅从公众认知的视角来考虑政府和企业的行为，可能会对部分的研究结果形成限制，因此未来的研究可以在本研究基础上综合考虑其他因素进行更加深入的研究。

(3) 研究时间的局限。本文收集的数据属于横截面式数据，即是对某一时间点的公众认知与行动的调查，只能代表一时的状态，不能够研究时间变化对公众认知和行动的影响，因而在后续的研究中可以考虑从时间的不同性角度来研究和补充，使得研究更加完善。

参考文献

[1] AULICH C. From citizen participation to participatory governance[J]. Commonwealth Journal of Local Governance, 2009, 2(1): 44 - 60.

[2] BARDHI F, ECKHARDT G M. Access-based consumption: The case of car sharing

[J]. Journal of Consumer Research, 2012, 39(4): 881 - 898.
[3] BARNES M, NEWMAN J, KNOPS A, et al. Constituting "the public" in public participation[J]. Public Administration, 2003, 81(2): 379 - 399.
[4] BELK R. Why not share rather than own? [J]. The ANNALS of the American Academy of Political and Social Science, 2007, 611(1): 126 - 140.
[5] BELK R. You are what you can access: Sharing and collaborative consumption online [J]. Journal of Business Research, 2014, 67(8): 1595 - 1600.
[6] BELLOTTI V, AMBARD A, TURNER D, et al. A muddle of models of motivation for using peer-to-peer economy systems[C]// ACM Conference on Human Factors in Computing Systems. ACM, 2015: 1085 - 1094.
[7] BENKLER Y. Sharing nicely: On shareable goods and the emergence of sharing as a modality of economic production[J]. Yale Law Journal, 2004, 114(2): 273.
[8] BOTSMAN R, ROGERS R. What's mine is yours: how collaborative consumption is changing the way we live[M]. London: Collins, 2011.
[9] BOTSMAN R. The sharing economy lacks a shared definition[J]. Fast Company, 2013, 21: 2013.
[10] CHOI T, ROBERTSON P J. Deliberation and decision in collaborative governance: a simulation of approaches to mitigate power imbalance [J]. Journal of Public Administration Research & Theory, 2013, 24(2): 495 - 518.
[11] COHEN B, KIETZMANN J. Ride on! Mobility business models for the sharing economy[J]. Organ. Environ. 2014, 27(3): 279 - 296.
[12] EYAL ERT, ALIZA FLEISCHER, NATHAN MAGEN. Trust and reputation in the sharing economy: The role of personal photos in Airbnb[J]. Tourism Management, 2016, 55: 62 - 73.
[13] FELSON M, SPAETH J L. Community structure and collaborative consumption: A routine activity approach[J]. American Behavioral Scientist, 1978, 21(4): 614 - 624.
[14] GANSKY L. The Mesh: Why the future of business is sharing[M]. Portfolio, 2012.
[15] GUSTAFSON P, HERTTING N. Understanding participatory governance: An analysis of participants motives for participation[J]. American Review of Public Administration, 2016: 1 - 17.
[16] HALVORSEN K E. Assessing the effects of public participation [J]. Public Administration Review, 2003, 63(5): 535 - 543.
[17] HEIJDEN J V D, HEUVELHOF E T. The mechanics of virtue: Lessons on public participation from implementing the water framework directive in the Netherlands [J]. Environmental Policy and Governance, 2012, 22(3): 177 - 188.
[18] HEINRICHS H. Sharing economy: a potential new pathway to sustainability[J]. GAIA, 2013, 22(4): 228 - 231.
[19] HERIAN M N, HAMM J A, TOMKINS A J, et al. Public participation, procedural fairness, and evaluations of local governance: The moderating role of uncertainty

[J]. Journal of Public Administration Research & Theory, 2012, 66(4): L43 - L45.

[20] JUHO HAMARI, MIMMI SJÖKLINT, ANTTI UKKONEN. The sharing economy: Why people participate in collaborative consumption[J]. J Assn Inf Sci Tec, 2016, 67(9): 2047 - 2059.

[21] KING C S, FELTEY K M. The question of participation: Toward authentic public participation in public administration[J]. Public Administration Review, 2008, 58(4): 317 - 326.

[22] LARS BÖCKER, TOON MEELEN. Sharing for people, planet or profit? Analysing motivations for intended sharing economy participation[J]. Environmental Innovation and Societal Transitions, 2016, 16: 28 - 39.

[23] NESHKOVA M I, GUO H. Public participation and organizational performance: evidence from State Agencies[J]. Journal of Public Administration Research & Theory, 2011, 22(22): 267 - 288.

[24] PISCICELLI L, COOPER T, FISHER T. The role of values in collaborative consumption: insights from a product-service system for lending and borrowing in the UK[J]. Journal of Cleaner Production, 2015, 97: 21 - 29.

[25] ROGERS R, BOTSMAN R. What's mine is yours: the rise of collaborative consumption [J]. New York: HarperBusiness, 2010.

[26] TURNHOUT E, BOMMEL S V, AARTS N. How participation creates citizens: participatory governance as performative practice[J]. Ecology & Society, 2010, 15(4): 299 - 305.

[27] WANG X H, WART M W. When Public Participation in Administration Leads to Trust: An Empirical Assessment of Managers' Perceptions[J]. Public Administration Review, 2007, 67(2): 265 - 278.

[28] WOODS N D. Regulatory democracy reconsidered: The policy impact of public participation requirements[J]. Journal of Public Administration Research & Theory, 2013, 25(2): 571 - 596.

[29] YOCKEY R D. SPSS demystified: A step by step approach[M]. Englewood: Prentice Hall Press, 2011.

[30] 白维军,郭喜.社会保障治理中的公众参与:基于国家治理体系现代化的视角[J].中国行政管理,2015(12): 57 - 60.

[31] 陈鹏,臧雷振.媒介与中国农民政治参与行为的关系研究——基于全国代表性数据的实证分析[J].公共管理学报,2015(3): 69 - 82.

[32] 陈振明.公共管理学(第二版)[M].北京: 中国人民大学出版社,2003.

[33] 董成惠.共享经济: 理论与现实[J].广东财经大学学报,2016(5): 4 - 15.

[34] 范柏乃,金洁.公共服务供给对公共服务感知绩效的影响机理——政府形象的中介作用与公众参与的调节效应[J].管理世界,2016(10): 50 - 61.

[35] 范逢春,李晓梅.农村公共服务多元主体动态协同治理模型研究[J].管理世界,2014(9): 176 - 177.

[36] 胡凯.浅谈社会科学方法中的问卷设计技术——基于问卷设计的原则和程序[J].甘肃科技,2012,28(11): 65-66.
[37] 李春梅.公众参与认知对公众参与行为的影响——基于成都市的实证分析[J].天府新论,2013(4): 97-100.
[38] 李文明,吕福玉.分享经济起源与实态考证[J].改革,2015(12): 42-51.
[39] 李真.共享经济的勃兴与挑战——经济学和法律视野下的分析[J].当代经济管理,2016(8): 6-13.
[40] 刘淑妍,朱德米.当前中国公共决策中公民参与的制度建设与评价研究[J].中国行政管理,2015(6): 101-106.
[41] 刘小康.政府信息公开的审视: 基于行政决策公众参与的视角[J].中国行政管理,2015(8): 107-111.
[42] 刘奕,夏杰长.共享经济理论与政策研究动态[J].经济学动态,2016(4): 116-125.
[43] 卢现祥.共享经济: 交易成本最小化,制度变革与制度供给[J].社会科学战线,2016(9): 51-61.
[44] 吕富媛.城市公共服务战略协作机制应强调公众参与[J].中国行政管理,2012(12): 121-121.
[45] 马庆国.管理统计: 数据获取、统计原理、SPSS工具与应用研究[M].北京: 科学出版社,2002.
[46] 毛寿龙.西方政府的治道变革[M].北京: 中国人民大学出版社,1998.
[47] 孟天广,马全军.社会资本与公民参与意识的关系研究——基于全国代表性样本的实证分析[J].中国行政管理,2011(3): 107-111.
[48] 漆国生.公共服务中的公众参与能力探析[J].中国行政管理,2010(3): 56-58.
[49] 亓莱滨,张亦辉,郑有增,等.调查问卷的信度效度分析[J].当代教育科学,2003(22): 53-54.
[50] 孙宇.探寻分享经济的理论基础: 身份认同、分享和包容性增长[J].电子政务,2016(4): 28-36.
[51] 唐纯.共享经济对经济结构调整的作用机制[J].改革与战略,2016(4): 10-13.
[52] 王谦,代佳欣.政府治理中网络众包模式的生成、构建及效用[J].公共管理学报,2014(4): 61-70.
[53] 王旭.公民参与行政的风险及法律规制[J].中国社会科学,2016(6): 112-132.
[54] 王雅琴.公众参与背景下的政府决策能力建设[J].中国行政管理,2014(9): 102-105.
[55] 王亚丽.供给侧改革视角下的共享经济[J].改革与战略,2016(7): 87-90+154.
[56] 王雁红.公共政策制定中的公民参与——基于杭州开放式政府决策的经验研究[J].公共管理学报,2011,8(3): 24-32.
[57] 吴建南,徐萌萌,马艺源.环保考核、公众参与和治理效果: 来自31个省级行政区的证据[J].中国行政管理,2016(9): 75-81.
[58] 吴结兵,沈台风.社会组织促进居民主动参与社会治理研究[J].管理世界,2015(8): 58-66.
[59] 谢雪梅,石娇娇.共享经济下消费者信任形成机制的实证研究[J].技术经济,2016(10):

122－127.

[60] 谢志刚."共享经济"的知识经济学分析——基于哈耶克知识与秩序理论的一个创新合作框架[J].经济学动态,2015(12)：78－87.

[61] 徐新鹏,高福霞,张昕宇.共享经济的冷思考——以劳动保护为视角[J].理论导刊,2016(11)：64－67.

[62] 杨帅.共享经济带来的变革与产业影响研究[J].当代经济管理,2016(6)：69－74.

[63] 杨晓燕,邓珏坤.情感依恋对消费者参与协同消费的影响方式——基于产品处置的视角[J].消费经济,2014(5)：56－60.

[64] 俞可平.民主与陀螺[M].北京：北京大学出版社,2006.

[65] 俞可平.治理与善治[M].北京：社会科学文献出版社,2000.

[66] 张传洲.分享经济的现实演进及其发展逻辑[J].技术经济与管理研究,2016(6)：98－102.

[67] 张敏杰.共享经济的发展模式与规制措施研究——基于合作消费[J].江苏商论,2016(4)：17－19.

[68] 张廷君.城市公共服务政务平台公众参与行为及效果——基于福州市便民呼叫中心案例的研究[J].公共管理学报,2015(2)：21－29,154.

[69] 赵永亮,杨子晖.民主参与对公共品支出偏差的影响考察[J].管理世界,2012(6)：74－85.

[70] 郑志来.共享经济的成因、内涵与商业模式研究[J].现代经济探讨,2016(3)：32－36.

附录：中国共享单车调查问卷

尊敬的女士/先生：您好！

我们是励稻智库、同济大学、清华大学和上海大学关于“中国共享单车问题研究”专家联合课题组。本调查旨在对当下中国共享单车所出现的问题进行研究。本问卷采用匿名形式，不会对您的生活、工作和学习产生任何影响，感谢您的支持与合作！

2017 年 4 月

第一部分　基本信息

1. 性别：

□男　　□女

2. 年龄：

□0～19 岁　　□20～29 岁

□30～39 岁　　□40～49 岁

□50～59 岁　　□60 岁及以上

3. 教育程度：

□高中及以下　　□本科

□研究生及以上　　□其他

4. 职业：

□政府机关　　□事业单位

□企业　　□自由职业者

□学生　　□其他

5. 您是否使用过共享单车？

□是　　□否

6. 您通常在以下哪个城市使用共享单车？

□北京　　□上海

□广州　　□深圳

□成都　　□重庆

□厦门　　□天津

□南京　　□杭州

□其他

7. 您手机里有几个共享单车 APP?

□1 个　　□2 个

□3 个　　□4 个

□5 个　　□5 个以上

8. 您对哪个品牌的共享单车的认可度最高？为什么？

□摩拜单车________________

□ofo ________________

□小鸣单车________________

□贝庆单车________________

□优拜单车________________

□永安行________________

□其他________________

（提示：请填写您认可该品牌单车的原因）

第二部分

消费者方面：(1～10,数字越大,程度越深,必要性越大)

9. 您是否遇到过共享单车受损的情况？

□是　　□否

10. 若有这种现象,遇到的频率大概是？[输入 0(0)到 100(100%)的数字]

11. 你在使用共享单车过程中出现车辆受损的情况是否会主动报修？

□是　　□否

12. 若发现停放着的共享单车受损,你是否会报修？

□是　　□否

13. 您一般使用过共享单车后会停在哪？

□非机动车停车处

□随便停放,怎么方便怎么停

□其他

14. 您是否遇到过共享单车违规停放的现象？

□是　　□否

15. 若有这种现象,遇到的频率大概是？[输入 0(0)到 100(100%)的数字]

16. 你是否会在单车平台对违停的行为进行反映？

□是　　　　　　　　□否

17. 如果发现有人正在违规停车你是否会劝其停到规定停车处？

□是　　　　　　　　□否

18. 如果有更好的代替品，您是否会放弃使用共享单车？

□是　　　　　　　　□否

19. 您是否支持将对待共享单车的行为纳入到居民诚信体系？

□是　　　　　　　　□否

20. 您是否认为需要为使用共享单车的人购买相应的保险？

□是　　　　　　　　□否

21. 您认为保险的费用应该由谁承担？

□政府　　　　　　　□企业

□消费者自身　　　　□其他____________

22. 以您的判断，共享单车的可持续发展程度？[输入 1(不可持续)到 10(可持)的数字]

23. 您对共享单车安全性的担心程度多大？[输入 1(毫不担心)到 10(非常担心)的数字]

政府方面：(1～10，数字越大，程度越深，必要性越大)

24. 您认为对共享单车需要制定防止不文明用车行为的政策法规的程度？[输入 1(完全不必要)到 10(非常必要)的数字]

25. 您认为政府部门划定共享单车停车区域的必要性？[输入 1(完全不必要)到 10(非常必要)的数字]

26. 您认为政府规划针对共享单车非机动车道的必要性？[输入 1(完全不必要)到 10(非常必要)的数字]

27. 您对政府管理共享单车的满意程度？[输入 1(不满意)到 10(满意)的数字]

共享单车企业方面：(1～10，数字越大，程度越深，必要性越大)

28. 您认为当前共享单车企业[矩阵文本题][输入 1 到 10 的数字]

在中心城区投放单车的数量饱和程度？____________________

在非中心城区投放单车的数量饱和程度？____________________

29. 你对共享单车的押金数额的接受区间？

□可以取消押金　　　□1～50 元

□51～100 元　　□101～150 元
□151～200 元　　□201 元以上

30. 您对于目前市场上共享单车企业恶性竞争(价格战、优惠战)的厌恶程度[输入 0(不厌恶)到 10(厌恶)的数字]

31. 您对共享单车过度投放是“自寻死路”这一观点认同程度?[输入 1(不认同)到 10(认同)的数字]

32. 您对共享单车的过度投放的厌恶程度?[输入 1(不厌恶)到 10(厌恶)的数字]

33. 您是否认为共享单车当前的恶性竞争最终会带来行业垄断?

□是　　□否

感谢您百忙之中回答上述问题,祝您工作和学习顺利,身体健康!

第五篇

劳动人口肥胖社会网络效应测度与实证检验

周永珩

一、引言

近几十年，随着世界经济的高速发展以及现代化进程的推进，超重和肥胖在全球范围内迅速蔓延，呈现出快速增长的趋势。据世界卫生组织（World Healthy Organization，WHO）报道，1980年以来，世界肥胖人数已经翻了一倍以上。2014年，18岁及以上的成年人中，39%超重，且13%肥胖，超过6亿人。

在改革开放政策的推动下，我国经济快速发展，人民的生活水平得到显著的提高，但同时超重和肥胖的比例也在快速提升。尽管与英国、美国、德国等西方发达国家超过半数的成人超重或肥胖相比，我国的超重和肥胖率相对较低，但是超重和肥胖的增长速度却令人担忧。国家卫计委发布的《中国居民营养与慢性病状况报告（2015年）》显示，我国居民的超重肥胖问题尤为显著。无论成人还是青少年，超重和肥胖的增长幅度都高于发达国家。我国1992年和2002年的《中国居民营养与健康状况》调查结果显示：我国成人超重和肥胖率分别由16.4%和3.6%上升至22.8%和7.1%，增长了39%和97%。英国著名医学杂志《柳叶刀》于2016年发表的全球成人体重调查报告表明，中国已成为全球肥胖人口最多的国家。其中，男性肥胖人数4 320万人，女性肥胖人数4 640万人。

国际上常用WHO制定的身体质量指数（BMI）[①]界限作为衡量人体肥胖程度的重要标准，用于对成人进行超重和肥胖的分类。当BMI≥25时为超重，BMI≥30时为肥胖。许多证据表明，WHO对于超重和肥胖的定义标准来自白种人，或许不适用于黄种人。中国肥胖问题工作组根据研究提出了中国人的超重和肥胖标准，中国成人超重的界限为BMI≥24，肥胖的界限为BMI≥28，且已经被卫生部疾控司写入了《中国成人超重和肥胖防治指南》中。这意味着我国现今的肥胖流行情况或许被严重低估了。

早在1948年，WHO便已将肥胖列入疾病名单中。超重和肥胖会使罹患包括心血管疾病、糖尿病、肌肉骨骼疾患和某些癌症在内的非传染性疾病的风险提

---

① 其定义为：按公斤计算的体重除以按米计算的身高的平方（kg/m^2）。

高，被认定为影响健康的第五大危险因素。

现如今肥胖的全球性蔓延不仅带来了健康上的风险，也加重了各国的医疗负担。由于肥胖而导致的医疗支出占了全球各国医疗支出的 2%～7%，其中美国最高，达到了 7.0%，超过 1 000 亿美元。美国 2007 年之前的数据研究表明，肥胖者的医疗花费比体重正常人高出 9.9%，预计到 2030 年，美国由肥胖导致的医疗花费将达到 9 569 亿美元，占美国医疗支出总额的 17.6%。

对于个人而言，肥胖不仅会增加个人的患病风险和健康成本，还会影响个人在劳动市场上的就业情况以及收入，甚至还可能会影响其在婚姻市场上的议价能力。同时，有研究表明，肥胖还会影响个人的幸福感，肥胖者的幸福感相对更低。此外，肥胖者更易受到他人的歧视。由此可见，无论国家还是个人，均会因为肥胖蔓延而面临较大的风险和损失。

尽管我国当前肥胖人群的比例相对发达国家较低，但因为生活水平的提高、饮食结构以及生活方式的改变，肥胖人群的增长速度十分惊人。如果对肥胖问题不加重视和控制，未来必将会带来巨大的经济损失和社会影响。而在肥胖问题日趋严峻的同时，我国经济学界对此问题的关注却非常有限。

鉴于此，本文将从经济学角度建立以肥胖作为被解释变量的计量模型，探究劳动人口肥胖的社会网络效应是否存在。此外，还将根据模型来探究我国肥胖比例快速增长问题的应对方法。

二、文献综述

针对肥胖蔓延的问题，人们进行了大量的研究。除了医学上对于肥胖的病理成因和健康风险的解释外，国外经济学家也在经济层面上对肥胖的影响因素做了不少研究。尽管至今仍未完全达成共识，但是提出了诸多较为合理的解释。

Seidell 和 Flegal 在欧洲的跨国研究中发现，肥胖率与个人收入呈显著正相关。收入可以通过改变个人的食物预算、劳动时间以及生活方式，从而影响热量的摄入和消耗。因此，收入的提高一直被视为肥胖增加的主要原因。而 Sobal 和 Stunkard 发现，在一些发达国家，妇女的肥胖率与收入呈负相关，男女的肥胖率与收入的关系截然相反。对此，Lakawalla 和 Philipson 认为，收入对肥胖的影响为倒 U 形，即最初收入的提高会促进肥胖率的增长，而当肥胖率到达顶峰后，收入的提高反而会促使肥胖率的下降。

收入提高可以影响热量的摄入和消耗，相对的，食物价格的下降可能也会影响热量的摄入量。Powell 和 Chaloupka 通过研究体重和食物价格之间的关系，证实了食物价格与肥胖之间存在关联，食物价格的下降会促进食物消费的增加。Culter 等对食物价格下降与肥胖的关联性作出了更多的解释：① 可消费的食物种类增加了；② 食物的消费频率增加了；③ 食物的味道更好，热量也更高了。这些解释也说明了自 1980 年以来，美国肥胖蔓延的原因：能量消耗没有明显变化的情况下，人们摄入的热量大幅提高。Chou、Grossman 和 Saffer 针对美国 20 世纪 80—90 年代的研究结果也证实了食物价格与体重呈显著负相关。

上述文献大多从食物的平均价格进行研究，而当对食物进行进一步的分类时，Sturm 和 Datar 发现了更有趣的事实：虽然食物平均价格的下降会导致肥胖的增加，但是蔬菜和水果的价格下降却有助于减少肥胖。来自儿童的数据和研究表明，生活在蔬菜和水果价格较高地区的儿童的 BMI 相对更高。这表明不同种类食物的价格或许对肥胖有着不同的影响，诸如蔬菜、水果等有助于减少体重的食物的价格下降有助于减少肥胖。同时，我国学者肖应婷发现，随着收入和食物价格的变化，成年人对不同种类食物的偏好也有所不同。自 1991 年至 2011 年，我国成年居民消费的大米、面食和蔬菜总量呈下降趋势，而肉类食物的消费量呈上升趋势，同时肥胖率也在不断提高。学者刘素在观察了我国居民食物消费的数据后发现，我国居民含糖食物消费率由 2002 年的 20.4%上升至 2012 年的 26.9%，消费率相对增长了 31.9%，上升趋势明显。可见收入和价格的改变所引起的食物偏好的变化也是肥胖蔓延的原因之一。

快节奏的现代工作、生活方式导致对快速消费食品的需求增加。Martin 研究发现，1972 年至 1997 年，美国人均快餐店的数量翻了一倍，人们对于快餐的偏好和需求不断增加。快餐不仅减少了人们的等待时间，而且价格相对较低。Auld 和 Powell 对快餐价格和 BMI 的研究证实了两者之间存在负相关关系，而且对于 BMI 较高的人而言，负相关关系更为显著。

随着科技现代化在人们生活中的渗透，人们的生活方式发生了巨大的变化。过去的出行、饮食、活动方式都发生了不同程度的改变，洗碗机、微波炉等现代化电器的出现使得需要人们亲自动手的活动越来越少，同时简易加工的速食食品的流行使得烹饪所需时间和体力消耗大大减少，而这些速食食品往往营养少而热量高，更易引起肥胖。虽然李磊等学者提出了生活方式的改变对肥胖产生影响的看法，但仍缺乏数据和研究的支持。

Finkelstein 和 Zuckerman 认为，近几十年来，随着妇女地位的上升，更多的妇女开始外出工作，生活重心由照顾家庭转为专注事业，更多的家庭选择外出就餐或是外卖配送。而多数餐馆的食物营养失衡，热量很高，导致了肥胖的增加。郑志浩等的研究证实了这一观点。他们发现，20 世纪 90 年代以来，随着生活水平尤其是食物消费水平的提高，我国城镇居民的消费方式发生了显著的变化，年人均在外食物消费支出占食物总支出的比重由 1995 年的 9.1%上升至 2010 年的 21.2%，在外食物消费成了食物支出的重要组成部分。在对外出就餐的比重和城镇居民 BMI 进行实证分析后，得到了外出就餐比重与 BMI 呈显著正相关的结果。

Stunkard 等通过对遗传性肥胖的大量数据进行估算后，提出了肥胖率提高的遗传变异学解释。但是这不太可能解释肥胖在一个相对较短的时间内迅速增加的现象。

近些年，一些学者提出了一个有趣而又新颖的假说，即肥胖如同病毒一般，会在人与人之间传染。Christakis 和 Fowler 在挖掘 Framingham 心脏研究的数据时发现了这个关于体重增加的惊人理论。数据显示，当一个人变得肥胖时，他的朋友的肥胖可能性会增加 57%。而当一个人的兄弟姐妹变得肥胖时，他的另一个兄弟姐妹的肥胖可能性会增加 37%。Buker 和 Heiland、Etilé、Oswald 和 Powdthavee 利用不同的数据和计量方法也证实了这一观点。前两篇文章认为，人们偏好拥有跟他人一样的体重；后一篇文章则认为，人们的效用函数受到相对体重的影响。Cohen-Cole 和 Fletcher 发现这种朋友之间体重的联系与性别和关系亲密程度有关联。而 Halliday 和 Kwak 则发现年轻人的体重很大程度上取决于他们的父母和朋友，

McDonald 和 Kennedy 在对移民数据进行研究时，也得到了一个类似的发现：移民在刚抵达加拿大时极少肥胖或超重，但抵达之后，他们的体重和肥胖程度却渐渐地与当地人趋同，且在相同的民族之中，这种现象更为显著。他们将此现象称为民族的社会网络效应所引起的肥胖。

对于肥胖传染性问题的研究比较困难，因为至少有三个原因可以解释为什么个人的体重和肥胖程度会在所处群体中趋同。首先是社会网络效应，个人可能会因为群体中其他人的行为而改变自己的行为。当个体参与群体活动时，可能会因一起聚餐或是一起运动而影响自己的体重。对周围人的观察和交谈也可能会形成共同认知和观念，从而影响个人的体重。其次是关联效应，社区内居民具有某些相似而又难以观测的个人特征，从而导致肥胖程度相似的个人居住在同一小区中，且这些因素难以在计量分析中被观测和控制。此外，个体也可能会基于某些与肥胖相关的因素来选择朋友，友谊的选择可能是导致 BMI 趋同的原因，而非一个人的肥胖程度通过社会网络效应影响到他的朋友的体重。最后是

环境效应，个人的体重可能会受到社区内某些共同的环境因素的影响。诸如社区内的楼高与电梯，便利店、餐饮店和健身房的数量和距离，出行的便利程度等，可同时影响到社区内所有人的体重。而共同的环境因素的存在可能导致我们做出并不存在的社会网络效应的假设。

以上三个原因对于肥胖传染性的影响，导致对社会网络效应进行分离和研究的过程中存在极大的困难。以往的关于肥胖传染性的研究均没有能够解决这些问题，也因此受到了质疑。我国学者李磊等在对肥胖传染性的研究中，引入了社区环境变量，并运用了工具变量，从而较有效地控制了环境效应和关联效应，为本文提供了更广泛的思路。

尽管 Etilé 等众多学者已经证实了肥胖传染性的存在，但是对于此问题的研究尚不够深刻，缺乏足够有力的研究证据来证明肥胖的社会网络效应的存在。而我国学者李磊等在其研究中，运用了社区控制变量和工具变量，巧妙地控制了环境效应和关联效应，并证实了社会网络效应的存在。但是在样本的选择上，李磊等学者并未有针对性地去选择样本，其中包含了诸如退休老人、非劳动人口等，因其社交网络、生活方式和 BMI 值与劳动人口有较大差异，可能会使估计结果出现偏误。同时，在虚拟变量的设置上不够合理，诸如职业类型虚拟变量，实际上与劳动强度、收入和受教育年限之间存在较强的内生性，会影响最终结果。而在数据的处理方面，也有不合理之处，如未将受教育年限中心化，不同数据之间不具有可比性。此外，我国近几年经济、社会快速发展，多项解释变量也受其影响，数据需要保持更新，模型需要进一步验证，而李磊等学者所采用的数据最新仅截至 2009 年。鉴于此，本文将基于上述分析和研究，对以往的研究变量和研究方法进行选择和分析。本文的主要工作和贡献如下：① 以我国 18 岁及 18 岁以上的劳动人口[①]作为研究样本，使得样本的劳动状态、社交状况等均比较接近；② 合理选择和处理数据，减少因内生性和数据去中心化而导致的估计偏误；③ 采用多种模型和估计方法进行研究；④ 采用最新的调查数据。

三、肥胖影响因素的理论分析

（一）BMI 的影响因素

医学研究表明，卡路里的摄入与体重增长有着直接的关系。体重的变化由

---

① 在本文中指具备劳动能力且时常或偶尔参与劳动工作的人群，而不是符合劳动年龄人口的人群。

人体能量的增加和消耗决定，摄入的卡路里越多，人体获得的能量也就越多，也就越有可能增加体重。因而将卡路里摄入量作为 BMI 影响因素之一。

收入作为影响热量摄入和消耗的主要因素，被认为是肥胖增加的主要原因。收入不仅会决定食物消费水平，还会影响个人的劳动时间以及生活、出行的方式。收入愈高，食物预算也就愈高，从而能够购买更多的食物，摄入更多热量；同时劳动的需求就会减少，出行方式可能由步行、公交转为驾车出行，静坐和休息娱乐的时间也会更多，从而减少热量的消耗。因为存在女性收入与肥胖呈倒 U 形关系的说法，本文亦将对男女性的收入对肥胖的影响分别进行研究，以检验其是否存在明显差异。

食物价格是影响热量摄入的另一因素。食物价格下降，会使得人们能够购买更多的食物并摄入热量。而且，不同种类食物的价格变化，会使人们对食物偏好产生影响。不同类型的食物，对体重的影响不同，诸如水果蔬菜等有利于降低体重，高脂肪高热量的食物则会使体重上升。因而食物价格亦是影响个人 BMI 的因素之一。

健康意识和对肥胖的正确认知会促使个人更加注重自身的健康和体重状况，加强体育锻炼和控制饮食习惯，从而减少肥胖的可能性，反之则会使体重更易增加。通常而言，教育与个人的健康意识和认知水平紧密关联，因而受教育程度亦作为影响因素进行研究。

劳动是热量消耗的主要渠道，劳动强度愈大，能量消耗愈多，体重也会相应下降。而职业类型往往会影响劳动强度，但是仅仅涵盖了工作劳动的层面，未包含家务劳动在内。而且即便是同一职业，也存在劳动强度不同的区别。故而劳动强度能够更准确地表示劳动过程中的能量消耗量的范围。

年龄与个人的肥胖也存在一定的联系。随着年龄增长，个人的生活方式亦会发生改变①。年纪增大，体力劳动会相应减少，个人的户外活动也会减少，静坐时间和休闲活动随之增加，使得能量消耗减少，从而导致肥胖的产生。因而年龄也将作为影响因素进行研究。

此外，亦有研究发现，男女在婚后更易发胖。这可能是因为，婚后幸福度上升，对饮食的控制减少，进食量有所增加。此外，结婚前，良好的体型有助于在婚姻市场上获得更高的溢价，而在婚后就不需要刻意地保持体型，从而导致了体重的增长。故而亦将结婚与否作为影响因素之一。

---

① 这也有可能是因为时间序列的缘故，科技和流行习惯发生改变导致生活方式发生改变。

不同省份地域之间或许存在不可量化的因素差异，如膳食习惯和人种差异[①]而对 BMI 产生影响，因而引入省份虚拟变量。可能存在的不同年份的流行生活方式等较难以观测量化的因素，亦将通过引入年份虚拟变量来控制。

为了探讨肥胖传染性的存在，研究社区内其他人的 BMI 是否会对个人的 BMI 产生影响，需要将社区内他人的 BMI 作为影响因素之一进行研究。

（二）社会网络效应的分离

根据此前的文献研究，肥胖传染性的存在有至少三个原因，分别是社会网络效应、关联效应和环境效应。为了研究社会网络效应是否存在，需要对其进行分离。

环境效应是指，所处的社区环境中，存在某些未被观察和考量的变量，可以同时影响社区内所有人的体重。诸如社区内的植被环境，社区内是否配备电梯，甚至是社区内晚上营业的食品店数量等，均会对小区内的居民肥胖产生不同程度的影响。为了解决社区环境变量的因素，本文在此尽可能多地引入社区的环境变量因素。由于社区调查数据的保密性，本文只能从所公布的部分社区变量中进行选择。最终选取变量包括社区交通水平、社区物价水平、社区类型、社区到市场的便捷程度以及社区内服务设施建设程度。

社区交通水平影响人们的出行方式和出行便利程度，如若出行便利，则人们出行损耗的能量少，更容易导致肥胖。而不同社区的物价水平各有所不同，从而影响人们的食物消费量和热量摄入。社区类型[②]则包含了更多隐性因素，诸如社区人口密度[③]、社区的电梯配置、社区的周边资源分配等，均有可能会对居民的肥胖产生影响。社区到市场的便捷程度会影响居民在购买日常消耗品中的出行次数和能量消耗，越是便捷，能量消耗越少，但同时，出行频率也可能会更高[④]，故其对体重的最终影响尚难以确定。至于社区内服务设施建设，主要指社区内的健身器械的提供以及运动场地的提供，这些项目均会影响个人在社区内进行室外活动的时间和能量消耗，从而对体重产生影响。在引入这些社区环境控制变量后，相信会对环境效应起到有效的控制。

---

① 例如，北方人多吃小麦制品，而南方人多吃大米；北方人的身高和体形较南方人更高更大。

② 数据来源中将样本分为城市社区、城市郊区社区、城镇社区以及农村社区。

③ 城市类型社区高楼居多，人口密度大。而城市郊区，相对而言居住的频率和人口较低。农村方面，人口密度普遍较低，城镇人口密度更大。

④ 对于食物和食材而言，购买频率不会因便捷程度而改变；对于其他的日常必需消耗品，其频率亦不会受影响。故而这种频率的改变相对较小。

关联效应是指，社区内的居民具有相似的而又难以观测的个人特质，在计量分析中未作为变量进行估计，从而导致结果出现偏差。为了控制关联效应，本文分别引入社区内其他人的在家吃早餐次数以及社区内其他人对肥胖的认知作为工具变量。通常而言，在家吃早餐并非是一种社交行为，人们并不会邀请别人到家里做客吃早餐。因而在家吃早餐只会影响自身的 BMI，而不会影响其他人的 BMI。而对于肥胖的认知，也只会影响到个人的 BMI，而不会影响其他人的 BMI。故而所引入的社区内其他人在家吃早餐的次数和对肥胖的认知只会影响社区内其他人的 BMI 均值，而不会影响个人的 BMI。将这两个工具变量引入之后，将能控制遗漏难以观测的个人特质变量所导致的内生性。

经过以上的社区环境变量以及工具变量的引入之后，预计将能有效地控制环境效应和关联效应，从而将社会网络效应从中分离并证实其是否存在。

四、计量模型的建立和估计结果

（一）构建回归模型

本文将采用国际上常用的身体质量指数(BMI)作为身高体重指标，采用《中国成人超重和肥胖防治指南》所制定的超重和肥胖标准[①]。根据中国健康与营养调查(China Health and Natrition Survey, CHNS)所提供的个人的身高和体重的具体数据，本文采用公式(5-1)计算出个体的 BMI 值。

$$\text{BMI} = \text{体重(kg)} / \text{身高}^2(\text{m}^2) \qquad (5-1)$$

为了探讨肥胖传染性的存在，本文将社会网络范围缩小至社区层面，计算出个人所处社区内，其他人 BMI 的平均值，以 MeanBMI 表示。并由此得到初步计量模型公式(5-2)。

$$\text{BMI}_i = \beta_0 + \beta_1 \text{MeanBMI}_i + \beta_2 X_i + \mu_i \qquad (5-2)$$

其中，下标 i 表示某一个体；BMI_i 表示个体 i 的 BMI 值；X_i 为控制变量；MeanBMI_i 代表除本人以外，该社区内其他人的 BMI 的平均值；μ_i 为随机扰动项。

本文的控制变量将从理论分析中的影响因素中作出选择，具体详见表 5-1。

① BMI≥24 为超重，BMI≥28 为肥胖。

表 5-1　计量模型所使用的控制变量及其简称

变量类型	变　量　名　称	在计量模型中的简称
个体控制变量	日均摄入卡路里对数值	lnCal
	年龄	Age
	性别	Gender①
	结婚与否	Marriage
	家庭人均年收入对数值	lnIncome
	受教育年限	Edu
社区控制变量	社区交通水平	Trans
	社区物价水平	Price
	社区到市场便捷程度	Mart
	社区内服务设施建设	Soc
虚拟变量	劳动强度虚拟变量	
	社区类型虚拟变量	
	省份虚拟变量	
	年份虚拟变量	
工具变量	社区内其他人对肥胖的认知	
	社区内其他人在家吃早餐的次数	

（二）环境效应和关联效应的控制

本文引入了与社区环境相关的社区交通水平、社区物价水平、社区到市场便捷程度、社区内服务设施建设程度以及社区类型虚拟变量来控制环境效应对个体 BMI 所产生的影响。

对于关联效应，本文将通过引入工具变量对于肥胖的认知②以及过去三天在家吃早餐的次数，个人在家吃早餐通常并非社交活动，不会影响社区内其他人，而其他人的在家吃早餐次数亦不会影响到个人。同样的，对于肥胖的认知也是如此。本文将在 2SLS 估计方法中引入这些工具变量，从而控制内生性。

---

① Gender=1 代表男性，Gender=0 代表女性。
② 在 CHNS 调查问卷中的提问为，你对“体重越重，就越健康”观点的认同程度。

(三) 数据处理和描述性统计

本文采用的是中国疾病预防控制中心营养与食品安全所与美国北卡罗来纳大学人口中心合作的追踪调查项目“中国健康与营养调查”(CHNS)在1989—2011年的最新调查数据。该项目采取多阶段分层整群随机抽样方法,分别抽取了我国中西东部共12个省市,各省市分别抽取了4个城市样本和4个农村样本,再从城市和农村中按照简单随机抽样方法抽取社区样本,最后每个社区抽取约20个家庭住户进行入户调查。CHNS的数据样本范围广,调查内容详尽,故而将其选作数据样本。

本文计量模型数据均来自于CHNS(1989—2011年)的调查数据。本文所使用的收入数据为CHNS中已经使用CPI剔除通货膨胀影响的家庭人均收入数据,不同年份间具有可对比性,并记为家庭人均收入。对于原数据中受教育年限的非线性数据,本文对其进行了处理,将其转化为所接受的正式的学校教育的年数的线性数据,使不同数据之间具有可对比性。对于婚姻状况数据的处理,本文将未婚、离婚、丧偶、分居等均记录为未结婚。本文旨在研究劳动人口的肥胖影响因素以及肥胖的社会网络效应是否存在,且未成年人的BMI界限标准与成人有所区别,故而所选取的样本为年龄大于或等于18岁且时常参与劳动或偶尔参与劳动的成年人,并剔除了存在缺失值的样本,最终得到观测样本72 496个。表5-2为主要变量的描述性统计。

表5-2 主要变量的描述性统计

变量	观测值	平均值	最大值	最小值	标准差
BMI	72 496	22.760 3	53.718 1	12.124 5	3.313 8
MeanBMI	72 496	22.760 5	26.250 4	19.896 5	1.132 0
lnCal	72 496	7.684 6	11.654 3	4.430 8	0.342 3
Age	72 496	46.250 6	100.800 0	18	15.666 0
Gender	72 496	0.476 2	1	0	0.499 4
Marriage	72 496	0.826 5	1	0	0.378 7
lnIncome	72 496	8.334 3	12.887 4	0	1.442 7
Edu	72 496	7.015 9	18	0	4.307 6
Trans	72 496	5.320 0	10	0	2.534 2

续　表

变　量	观测值	平均值	最大值	最小值	标准差
Price	72 496	5.189 6	10	0	3.356 6
Mart	72 496	4.393 3	10	0	3.050 9
Soc	72 496	2.110 5	10	0	2.808 0

注：统计结果保留四位有效小数。
数据来源：CHNS(1989—2011 年)数据整理所得。

由表 5-2 可知，样本人群的平均 BMI 值尚未达到超重水平，但是最大值却超过了 53，说明存在极端的肥胖情况。平均年龄约为 46 岁，说明样本的年龄分布比较均衡，不会过于年轻或是过于年老。性别平均值为 0.476 2，说明男性占比为 47.62%，性别分布比较均匀。而社区内其他人的 BMI 均值最大值约为 26.25，超过了超重界限，说明该社区内的居民的 BMI 普遍较高。而平均受教育年限为 7 年，甚至未达到我国九年义务教育的标准，其原因应该是，大部分的老人和中年人未接受过教育或是受教育时间极短。总体来看，样本覆盖面比较齐全，符合本文的要求。

图 5-1 为 1989 年、2000 年和 2011 年我国成年劳动人口的 BMI 值的核密度估计图。

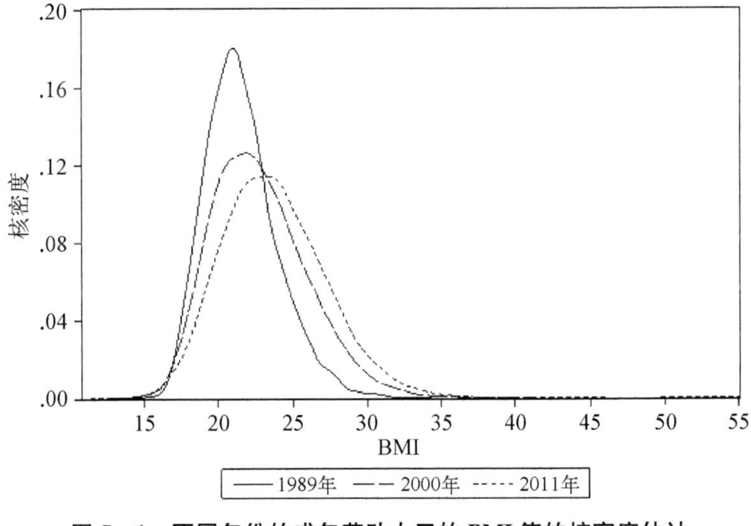

图 5-1　不同年份的成年劳动人口的 BMI 值的核密度估计

如图 5-1 所示，相比其他年份，1989 年的 BMI 值尖峰分布更为显著，大部分人的 BMI 值位于 21 附近，肥胖人数极少。而随着年份增加，核密度函数逐渐向右移动,且峰值逐步下降。到了 2011 年,大部分人的 BMI 值位于 24 附近,超过半数的成人处于超重或肥胖状态,肥胖人数有明显的增加。

(四) OLS 估计结果

首先对数据样本进行混合截面分析,采用逐步回归的方式,逐一进行 OLS 估计,并选取了部分估计结果,如表 5 - 3 所示,(1)列包括了社区内他人 BMI 均值、日均摄入卡路里的对数、年龄、性别、结婚与否、家庭人均收入的对数、受教育年限等基本变量。(2)列加入了劳动强度虚拟变量。(3)列加入了社区交通水平、社区物价水平、社区到市场便捷程度、社区内服务设施建设程度以及社区类型虚拟变量。(4)列和(5)列各加入了省份虚拟变量和年份虚拟变量。

表 5 - 3 混合截面 OLS 估计结果

变 量	(1)	(2)	(3)	(4)	(5)
MeanBMI	0.903 3*** (85.966)	0.890 2*** (81.418)	0.864 0*** (77.376)	0.783 4*** (42.558)	0.842 0*** (45.917)
lnCal	0.315 4*** (8.737)	0.329 8*** (9.053)	0.467 8*** (12.752)	0.463 4*** (12.375)	0.764 0*** (20.045)
Age	0.025 5*** (30.137)	0.025 3*** (27.327)	0.020 9*** (22.056)	0.020 4*** (21.474)	0.012 2*** (12.594)
Gender	−0.300 9*** (−12.411)	−0.293 3*** (−11.975)	−0.287 8*** (−11.796)	−0.284 4*** (−11.642)	−0.292 4*** (−12.075)
Marriage	0.914 7*** (30.459)	0.917 6*** (30.099)	0.916 2*** (30.175)	0.917 6*** (30.206)	0.939 0*** (31.116)
lnIncome	0.150 7*** (18.028)	0.145 8*** (17.356)	0.101 5*** (11.842)	0.108 5*** (12.554)	0.053 1*** (6.058)
Edu	0.014 9*** (4.627)	0.010 1*** (2.975)	−0.004 5 (−1.262 8)	−0.004 8 (−1.337 0)	−0.024 6*** (−6.847)
Trans			0.017 0*** (3.438)	0.016 1*** (3.160)	0.011 3** (2.187)
Price			0.084 9*** (16.962)	0.092 8*** (18.288)	0.015 0*** (2.706)
Mart			−0.023 0*** (−5.066)	−0.020 2*** (−4.313)	−0.006 5 (−1.380)

续　表

变　量	(1)	(2)	(3)	(4)	(5)
Soc			0.061 2*** (12.037)	0.067 3*** (12.928)	−0.019 8*** (−3.366)
劳动强度虚拟变量	否	是	是	是	是
社区类型虚拟变量	否	否	是	是	是
省份虚拟变量	否	否	否	是	是
年份虚拟变量	否	否	否	否	是
常数项	−3.375 8*** (−8.643)	−3.695 0*** (−9.100)	−4.257 5*** (−10.337)	−2.647 6*** (−4.688)	−5.608 0*** (−9.866)
观测值	72 496	72 496	72 496	72 496	72 496
R^2	0.144 1	0.144 8	0.153 1	0.154 7	0.169 7

注：括号内为经过“异方差稳健标准差”校正后的 t 统计量，***、**、* 分别代表在1%、5%、10%水平上显著。

表 5 - 3 的(1)列结果表明，社区内他人 BMI 的均值与个人 BMI 呈显著的正相关关系，且在加入了劳动强度虚拟变量、社区变量、省份变量以及年份变量后，依然显著。而除受教育程度和社区到市场便捷程度以外的其他变量，始终与个人 BMI 呈显著关系。而受教育程度在(3)列和(4)列中，对 BMI 呈不显著影响，且在(5)列中，虽然系数显著，但是系数由(1)列、(2)列的正值变为负值，可能是由于与新加入的社区变量之间存在多重共线性，导致其系数无法通过 t 检验。在对(3)列的变量进行多重共线性检验后，发现受教育年限与社区物价水平、社区到市场的便捷程度以及社区内服务设施建设程度的相关系数相对较高，故而导致估计系数不显著。同时发现，社区变量之间有较高的相关系数。且在各列中，性别对于个人 BMI 均显著负相关，说明男性的肥胖程度相比女性更低，这可能是因为男性更多地在外工作，热量消耗大，而女性以照顾家庭和轻强度工作为主，静坐、休息的时间更长。

尽管 CHNS 调查数据采用的是随机抽样的大样本容量，但是采取的是跟踪调查的方式，样本的迁移、死亡等均会对往后年份的样本整体产生影响。因而在进行混合截面模型的估计之后，本文还将会对数据样本建立分年份截面回归模型和固定面板效应模型来检验肥胖的传染性。估计结果分别如表 5 - 4 和表 5 - 5 所示。

表 5-4　分年份截面 OLS 统计结果

变　量	1989	1991	1993	1997	2000	2004	2006	2009	2011
MeanBMI	0.581 6*** (10.154)	0.747 5*** (15.831)	0.810 6*** (16.188)	0.878 1*** (15.458)	0.977 1*** (16.774)	0.963 3*** (16.795)	0.931 0*** (15.955)	0.900 5*** (15.215)	0.714 3*** (14.521)
个体控制变量	是	是	是	是	是	是	是	是	是
社区控制变量	是	是	是	是	是	是	是	是	是
劳动强度虚拟变量	是	是	是	是	是	是	是	是	是
社区类型虚拟变量	是	是	是	是	是	是	是	是	是
省份虚拟变量	是	是	是	是	是	是	是	是	是
常数项	4.748 7*** (2.625)	−4.483 3*** (−2.941)	−2.970 7* (−1.905)	−3.893 5** (−2.339)	−8.752 7*** (−5.081)	−7.345 6*** (−4.384)	−8.629 1*** (−4.962)	−6.280 9*** (−3.628)	0.862 7 (0.593)
观测值	4 199	7 990	7 501	7 016	7 161	8 819	8 611	9 193	12 006
R^2	0.144 6	0.166 2	0.144 3	0.172 8	0.171 4	0.138 0	0.133 0	0.107 2	0.090 4

注：括号内为经过“异方差稳健标准差”校正后的 t 统计量，***、**、* 分别代表在 1%、5%、10%水平上显著。个体控制变量包括：日均摄入卡路里的对数、年龄、性别、结婚与否、家庭人均收入的对数、受教育年限。社区控制变量包括：社区交通水平、社区物价水平、社区到市场便捷程度。①

① 在引入社区内服务设施建设程度时，模型因样本容量较小而导致其存在多重共线性。且在此前的混合截面估计结果中，社区控制变量相互之间相关系数较高，引起多重共线性。因而在此剔除社区内服务设施建设程度控制变量。

表 5－5　面板固定效应估计结果

变　量	城　市	农　村	男　性	女　性
MeanBMI	0.822 6*** (37.566)	0.899 6*** (70.681)	0.846 6*** (57.085)	0.912 3*** (57.174)
lnCal	0.864 3*** (13.334)	0.584 4*** (13.191)	0.803 3*** (15.571)	0.744 9*** (13.844)
Age	0.019 9*** (11.978)	0.006 1*** (5.315)	0.001 8 (1.368)	0.022 7*** (15.762)
Marriage	1.052 7*** (20.203)	0.862 5*** (23.331)	1.004 8*** (23.277)	0.996 2*** (23.189)
lnIncome	0.052 1*** (3.225)	0.052 5*** (5.123)	0.049 4*** (4.193)	0.041 6*** (3.343)
Edu	−0.052 6*** (−9.329)	−0.025 7*** (−6.116)	0.033 4*** (6.820)	−0.054 5*** (−10.941)
Trans	−0.016 1 (−1.625)	0.017 5*** (2.965)	0.010 7 (1.589)	0.013 2* (1.836)
Price	0.022 4** (2.452)	0.018 1*** (2.863)	0.022 0*** (3.149)	0.008 5 (1.158)

续　表

变　量	城　市	农　村	男　性	女　性
Mart	0.000 5 (0.065)	−0.003 4 (−0.627)	−0.005 9 (−0.973)	0.003 3 (0.505)
Soc	−0.008 7 (−0.974)	−0.031 9*** (−4.128)	−0.008 2 (−1.056)	−0.044 3*** (−5.424)
劳动强度虚拟变量	是	是	是	是
年份虚拟变量	是	是	是	是
常数项	−5.847 4*** (−8.017)	−5.101 3*** (−10.377)	−5.908 6*** (−10.485)	−7.107 3*** (−11.877)
观测值	25 001	47 495	34 520	37 973
R^2	0.145 1	0.175 9	0.208 6	0.150 7

注：括号内为经过“异方差稳健标准差”校正后的 t 统计量，***、**、* 分别代表在 1%、5%、10%水平上显著。因为采用了面板固定效应模型，控制了不随时间变化的因素，因此估计结果中均不包含性别、社区类型虚拟变量、省份虚拟变量等不随时间变化的变量。

在混合截面、面板固定效应和分年份截面的回归分析中，社区内其他人的BMI均值变量的系数均显著，且为正值。实证结果与预期相符，说明社区内其他人的BMI会影响个人的BMI，即肥胖具有传染性。社区其他人的BMI均值每上升1，个人的BMI会上升0.5～1。且由面板固定效应模型的估计结果表明，农村样本中，社区内其他人的BMI均值对个人BMI的影响系数相较城市而言更大。这可能是因为农村的社区无论规模还是人口密度，较城市而言更小，人们的接触更频繁，关系更为密切，因而肥胖更容易“传染”给他人。

在对男性与女性样本的估计结果中，收入与女性的BMI呈显著正相关关系，并未发现收入倒U形影响的存在，但是可以发现，收入提高对女性的BMI的正向影响相对更小。

（五）2SLS估计结果

以上研究虽然证明了肥胖传染性的存在，且通过加入环境变量，排除了环境因素的原因。但是仍有两种可能的原因，即肥胖通过改变他人认知和行为来传播的社会网络效应，以及某些难以观测因素导致的肥胖相近的人聚在一起的关联效应。接下来将通过引入工具变量来确定社会网络效应是否存在。

为此，本文选取了两个工具变量。其中一个是社区内其他人对于肥胖的认知，另一个则是社区内其他人平均在家吃早餐的次数。在此使用了混合截面模型并对其进行两阶段最小二乘法估计，表5-6为估计结果。

表5-6　混合截面2SLS估计结果

变　量	对肥胖的认知	在家吃早餐
MeanBMI	0.561 6** (2.165)	0.980 7*** (10.150)
lnCal	0.722 9*** (11.759)	0.532 2*** (13.068)
Age	0.013 3*** (9.522)	0.018 5*** (18.338)
Gender	−0.157 8*** (−4.293)	−0.274 6*** (−10.600)
Marriage	0.968 1*** (20.527)	0.947 4*** (29.327)

续 表

变　　量	对肥胖的认知	在家吃早餐
lnIncome	0.054 6*** (4.603)	0.106 5*** (11.707)
Edu	−0.026 1*** (−4.668)	−0.006 8* (−1.794)
Trans	−0.006 4 (−0.567)	0.008 3 (1.497)
Price	0.036 5*** (4.048)	0.086 2*** (15.514)
Mart	0.003 1 (0.276)	−0.025 6*** (−4.492)
Soc	0.011 5 (1.087)	0.057 6*** (10.636)
常数项	3.001 8 (0.468)	−7.688 5*** (−3.176)
劳动强度虚拟变量	是	是
社区类型虚拟变量	是	是
省份虚拟变量	是	是
年份虚拟变量	否	否
第一阶段 F 统计量	3 514.900	5 729.249
第一阶段工具变量的 t 统计量	−20.977	−52.689
第一阶段 R^2	0.732 4	0.720 6
观测值	38 550	66 680
R^2	0.111 1	0.150 2

注：括号内为经过“异方差稳健标准差”校正后的 t 统计量，***、**、* 分别代表在1%、5%、10%水平上显著。由于引入年份虚拟变量会导致多重共线性，因而将其剔除。

在对工具变量进行了第一阶段 F 统计量、t 统计量以及 R^2 的检验后，证实工具变量与内生变量显著相关。而在 2SLS 的估计结果中，加入了社区控制变量，且使用了工具变量控制内生性后，社区内他人的 BMI 均值变量的系数依然显著，且大小与显著性与 OLS 估计结果基本吻合。至此可以得到结论：在控制了环境效应和关联效应后，肥胖传染性依然存在，证实了社会网络效应的存在是稳健的。

（六）分位数回归估计结果

根据上述分析，我们已经知道，肥胖的传播具有社会网络效应。那么，对于BMI值处于不同水平的人而言，其受影响系数或许会有所不同，是否可能存在瘦者愈瘦而胖者愈胖的情况呢？接下来，本文将使用分位数回归进行分析，得到的估计结果如表5－7所示。

表5－7　分位数回归估计结果

变　量	Q10	Q30	Q50	Q70	Q90
MeanBMI	0.514 5*** (21.397)	0.682 2*** (33.026)	0.825 1*** (36.683)	0.953 5*** (39.093)	1.072 2*** (27.397)
lnCal	0.670 9*** (14.348)	0.829 8*** (17.756)	0.791 5*** (17.264)	0.737 5*** (14.683)	0.683 5*** (8.623)
Age	0.000 9 (0.734)	0.009 8*** (8.872)	0.013 3*** (10.873)	0.018 0*** (11.847)	0.018 0*** (8.101)
Gender	−0.034 0 (−1.101)	−0.096 9*** (−3.562)	−0.217 1*** (−7.501)	−0.360 1*** (−10.888)	−0.647 7*** (−12.651)
Marriage	0.932 2*** (24.013)	0.921 7*** (27.484)	0.932 9*** (26.275)	0.909 2*** (22.432)	0.827 3*** (14.384)
lnIncome	0.042 9*** (3.268)	0.048 0*** (4.666)	0.055 3*** (5.492)	0.059 9*** (4.718)	0.038 7** (2.420)
Edu	−0.001 1 (−0.223)	−0.014 4*** (−3.448)	−0.019 8*** (−4.637)	−0.030 6*** (−6.214)	−0.040 3*** (−5.841)
Trans	−0.001 1 (−0.176)	0.005 9 (−1.069)	0.013 3** (2.291)	0.022 0*** (3.231)	0.010 0 (1.023)
Price	0.016 0** (2.185 0	0.022 7*** (3.486)	0.025 1*** (3.635)	0.014 7* (1.898)	0.007 7 (0.634)
Mart	−0.003 7 (−0.623)	−0.007 1 (−1.399)	−0.010 7* (−1.949)	−0.015 5** (−2.545)	−0.005 9 (−0.664)
Soc	0.003 2 (0.371)	−0.003 8 (−0.521)	−0.016 1** (−2.139)	−0.031 8*** (−3.678)	−0.048 2*** (−3.747)
劳动强度虚拟变量	是	是	是	是	是
社区类型虚拟变量	是	是	是	是	是

续 表

变　量	Q10	Q30	Q50	Q70	Q90
省份虚拟变量	是	是	是	是	是
年份虚拟变量	是	是	是	是	是
常数项	−0.046 9 (−0.060)	−3.894 2*** (−5.889)	−5.946 9*** (−8.547)	−7.216 1*** (−9.514)	−6.336 9*** (−5.358)
观测值	72 496	72 496	72 496	72 496	72 496

注：括号内为经过"异方差稳健标准差"校正后的 t 统计量，***、**、* 分别代表在 1%、5%、10%水平上显著。Q10 代表 10 分位，Q30 代表 30 分位，以此类推。

对比估计结果中 10、30、50、70 和 90 五个分位点的社区其他人的 BMI 均值的系数，发现其随分位点的升高而增加，由 0.514 5 上升至 1.072 2，变化尤为明显，说明了肥胖的人更容易受到其他人的肥胖程度的影响。

（七）肥胖传染方式检验

根据之前的探究，得到了肥胖通过社会网络效应进行传染的结论。社会网络效应，既有可能是通过人们的社交活动影响了个人的行为，从而进行传播，亦有可能是人们在观察别人的体重和行为后，形成对于肥胖的某种认知，从而改变其体重。为了检验其传染方式，将对其采取进一步的探索。中国的酒文化源远流长，酒在中国人眼中更多的是一种交际的工具，因而喝酒往往具有很强的社交性。本文将在计量模型中引入喝酒频率(Drink)与社区内其他人的 BMI 均值的交互项，以此来检验个人的社交频繁程度是否会影响肥胖的社会网络效应。此外，由于男女对喝酒活动的参与度不同，将针对男性和女性分别进行分析，得到表 5－8 的估计结果。

表 5－8　引入交互项的估计结果

变　量	全　部	男　性	女　性
MeanBMI	0.847 7*** (46.152)	0.841 9*** (43.492)	0.892 6*** (16.650)
Drink×MeanBMI	−0.000 2*** (−2.920 2)	−0.000 2* (−1.858)	−0.000 6** (−2.470)
lnCal	0.422 8*** (6.722)	0.413 5*** (6.035)	0.324 1* (1.909)

续　表

变　量	全　部	男　性	女　性
Age	0.009 6*** (5.948)	0.007 9*** (4.601)	0.019 8*** (4.243)
Marriage	0.964 4*** (16.932)	0.902 3*** (14.349)	1.357 7*** (9.760)
lnIncome	0.137 4*** (8.938)	0.144 2*** (8.927)	0.061 7 (1.331)
Edu	0.020 7*** (3.540)	0.053 5*** (8.207)	−0.057 4*** (−3.670)
Trans	0.010 6 (1.288)	0.016 1* (1.850)	−0.026 0 (−1.104)
Price	0.090 0*** (11.278)	0.098 8*** (11.717)	0.036 5 (1.589)
Mart	−0.032 1*** (−4.331)	−0.031 5*** (−3.997)	−0.051 5** (−2.473)
Soc	0.051 8*** (6.080)	0.059 5*** (6.562)	0.024 2 (1.033)
常数项	−2.758 0*** (−4.087)	−2.866 4*** (−3.960)	−1.945 9 (−1.039)
观测值	22 965	19 393	3 572
R^2	0.174 6	0.195 9	0.125 1

注：括号内为经过“异方差稳健标准差”校正后的 t 统计量，***、**、* 分别代表在1%、5%、10%水平上显著。

由表 5－8 可知，虽然喝酒频率与社区内其他人的 BMI 均值的交互项对个人 BMI 的影响是显著的，但是其系数的值为负值，与现实意义不符，故而不能接受原假设，说明肥胖并非是通过饮酒这项社交活动传播的。由于调查数据有限，无法研究其他社交活动是否是肥胖的传播方式。故而肥胖的传播方式尚待更多数据或更好的研究方法来进行研究。

五、结论和建议

本文通过理论分析肥胖的影响因素，构建了肥胖的影响因素模型。使用了混合截面模型、分年份截面模型以及面板固定效应模型进行了 OLS 估计分析，还通过引入工具变量进行了 2SLS 估计分析，而且使用了分位数回归估计分析，最后，引入交互项，对肥胖的传染方式进行了检验。最终可以得到以下结论。

(1) 社区内其他人的 BMI 对个人的 BMI 存在显著的正向关系，而且这种影响是由社会网络效应所导致的，社会网络内其他人的 BMI 愈高，个人的 BMI 也就愈有可能升高。这说明了社会网络效应在肥胖的传播过程中起到了推动作用，同时，除了体重变化，在其他方面，社会网络亦有可能会持续地影响个人的行为、认知，从而使社会网络内的个体趋于一致。

(2) 社会网络效应既有可能通过改变个人的行为，从而使群体趋于相同的状态，亦有可能通过改变个人的认知和观念，从而使得个体的行为相似，最终使群体趋于一致。至于是两者之一或是共同在发生作用，本文在探究喝酒这种社交活动对个体和社区内其他人的共同影响时，验证了喝酒并非肥胖的社会网络传播的主要途径，有待更多数据或是更好的研究方法来对社会网络效应的传播方式进行深入探究。

(3) BMI 越小，受社会网络的影响越小；BMI 越大，受社会网络的影响越大。在社会网络效应的作用下，肥胖的人更容易受其他人的肥胖程度的影响，减少对自身体重的控制，更易被“同化”。而肥胖程度越低的人，自制力和自我意识越强，不易被其他人影响。

(4) 在农村的社区中，社会网络效应对个人 BMI 的影响相比城市更大，而农村社区相较城市而言往往规模更小，人口密度更大，相互之间的往来更密切。联系愈是密切的社会网络下，个人所受其他人的影响愈是强烈，诸如兄弟姐妹、父母朋友等关系紧密的人，对个人产生的影响应当是最明显的。

社会网络效应虽然在肥胖的传播过程中起到了推波助澜的作用，但是在不同的情境下亦能起到不同的效果。如果对其加以利用，借助其力量去传播和扩散某种行为或是某些思想，亦能够达到快速蔓延的效果。作为一个社会人，人与人之间都会互相往来，有所联系。借助社会网络效应来传播正确的健康观念以及锻炼身体、控制体重的行为，亦能够实现意料之外的效果。在社会中添加更多的公共服务设施，不仅能够直接地帮助人们降低自身体重，还会为人们提供更多的相互往来的场所，从而增强人与人之间的联系，强化社会网络的影响。而在健康与肥胖观念的宣传中，可以更多地在社区中开展活动，不但能够引导人们关注健康观念和参与活动，还能通过社会网络吸引更多的人参与到活动之中并树立对肥胖的正确认识。此外，在医疗与公众健康方面增加投入用以治疗肥胖，可能会收获超出预期的效果，从而实现国民体质和健康状况的改善。

参考文献

[1] AULD M, POWELL L. Economics of food energy density and adolescent body weight [J]. Economica, 2009, 76(304): 719-740.

[2] BRECHWALD W, PRINSTEIN M. Beyond homophily: a decade of advances in understanding peer influence processes[J]. Journal of Research on Adolescence, 2011, 21(1): 166-179.

[3] BURKE MA, HEILAND F. Social dynamics of obesity[J]. Economic Inquiry, 2007, 45(3): 571-591.

[4] CHOU SY, GROSSMAN M, SAFFER H. An economic analysis of adult obesity: results from the behavioral risk factor surveillance system[J]. Journal of Health Economics, 2004, 23(3): 565-587.

[5] CHRISTAKIS N, FOWLER J. The spread of obesity in a large social network over 32 years[J]. New England Journal of Medicine, 2007, 357(4): 370-379.

[6] COHEN-COLE E, FLETCHER J. Is obesity contagious? Social networks vs. environmental factors in the obesity epidemic[J]. Journal of Health Economics, 2008, 27(5): 1382-1387.

[7] CUTLER D, GLAESER E, SHAPIRO J. Why have Americans become more obese? [J]. Social Science Electronic Publishing, 2003, 17(3): 93-118.

[8] DE LA HAYE K, ROBINS G, MOHR P, et al. Homophily and contagion as explanations for weight similarities among adolescent friends[J]. Journal of Adolescent Health, 2011, 49(4): 421-427.

[9] ETILÉ F. Social norms, ideal body weight and food attitudes[J]. Health Economics, 2007, 16(9): 945-966.

[10] FINKELSTEIN E, ZUCKERMAN L. The fattening of America: how the economy makes us fat, if it matters, and what to do about it[J]. Review of Social Economy, 2010, 68(4): 496-498.

[11] HALLIDAY T, KWAK S. Weight gain in adolescents and their peers[J]. Economics & Human Biology, 2009, 7(2): 181-190.

[12] LAKDAWALLA D, PHILIPSON T, BHATTACHARYA J. Welfare-enhancing technological change and the growth of obesity[J]. American Economic Review, 2005, 95(2): 253-257.

[13] MARTIN M. Fast food nation: the dark side of the all-American meal[J]. Journal of Public Health Policy, 2003, 24(1): 61-63.

[14] MCDONALD J, KENNEDY S. Is migration to Canada associated with unhealthy weight gain? Overweight and obesity among Canada's immigrants[J]. Social Science &

Medicine, 2005, 61(12): 2469 - 2481.
[15] OSWALD A, Powdthavee N. Obesity, unhappiness, and the challenge of affluence: theory and evidence[N]. Iza Discussion Papers, 2007, 117(521): 441 - 454.
[16] POWELL L, CHALOUPKA F. Food prices and obesity: evidence and policy implications for taxes and subsidies[J]. Milbank Q, 2009, 87(1): 229 - 257.
[17] SCHAEFER D, SIMPKINS S, ANDREA E, et al. The contribution of extracurricular activities to adolescent friendships: new insights through social network analysis[J]. Developmental Psychology, 2011, 47(4): 1141 - 1152.
[18] SEIDELL J, FLEGAL K. Assessing obesity: classification and epidemiology[J]. British Medical Bulletin, 1997, 53(2): 238 - 252.
[19] SOBAL J, STUNKARD A. Socioeconomic status and obesity: a review of the literature [J]. Psychological Bulletin, 1989, 105(2): 260 - 275.
[20] STUNKARD A, HARRIS J, PEDERSEN N, et al. The body-mass index of twins who have been reared apart[J]. New England Journal of Medicine, 1990, 322(21): 1483 - 1487.
[21] STURM R, DATAR A. Body mass index in elementary school children, metropolitan area food prices and food outlet density[J]. Public Health, 2005, 119(12): 1059 - 1068.
[22] STURM R, DATAR A. Food prices and weight gain during elementary school: 5-year update[J]. Public Health, 2008, 122(11): 1140 - 1143.
[23] WHO. Diet, nutrition and the prevention of chronic diseases[J]. Journal of Non-Crystalline Solids, 2003, 358(2): 252 - 260.
[24] 李磊,胡博,郑妍妍.肥胖会传染吗? [J].经济学(季刊),2016(2): 429 - 452.
[25] 刘素.中国居民 2002—2012 年含糖食物消费状况、变化及其与超重肥胖的关系[D].北京: 中国疾病预防控制中心,2016.
[26] 肖应婷.我国九省区成年居民食物消费和超重肥胖状况变化及食物价格的相关影响(CHNS 1991—2011)[D].北京: 中国疾病预防控制中心,2015.
[27] 郑志浩,高颖,赵殷钰.收入增长对城镇居民食物消费模式的影响[J].经济学(季刊),2016(1): 263 - 288.